कविता का गल्प

कविता और कवियों पर
निबंधों, टिप्पणियों और ललित गद्य की
एक पोथी

कविता का गल्प

अशोक वाजपेयी

राधाकृष्ण प्रकाशन

ISBN : 978-81-7119-272-4

कविता का गल्प

पहला संस्करण : 1997
दूसरा संस्करण : 2016
This book is printed on **Print on Demand** Technology : 2024

मूल्य : ₹695

प्रकाशक
राधाकृष्ण प्रकाशन प्राइवेट लिमिटेड
जी-17, जगतपुरी, दिल्ली-110 051
शाखाएँ : अशोक राजपथ, साइंस कॉलेज के सामने, पटना-800 006
पहली मंजिल, दरबारी बिल्डिंग, महात्मा गांधी मार्ग, प्रयागराज-211 001
1, अनमोल सोराबजी संतुक लेन, धोबी तलाव, मरीन लाइंस, मुम्बई-400 002
वेबसाइट : www.radhakrishnaprakashan.com
ई-मेल : info@radhakrishnaprakashan.com

KAVITA KA GALPA
Criticism by Ashok Vajpeyi

बाबू-भाभी को
प्रणामपूर्वक

भूमिका

हालाँकि बीसवीं शताब्दी के अवसान के निकट अनेक तथाकथित महान् सत्य घूरे पर फेंके जा चुके हैं और सचों की एक प्रजातांत्रिक बहुलता दृश्य पर अपनी जगह बना चुकी है, अभी भी कविता को सत्य का अवगाहन माननेवाले हैं और एक पुरानी आदत की तरह इस बात को दुहराते रहते हैं। अकसर लगता है कि उनकी धारणा अब भी यही है कि महान् सत्य हैं और कविता के बाहर ही हैं और कविता का मूल धर्म उनसे नियराते रहना है। इसके बरक़्स यह प्रस्ताव करना अपरिपक्व तो नहीं पर कुछ अप्रत्याशित ज़रूर है कि अव्वल तो कोई दिया हुआ सत्य नहीं है। दूसरे, कविता को सत्य का सुगठन और अंतर्विरोधहीन शरण्य नहीं, सचाई का अराजक और सुरक्षाहीन परिसर अधिक पुसाता है। कविता सत्य का संधान उतना नहीं करती जितना सचाई के गल्प गढ़ती है। तीसरे, कविता का अगर कोई अपना सच होता है तो वह निरंतर रचा और संशोधित किया जाता सच है। अकसर कविता चलती रहती है कहीं पहुँचने की उम्मीद में, पर पहुँचती नहीं है। इसलिए एक अर्थ में कविता एक अधूरी या बीच में स्थगित या थरथराती हुई प्रक्रिया है : उसमें पथ है, गंतव्य नहीं। सचाई है, सत्य नहीं।

अज्ञेय, शमशेर और रघुवीर सहाय ऐसे कवि हैं जो दुर्भाग्य से दिवंगत हैं और कुल मिलाकर उनकी सारी कविता हमारे सामने है। आलोचना का काम इस एक अर्थ में मुकम्मल अवदान को जाँचना-परखना उतना नहीं है जितना कि उसे समझ और अटकल की, अर्थन्यास और विश्लेषण की, सम्वेदनात्मक विस्तार और वैचारिक उत्तेजना की राहों पर फिर चलने देना है। यह गतिशीलता उन्हें विजड़ित या मुकम्मल लगने के बजाय फिर सक्रिय करती है–अर्थ की खोज द्वारा उन्हें फिर अधूरा और इसलिए सम्भावनाशील बनाती है। कविता पर आलोचना अर्थ की जो तहें जमाती है वे उसे ढाँपती नहीं, खोलती हैं : उन पर जमा हो रही धूल को हटाती

है। कविता आलोचना के लिए हमेशा रहस्य और आश्चर्य है। वह जानने की सच्ची इच्छा रखती और कोशिश करती है पर यह भी जानती है कि वह पूरी तरह से कभी नहीं जान पाएगी, उस रहस्य या आश्चर्य को जो कि कविता है।

इसी बीच कविता को इकहरे और निरे अभिधात्मक ढंग से इतने मनोयोग से लगातार पढ़ा जाता रहा है और अकसर किन्हीं महान् सत्यों से उसकी निकटता या दूरी को एक कसौटी बनाकर पेश किया जाता रहा है कि यह ज़रूरी हो गया है कि सघन और कल्पनाशील पाठ और कविता के अपने आधे-अधूरे सच और उसके किसी महान् सत्य में विलीन किए जाने के प्रतिरोध पर इसरार किया जाए। इस इसरार की कुछ रंगतें शायद इस पुस्तक में नज़र आएँगी।

आविन्यों के एक लगभग निर्जन मठ में रहकर कविता के आसपास कुछ गद्यांश लिखे थे जिन्हें इस संग्रह में शामिल किया है। अपनी कविता के बारे में यों तो ज़िंदगी भर प्रायः चुप ही रहा आया था कि 'बात बोलेगी हम नहीं'। पर इधर यह चुप्पी टूटी है। एक कवि स्वयं अपनी कविता के बारे में क्या-कैसे सोचता है यह जानना उसकी व्यापक कविता के बारे में समझ की विश्वसनीयता स्थापित करने में शायद कुछ मदद कर सकता है।

कविता से अनुराग प्रथमतः और अंततः जिजीविषा का ही प्रकार है। हमारे समय की कविता हमारी जिजीविषा को उकसाती और उसे भरा-पूरा बनाती है यह भरोसा ही कविता पर लिखने की मूल प्रेरणा रहा आया है।

—अशोक वाजपेयी

16 जून 1996

सी—2/43 शाहजहाँ रोड
नयी दिल्ली—110011

क्रम

पत्तियाँ गिर रही हैं

गोधूलि में

कविता का गल्प

कविता का गल्प

ज्ञान, जहाँ का रहा
रहे समझ है मुझमें पूरी, तुम
कथा यदि कहो।

—निराला

सत्य पर दावा करने और फिर उसे दूसरों पर थोपनेवाले इतने हो गए हैं कि कई बार लगता है कि अगर वह बेचारा अकेला छोड़ दिया जाए तो शायद बच भी जाए अन्यथा अब इस शताब्दी के अवसान के निकट यह कह पाना कठिन है कि सत्य क्या है, फिर वह आत्मा के झिलमिल से निकला निजी सत्य हो या क्रूरता, दमन और नरसंहार से लहूलुहान सामाजिक सत्य। शायद समय आ गया है कि हम इस बात पर गम्भीरता से विचार करें कि विज्ञान द्वारा किए जा रहे सूक्ष्मातिसूक्ष्म विशेषीकरण, उपभोक्ता संस्कृति द्वारा किए जा रहे एकरूप समग्रीकरण, आध्यात्मिक उलझनों और दृष्टियों और विचारों की अपार बहुलता के चलते साहित्य के लिए भी सत्य का एक दावेदार बना रहना न तो व्यावहारिक है और न ही शायद उसके जीवत्व और महत्त्व के लिए आवश्यक ही।

आइन्स्टीन ने आज से लगभग साठ बरस पहले कहा था : "जहाँ तक गणित के नियम वास्तविकता का निर्देश करते हैं, वे निश्चित नहीं हैं और जहाँ तक वे निश्चित हैं, वे वास्तविकता का निर्देश नहीं करते हैं।" सत्य के दो प्रधान गुणों, उसके निपट निरपेक्ष होने और सर्वथा सुनिश्चित होने का, मानो इस शताब्दी के आरम्भ में ही ध्वंस हो गया था। दरअसल यह शताब्दी इस अर्थ में विलक्षण है कि उसने सत्य की सारी धारणाओं को विचार और व्यवहार दोनों स्तरों पर इतनी

आत्यंतिक चुनौती दी है कि सत्य नाम की कोई चीज़ है भी या होनी चाहिए यह बात ही संदिग्धता और विवाद के घेरे में आ गयी है। जब विज्ञान का सत्य, दर्शन और चिंतन का सत्य, राजनीति और धर्म का सत्य इस शताब्दी के उजले-अँधेरे गलियारों में छायाभासों की तरह भटक रहे हैं तब साहित्य या कविता का सत्य अक्षत और अस्पृष्ट बना रहा आएगा यह न तो तर्कसंगत है, न ही सम्भव।

शायद यह कहना साहित्य का मानव व्यापार में अवमूल्यन लगे। हम, जो लेखक हैं या साहित्यप्रेमी हैं, इस रूढ़ि से बँधे रहे हैं कि साहित्य सत्य के अनुसंधान और उसकी अंततः चरितार्थता का एक केंद्रीय माध्यम है। हम यह आसानी से कैसे मान लें कि वह ऐसा कुछ नहीं है, कि वह हमसे सच नहीं कहता बल्कि सचाई के बारे में गप लगाता है ?

यह दुहराने की ज़रूरत नहीं है कि कविता भाषिक संरचना है, वह स्वर्ग या अंतरिक्ष या देवताओं के श्रीमुख से अवतरित नहीं होती है बल्कि किसी व्यक्ति द्वारा एक समाजप्रदत्त भाषा में बनायी जाना लिखी जाती है। भाषा का आशय ही जीवन और वस्तुसंसार की उपस्थिति और सक्रियता है। पर क्या भाषा मात्र जीवन और वस्तुसंसार का समग्रीकरण है ? स्पष्ट ही नहीं। वह सचाई पर हमारी पकड़ है, उसमें हिस्सा लेने और उसे बदलने का अवसर भी वह हमें देती है और सचाई के नए बीहड़ों और भूभागों को वह अपनी सीमा में लाने के लिए अपना विस्तार भी करती है, अक्सर साहित्य के माध्यम से ही। उसी में हमारी स्मृति है, उसी में हमारे स्वप्न और उसी में हमारा साहस और कल्पना समाहित हैं। पर एक परम अर्थ में क्या वह हमारा गल्पसंग्रह नहीं है ? दरअसल हर शब्दकोष एक तरह से गल्पकोष ही है : हम जो छवियाँ या वस्तुएँ बनाते या पाते हैं उनका एक अक्षय संग्रहालय। यह मान लेने से भाषा हवाई या अवास्तविक नहीं हो जाती बल्कि एक अधिक समावेशी सचाई की ओर बढ़ती है : सत्य और असत्य, सचाई और सपने के बीच तर्क में जो विरोध है या अनुल्लंघ्य द्वैत है हम उसकी क़ैद या गिरफ़्त से मुक्त हो जाते हैं।

सत्य का दावा करना अंततः संसार के परम रहस्य का अस्वीकार है जबकि साहित्य तो सदियों से उस रहस्य से ही अपना जीवत्व पाता रहा है। उस रहस्य का जैसा सहज और निश्छल स्वीकार साहित्य में सम्भव है अन्यत्र नहीं। एक निरंतर रहस्यहीन होते जा रहे संसार में रहस्य का स्वीकार, उसकी उद्‌भावना एक रैडिकल काम है।

अगर आधुनिकता के उत्कर्ष में अतीत से अपनी विच्छिन्नता, तनाव और अलगाव आदि तत्त्वों की प्रधानता थी तो उत्तर-आधुनिकता में, भले ही विडम्बनापूर्ण ढंग से, अपनी निरंतरता, क्लैसिकल से अपनी अटूटता के तत्त्व उभर रहे हैं। भाषा फिर याद कर रही है, सपना देख रही है, तोड़ने-फोड़ने के बजाय गढ़ रही है।

कविता अपने को फिर से जान रही है और अपने पर अविश्वास कर रही है—आपको याद होगा कि इतालो कालविनो ने राजनीति को भी ऐसा ही करने की सलाह दी है। बल्कि पिछले दो बरसों से संसार की राजनीति में यही हो रहा है : राजनीति इतनी तेज़ी से इसलिए बदल रही है कि वह अपने को जानकर अपने पर अविश्वास कर रही है।

आधुनिकता हमेशा विवादप्रिय रही है और, जैसा कि हैरोल्ड रोज़ेनबर्ग ने कहा है, हमेशा ही वर्तमान की अधिवक्ता जबकि उत्तर-आधुनिकता में वर्तमान अतीत में पैठ जाता है।

कविता एक अशुद्ध कला है क्योंकि भाषा एक अशुद्ध व्यापार है। आगे जाकर यह भी कहा जा सकता है कि स्वयं मनुष्य अशुद्ध है भले ही वह शुद्धता की कल्पना और कभी-कभार उसकी खोज भी करता हो। इस अशुद्धता का, उसकी पूरी स्पंदित जटिलता में, साहित्य वरण करता है : उसे किसी विराट् सामान्यीकरण में परिशुद्ध कर या सत्य में पर्यवसित करना कविता का या साहित्य का काम न है, न ही यह उसकी चिंता हो सकती है। कविता की चिंता अधिक से अधिक सचाई है, सत्य नहीं। सचाई जो अपने असंख्य ब्यौरों में सजीव और सक्रिय है और जिसे किसी सामान्यीकरण में एकत्र या संग्रथित नहीं किया जा सकता। बल्कि कविता की नैतिकता ही यह है कि वह जो ब्यौरे अपनी सचाई गढ़ने के लिए चुनती है, उसके साथ-साथ अपने में यह अहसास बनाए रखती है कि उसके अलावा असंख्य ब्यौरे हैं। जैसे कि उसके समय के अलावा और भी समय है : पहले भी था और बाद में भी होगा। हम कविता के पास सत्य पाने या खोजने नहीं जाते बल्कि सचाई का अहसास पाने, उसमें शामिल होने जाते हैं। कविता सत्यकथन या संशोधन नहीं करती : वह सचाई से अपने गल्प गढ़ती है। तभी उसमें, जैसा कि बोर्खेज़ ने कहा, हमारी स्मृति, हमारी कल्पना और हमारे स्वप्न होते हैं। यह आकस्मिक नहीं है कि कविता का सच (जो कि उसकी अपनी खोजी-पायी-बनायी सचाई है और उसके विशिष्ट भाषारूप से स्वतंत्र कहीं नहीं है) दूसरे किसी सच में अंतर्भूत होने का लगातार प्रतिरोध करता है। हम चाहें तो इस बात को नोट करते हुए कुछ संतोष का अनुभव कर सकते हैं कि साहित्य की सचाई ही एक मात्र ऐसी सचाई है जो अपने उपनिवेश नहीं बनाती। वह दूसरी सचाइयों को कमतर या अपनी सम्पूर्णता में लीन होने के लिए भाग्यनियत खण्ड सचाइयाँ भर मानने से बचती है। इस बारे में विस्तार में जाना आवश्यक नहीं है क्योंकि कम से कम इस शताब्दी में रहने के कारण हम सभी अच्छी तरह जानते हैं कि कैसे राजनैतिक, वैज्ञानिक या धार्मिक सचाई अपने को सम्पूर्ण मानकर अन्य सचाइयों को अपना उपनिवेश बनाने की चेष्टा लगातार करती रही है। यह कहना ग़लत नहीं होगा कि सचाई की बहुलता का जितना निस्संकोच स्वीकार साहित्य में है उतना अन्यत्र कहीं नहीं है : साहित्य

इस अर्थ में मनुष्य का स्थायी प्रजातंत्र है कि उसमें सब सचाइयों के लिए जगह है और किसी एक सचाई के साम्राज्यवाद या तानाशाही के लिए निरंतर प्रतिरोध।

एक तरह से विचार करें तो धर्म, विज्ञान, इतिहास, राजनीति आदि सभी सचाई को समझने, उसे नियंत्रित करने और उसमें हिस्सा लेने और उसे भरसक बदलने के गल्प ही हैं सिवाय इसके कि वे सब अपने को सत्य से सम्पृक्त भी मानते हैं। सिर्फ़ साहित्य ही है जो अपनी गल्पता को आत्मचेतस् ढंग से जानता और मानता है। यह एक कवि ही कह सकता है कि "मैं सच लिखता हूँ, लिख-लिखकर सब झूठा करता जाता हूँ।" सरलीकरण और सामान्यीकरण से साहित्य की शत्रुता, इसलिए, निरे दार्शनिक आधार पर या रणनीति की भिन्नता भर के कारण नहीं है उसका गहरा नैतिक आशय भी है। वह सामान्यीकरण की संकुचित व्यापकता या सरलीकरण की असमावेशिता का प्रतिकार करने को अभिशप्त है क्योंकि वह अपने को या भाषा को सचाई का सारांश नहीं मानता—वह किसी तरह का उपसंहार नहीं है और न होना चाहता है। वह संसार की बहुलता का आनंद मनाता है : वह सामान्यीकरण की साधना में लगा सत्य नहीं, विशिष्टताओं और ब्यौरों को खोजता-बीनता भटकता गल्प है। अगर इधर हिंदी में, और संसार में अन्यत्र भी, गद्य और कविता के बीच अंतर कम हुआ है और कविता की भाषा और कथा की भाषा के बीच भी आत्मीयता और समीपता आयी है तो यह अकारण नहीं है : कविता ने भी यह समझना शुरू कर दिया है कि वह गल्प है।

सचाई कविता में एक दूसरे तरह का अभय भी पाती है। उसमें अंतर्विरोधों, प्रतितर्कों, अनिश्चय और संदेहों को मिटाने या हटाने की ज़रूरत नहीं पड़ती। साहित्य उनसे किनारा नहीं काटता। वे बने रहते हैं और उनसे साहित्य की सचाई अप्रतिहत रहती है बल्कि एक अर्थ में अपनी सही विश्वसनीयता अर्जित करती है। कहा जा सकता है कि साहित्य का प्रजातंत्र अपने विरोधियों या प्रतिलोम का दमन या बहिष्कार करके नहीं चलता है : इसीलिए सर्वसत्तावादी व्यवस्थाएँ सबसे अधिक साहित्य से घबराती हैं। क्योंकि अंतःसलिल या भूमिगत रहकर भी साहित्य मनुष्य के प्रजातांत्रिक अस्तित्व और सबके समानाधिकार की धारणाएँ और सपने जीवित रखता है। हम याद करें कि इधर यूरोप में जो हो रहा है और जिसे यूरोप का प्रजातांत्रिकीकरण कहा जा रहा है उसके नेतृत्व की अगली पंक्ति में लेखक और कलाकार हैं।

कविता इधर प्रायः प्रतिपक्ष में मानी जाती रही है। वह सत्ता का एक तरह से स्थायी प्रतिपक्ष है भी। वह सत्ता पर निरंतर संदेह करती है क्योंकि वह उतनी ही उत्कटता से अपने पर भी संदेह करती है। सत्य तो संदेहग्रस्त नहीं हो सकता सिर्फ़ सचाई के गल्प में यह नैतिक साहस हो सकता है कि वह जितना दूसरों पर उतना ही अपने पर संदेह करे। बीसवीं शताब्दी के साहित्य की एक वैध व्याख्या

तो यह हो ही सकती है कि वह शब्द, उसकी सत्ता और शक्ति, उसकी सार्थकता और केंद्रीयता पर निरंतर संदेह का आख्यान है। शायद ही किसी और अनुशासन के बारे में ऐसा कहा जा सके। यह उसे उनसे बेहतर नहीं सिर्फ़ अलग बनाता है।

इस अवसर पर यह याद कर लेना भी ज़रूरी है कि इस शताब्दी ने क्रांति, राष्ट्रवाद, समाजवाद, स्वतंत्रता आदि जैसे सामान्यीकरणों के नाम पर भयानक दमन और अत्याचार, युद्ध और नरसंहार होते देखा है : ये सब अपने को असंदिग्ध और निर्विवाद सत्य मानते थे। पर क्या आज हम इन तथाकथित सत्यों के झूठे और थोथे पड़ जाने का अप्रत्याशित नज़ारा नहीं देख रहे हैं ? क्या इसी शताब्दी में कई बार सत्याभास या आधा-अधूरा सत्य सत्ता और समर्थन पाकर परम सत्य नहीं बन बैठा है और उसने औरों को निर्ममता से अपदस्थ किया है और, उसके दुर्भाग्य से पर हमारे सौभाग्य से, वह स्वयं अंततः अपदस्थ और धूलिधूसरित हुआ है ? संसार का दो टूक विभाजन करनेवाले और उनके बीच शीतयुद्ध को आधुनिक विचार और व्यवहार का केंद्र बनानेवाले आज कितने हास्यास्पद और दयनीय लग रहे हैं ?

संसार की बहुकेंद्रिकता को साहित्य अपना आधार बनाता है : वह केंद्रीयता की तानाशाही के विरुद्ध बहुलता का जनतंत्र पोसता है। मौरिस ब्लैन्शो ने कहा है कि "अगर तुम अपने समय को सुनोगे तो पाओगे कि वे चाहते हैं कि तुम उनके नाम पर बोलो नहीं बल्कि उनके नाम पर चुप रहो।" चुप रहने से इनकार कर साहित्य अपना औचित्य सिद्ध करता है। चूँकि सीधे-सीधे कहने का अक्सर दीर्घकालीन प्रभाव नहीं होता वह उलटे या टेढ़े ढंग से कहता है। यह वक्रता या परोक्षता ही गल्प होना है। वह सचाई को सह्य बनाना भी है। ईलियट ने कहा था कि मनुष्य बहुत अधिक सचाई सहन नहीं कर सकता।

एक पहलू सीमा के अतिक्रमण का भी है। साहित्य भाषा का आत्मविस्तार भी है और वह उन सीमाओं का, जो उसने स्वयं बाँधी हों या उस पर किसी परिस्थिति या शक्ति ने लगायी हों बराबर अतिक्रमण करता है। इसमें देश और काल का अतिक्रमण भी है, सामान्य नैतिक व्यवहार का भी—विन्यास का भी, फिर वह वाक्यों का हो या जीवन-दृष्टि का। शायद इस शताब्दी के साहित्य का एक चारित्रिक गुण यह रहा है कि उसकी सुंदरता अतिक्रमण से उपजनेवाली सुंदरता है। अगर सचाई सत्य के सुनिश्चित-सुगुम्फित सामान्यीकरण का, उसकी एकाधिकारी प्रवृत्ति का, उसके सुसंगत होने का अतिक्रमण है तो अनिश्चय, संदेह, अव्यवस्था, अंतर्विरोध आदि से पटी पड़ी सचाई के अधिग्रहण के लिए कविता का गल्प होना अनिवार्य ही है। ससीम और असीम दोनों को एक साथ सत्य नहीं, गल्प साधता है।

फ्रेंच कवि-आलोचक ईव बोनफुआ ने कहा है कि "सृजनात्मक कर्म लिखने में नहीं है, वह हर चीज़ को नाम देने में और होने के रहस्य को सुनने में है जो

उसमें अनियत रूप से स्पंदित हो रहा है।'' आगे उन्होंने कहा है कि ''शब्द हमारी नगण्यता प्रमाणित करते हैं, हमारे पैरों के नीचे एक रसातल खोलते हुए, पर शब्द हमें घर का उपहार भी दे सकते हैं।'' नगण्यता का शून्य और घर का भरापूरापन दोनों को कविता साधती है क्योंकि उसमें निरी स्थिति का बयान नहीं है बल्कि वह एक उपस्थिति जगाती है। यही उपस्थिति वह अवकाश है जहाँ जब-तब शब्द आवेग या भावावेश में संकेत नहीं रह जाते बल्कि स्वयं वस्तु बन जाते हैं। बोनफुआ के अनुसार हर कविता अपने मन में एक कथा पोसती है। हम चाहें तो कह सकते हैं कि कम से कम इस शताब्दी में कविता ने पूरी गम्भीरता के साथ अपने विकल्प होने को पहचाना है : सत्य का विकल्प होने को, गल्प होने को। शायद इसीलिए जूलिएवा क्रिस्तेवा ने कहा है ''प्रयोगधर्मी कृतियाँ सामाजिक व्यवस्था के विस्थरीकरण को उकसाती हैं।'' यहीं याद आता है ब्रॉक का कथन : ''विज्ञान राहत देता है, कला विचलित करती है।''

एक ऐसे समय में जब शब्द पर हर ओर से हमला है शब्द की रक्षा और उसकी पवित्रता और गरिमा की रक्षा करना कविता का बुनियादी धर्म है। आज हमारे चारों ओर शब्द का घोर अपव्यय और शोषण हो रहा है। चाहे हमारे यहाँ सुरसा की तरह बढ़ता उपभोक्तावाद हो, संसार में वैचारिक विकास और उथलपुथल से उदासीन और अप्रभावित विचारधाराएँ हों, उत्तेजना फैलाने में अहर्निशरत अख़बार हों, दृश्य पर कनफोड़ घमासान मचाए धार्मिक और राजनैतिक प्रवचन हों, सभी शब्द को उसके अर्थ से, उसके रहस्य से, उसकी वाचकता, उसकी अंतर्ध्वनियों से, उसमें गुँथी स्मृतियों से विच्छिन्न कर रहे हैं और उसे इकहरे दोटूक सम्प्रेषण का माध्यम बनने पर मजबूर कर रहे हैं। शब्द के प्रति अवज्ञा, उसकी सूक्ष्मता से ऊब और उसके व्यवहार में लापरवाही हमारे सार्वजनिक जीवन का स्थायी भाव ही बन गए हैं। हालत तो यह हो गयी है कि अगर आप सार्वजनिक मंच से, फिर वह अख़बार का हो या धर्मसभा या जनसभा का, कुछ कहें तो कोई भरोसा ही नहीं करता कि आपका आशय सचमुच वही है जो आप कह रहे हैं। शब्द लगभग अनैतिक इकाइयाँ बन गए हैं : कर्म के पाखंड पर उनसे आवरण डालने का काम लिया जा रहा है। अपने समय के विराट् सरलीकरणों के बोझ के नीचे कराहते पर अभी भी अपराजेय शब्द अपनी बुनियादी नैतिक ऊर्जा फिर अर्जित कर सकते हैं तो गल्प की गोधूलि में, अप्रत्याशित और अनिर्धारित के गलियारों में ही। शब्द को बचाना, उसे कल्पना और सच के बीच अपनी आभा और जीवनाभा से द्योतित रखना कलावादी होना नहीं है बल्कि मनुष्य के एक कालजयी आविष्कार को बचाना है : उसकी जिजीविषा और मौलिकता को सँजोना है। शब्द नहीं बचेगा तो मनुष्य और उसका जीवन नहीं बचेगा, भले विराट् सत्य और उनके दैत्याकार उपकरण एक निश्शब्द भाषा-निर्जन मरुस्थल में बचे रह जाएँ। शब्द की अतिजीविता मनुष्य और

मनुष्येतर संसार के असंख्य सम्बन्धों और संयोजनों की अतिजीविता है। आज सिर्फ़ मनुष्य के पर्यावरण भर को नहीं, उसके शब्द को ख़तरा है। जो इस ख़तरे से अनभिज्ञ है वह या तो मनुष्य और शब्द-विरोधी शक्तियों के सामने आत्मसमर्पण कर चुका है या उसमें इस शताब्दी के अंत के निकट के उपयुक्त लेखक होने के साहस का अभाव है।

पर शब्द इस भयानक समय में फिर भी, हाशिये पर सही, बचे कैसे रह जाते हैं ? उनकी अपराजेयता का उत्स कहाँ है ? ध्यान से देखें तो हम पाएँगे कि वे शब्द साधारण लोगों की जीवनधारा में भी रसे-बसे हैं और कम से कम वहाँ अभी भी वे अर्थवाही हैं, उनके अर्थ और आशय में फाँक या पाखंड नहीं है। लोग अपने रोज़मर्रा के जीवनव्यापार और संघर्ष में जिन शब्दों का प्रयोग करते हैं उसमें किसी तरह की बेईमानी या दुष्टता नहीं होती। शब्द वहाँ परदा नहीं डालते बल्कि अर्थ और अभिप्राय सहज भाव से खोलते हैं। फिर यही शब्द हमारे पुराने लेखन और क्लैसिक्स में भी संग्रहीत हैं, अपनी समूची रचनात्मक बहुलता और समृद्धि के साथ। एक तरह से शब्दों को परम्परा और सामान्य जीवनधारा सम्पूर्ण पराभव और निरर्थकता से बचाती है और उनके फिर बहुवाची उपस्थिति बनने की सम्भावना को दृश्य पर जीवित रखती है। शब्द दुहरे अर्थों में सम्भावना हैं : वे उत्पादन हैं और विचार भी।

इधर एक-डेढ़ सदी से हम भारत में साहित्य को सामाजिक यथार्थ, आज के समय के प्रति उसकी सजगता और कुल मिलाकर मनुष्य की नियति से जोड़कर देखने लगे हैं। कहना यह चाहिए कि उसकी 'नितांत समसामयिकता' को प्रमुखता दी जाने लगी है। बल्कि सत्य का साहित्य के संदर्भ में अर्थ ही यथार्थ, समय और मनुष्य की स्थिति और नियति हो गया है। अब अगर साहित्य गल्प मात्र रह जाए तो यह आपत्ति की जाएगी कि उसे इन उदात्त लक्ष्यों से पथभ्रष्ट कर वाग्विलास में रिड्यूज किया जा रहा है। सृजनात्मक कल्पना ने समूचे संसार में बँधे-बँधाए ढर्रे छोड़कर, विपथगा होकर, जो उपलब्ध किया है वह सुविदित है। हिंदी में ही मुक्तिबोध की फैण्टेसी की धारणा और प्रयोग के बाद यह संदेह नहीं होना चाहिए कि गल्प का यथार्थ और समय उतने ही वास्तविक नहीं हैं जितने सत्य के दावेदार माध्यमों के। मनुष्य की नियति को समझने और उसके लिए जूझने का जीवट शब्द मात्र का फलितार्थ है और बिना कल्पना के वह सम्भव नहीं है। गल्प अपने को सुनिश्चितता से बचाकर विश्वसनीय बनाता है : वह मिलान कुंदेरा के शब्दों को उधार लेकर कहें तो पूर्वनिर्धारित सच की सेवाटहल में होने से इनकार है। उसका मूल तथ्यों के साथ अनुरूपता नहीं बल्कि कल्पनाशक्ति में बद्धमूल होकर विवेक का साहसिक निर्भय प्रयोग है। नयी परिस्थिति में आचार्य रामचंद्र शुक्ल की अवधारणा को याद करें तो यह 'अपनी पृथक् सत्ता की धारणा से छूटकर' 'हृदय

की मुक्तावस्था' है।

कविता के सिलसिले में मानवमूल्यों का ज़िक्र भी अनिवार्यतः होता है और यह व्यापक मान्यता है कि कविता उन मूल्यों को विवक्षित और चरितार्थ करती है, उनका सत्यापन और संकट की घड़ी में उनकी रक्षा भी। यहाँ इसमें विस्तार से जाने का अवकाश नहीं है सिवाय यह कहने के कि भाषा की उसकी समूची बहुलता, वाचकता और अंतर्ध्वनियों के साथ रक्षा और उसमें अंतर्निहित दृष्टियों को बचाए रखना भी अपने आप में एक मूल्य है। यह नहीं भूलना चाहिए कि हमारी मानवीयता का और मूल्यनिर्मात्री प्रतिभा का सबसे अक्षय प्रतीक और उद्गम भाषा ही है। उसकी अक्षरता ही मनुष्य का नश्वरता के विरुद्ध एकमात्र आश्वासन है।

साहित्य के मंच से धर्म या राजनीति आदि दूसरे अनुशासनों पर कोई फ़ैसला देना ठीक नहीं है हालाँकि स्वयं उस पर ये सब कोई न कोई फ़ैसला देने में कभी संकोच नहीं करते। साहित्य फ़ैसला देने के अधिकार को, उसकी नैतिकता को ही चुनौती देता है। फिर भी, यह पहचान सकना चाहिए कि सिर्फ़ कविता ही गल्प नहीं है, अन्य अनुशासन, भले ही वे कितने ही सर्वग्राही या सर्वग्रासी क्यों न हों, गल्प के ही संस्करण हैं : विज्ञान ज्ञान का गल्प है, राजनीति व्यवस्था का और धर्म अध्यात्म का। वे अपनी गल्पता स्वीकार करें या न करें—वे इस संदर्भ में हमारी चिंता का विषय भी नहीं हैं। हम तो अपनी स्थिति और अपनी उपस्थिति का लेखा-जोखा कर रहे हैं। कविता की गल्पता ज़रूरी नहीं कि सिर्फ़ ध्वनिसाम्य के तर्क से उसकी अल्पता का स्वीकार हो। लेकिन वह निश्चय ही अपने को केंद्र में रखने की महत्त्वाकांक्षा या केंद्र में न होने के अनावश्यक अवसाद से मुक्त होना है : आप यह भी कह सकते हैं कि भाषा के द्वारा यह चरम विकेंद्रीकरण है। वह ऐसी जगह खोजना है जो उसकी अपनी है और जो किसी का भी, सत्य का भी, उपनिवेश बनने से इनकार करती जगह है। उसका एक ध्वस्तकारी उपपाठ भी है : वह सत्य के वंचनादुर्ग में सेंध लगाना भी है, अगर आप अपनी अदम्य युयुत्सा के लिए रूपक ही खोज रहे हों।

सत्य पर अपना दावा छोड़कर कविता अपनी खरी और अद्वितीय सचाई को स्वायत्त कर रही है।

तुलसीदास ने सदियों पहले नाम को अगुण और सगुण के बीच सुसाक्षी, इन दोनों का प्रबोधन करनेवाला और उनके बीच चतुर दुभाषिया बताया था :

अगुन सगुन बिच नाम सुसाखी
उभय प्रबोधक चतुर दुभाषी।

शायद कविता के गल्प की इससे बेहतर व्याख्या असम्भव है। हमारी स्थापना का पूर्वानुमान है और उसकी एक कालजयी सम्पुष्टि भी।

अंततः हम सामान्य और सरलीकृत की तानाशाही या सर्वसत्तावादिता के बरक्स एक बहुलतावादी दृष्टि की वकालत करते हुए आज की कविता में खरी और जीवनधर्मी जटिलता, वैचारिक स्वायत्तता और बौद्धिक दृढ़ता, सृजनात्मक शब्द की और उसके माध्यम से जीवन की प्राथमिकता, भाषिक पर्यावरण की रक्षा, सचाई से अपने वास्तविक जटिल सम्बन्ध की पहचान का आग्रह कर रहे हैं। अगर ज्ञान और सचाई की कोई संसद है तो हम उसमें कविता के लिए स्वाभिमानी और समकक्ष जगह की माँग कर रहे हैं। जीवन और कला के बीच जो ध्रुवीकरण हम पर लाद दिया गया है हम उसके अतिक्रमण का आह्वान कर रहे हैं।

कविता का गल्प एक कठिन जीवनधर्मी प्रत्यय है—वह सत्य की निर्गुणता के बजाय सचाई की सगुणता का वरण है।

[इलाहाबाद विश्वविद्यालय की निराला व्याख्यानमाला 1990 में दिये गये तीन व्याख्यानों में से एक]

कविता का देश

बाहर मैं कर दिया गया हूँ। भीतर, पर, भर दिया गया हूँ।

–निराला

अगर हम हिंदीभाषी समाज और कविता के सम्बन्ध पर विचार करें तो आज जो स्थिति है वह बहुत विचलित करनेवाली है। कविता का आज समाज से जितना सीधा सरोकार है, शायद पहले कभी नहीं था। कविता में नितांत समसामयिकता एक परम मूल्य की तरह प्रचलित है : आज जो हो रहा है, आज के जो दबाव-तनाव हैं, आज की हालत के बारे में आज की हिंदी कविता का अधिकांश सीधे-सीधे बात करता है। पर विडम्बना यह है कि कविता के प्रति समाज की विमुखता या उदासीनता भी शायद अभूतपूर्व ही है। हिंदी अंचलों में हर वर्ष लाखों छात्र-छात्राएँ अपनी कक्षाओं और पाठ्यपुस्तकों में कविताएँ पढ़ते हैं और उनमें से एक प्रतिशत भी कविता में रुचि या उसका रस लेने के क्षेत्र में थम नहीं पाते। जिसे हम महत्त्वपूर्ण और विचारणीय कविता कहते हैं उसके पाठकों या श्रोताओं की संख्या हिंदीभाषी जनसंख्या के मान से लगभग नगण्य है क्योंकि पुस्तकें, वे भी कविता की, ख़रीदनेवालों की संख्या लज्जाजनक रूप से इतनी कम है कि उसे संख्या मानने में भी संकोच होता है। यह प्रश्न उठना स्वाभाविक है कि किस तरह के कविता-विमुख और पुस्तक-उदासीन समाज में आज हिंदी कविता लिखी जा रही है।

हिंदी आज भी स्वयं अपने क्षेत्रों में विचार और चिंतन की भाषा नहीं बन सकी है। यह नहीं कि उसके ऐसा बनने में कोई आत्यंतिक असामर्थ्य है। सामर्थ्य का कोई अभाव नहीं है पर फिर भी तथ्य यह है कि उसमें दर्शन, विज्ञान,

अर्थशास्त्र, मनोविज्ञान आदि का कोई मौलिक या तात्त्विक कार्य नहीं हुआ है। हम ऐसे किसी बड़े दार्शनिक, अर्थशास्त्री, वैज्ञानिक का नाम नहीं ले सकते जिसका बुनियादी कार्य सीधे में हिंदी में हुआ और मान्य हुआ हो। क्या इससे यह दुर्भाग्यपूर्ण निष्कर्ष नहीं निकलता कि हिंदी मानसिकता में विचार, सूक्ष्मताओं और जटिलताओं के प्रति ही उदासीनता है ? दूसरे शब्दों में यह कि हिंदी भाषा जैसी वह आज है न साहित्यप्रेमी है, न विचारप्रेमी। इसे शायद इस तथ्य से भी प्रमाणित माना जा सकता है कि फूहड़ और सतही का आकर्षण हिंदी क्षेत्रों में कई गुना बढ़ा और फला-फूला है। हमारे बड़े कवि और लेखक गौरवग्रंथ अगर पाठ्यक्रमों में न हों और अगर, साहित्य से किसी बुनियादी लगाव के कारण नहीं बल्कि शुद्ध प्रोफ़ेशनल विवशता के चलते फैला विराट् आलोचना और शोध का उद्योग न हो, तो साहित्य बहुत हाशिये की चीज़ भर रह जाएगा। यह तो शायद हमारा अपना मनोबल हर हालत में ऊँचा रखने का हठयोग है कि हम इस स्थिति को समूची हिंदी संस्कृति का एक बुनियादी संकट नहीं मानते।

यह बात भी नजरंदाज़ नहीं की जा सकती कि अख़बारों में, मासमीडिया पर, राजकाज में सार्वजनिक अभिव्यक्ति के अन्य मंचों पर हिंदी भाषा के साथ जो अनाचार या अत्याचार हो रहा है उसका कोई प्रतिरोध हिंदी समाज में कम से कम दीखता तो नहीं है। उदारता और ग्रहणशीलता के नाम पर हर किसी को यह छूट मिली हुई है कि वह व्याकरण, वाक्यविन्यास, उच्चारण, हिज्जों आदि के साथ जो चाहे मनमानी करे। जो चाहे हमें उपदेश देने का अधिकार पा गया है कि हिंदी भाषा को कैसी होना चाहिए या कि उसे अभी किस दिशा में विकास करना है। अपनी भाषा के प्रति जैसा लगाव या ममत्व कई हिंदीतर अंचलों में है उसकी तो जैसे कल्पना भी हमारे यहाँ करना असम्भव है। मराठी में लेखकों की एक प्रदेशव्यापी यात्रा **ग्रन्थाली** निकलती है और लाखों रुपयों की पुस्तकें सीधे पाठकों को बेचकर सम्पन्न होती है। हिंदी में सामान्य नागरिक तो दूर अब हिंदी के वैध विद्यार्थी भी नहीं जानते या जानना चाहते कि हमारे आज के महत्त्वपूर्ण लेखक या ग्रंथ कौन से हैं।

यह नहीं कि हिंदीभाषी साहित्य या कविता के नाम पर कुछ पढ़ या सराह नहीं रहे हैं : घटिया और सतही, सनसनीखेज़ और फूहड़ साहित्य का व्यापार विराट् है और अपार हिंदीजन द्वारा ही सम्पोषित है। लाखों लोग घटिया ढंग से हास्य और व्यंग, दयनीय रूप से भावुक और गलदश्रु, क्लीशों से भरी कविता आधी-आधी रात तक बैठकर सुनते हैं : वे उन लेखकों और कवियों की रचनाएँ हैं जिनका हमारी सारी आलोचना या गम्भीर और उत्तरदायी साहित्य-चर्चा में भूल से भी कभी ज़िक्र भी नहीं होता। कारण जो भी हो यह मानने से कोई छुटकारा नहीं कि जब हिंदी कविता ने समकालीन जीवन, उसके अंतर्विरोधों और संघर्षों से, उसकी वहुलता और

गहराई से जूझने की इतनी व्यापक और खरी चेष्टा शुरू की है तब उसके लिए हिंदी समाज में बहुत कम जगह बची है। कविता का सामाजिक और आंतरिक व्योम बहुत विस्तीर्ण हो गया है पर उसका भौतिक व्योम इतना संकीर्ण हो गया है कि उसे शायद व्योम कहना ही नहीं चाहिए—वह निरा सँकरा-सा अवकाश भर है। बल्कि शायद कहा तो यह भी जा सकता है कि हिंदी अंचल जिस तरह के दायवंचन की गिरफ़्त में है और उसमें जिस तरह की सांस्कृतिक अराजकता फैल गई है उसमें महत्त्वपूर्ण कुछ करने की, अर्थात् स्थापित व्यवस्था को किंचित् विचलित करने की एक अविचारित और उपेक्षा-भरी छूट भर है।

हिंदी समाज के कुछ और पक्षों पर भी ध्यान देना, इस सिलसिले में, ज़रूरी है। किसी भी समाज में सूक्ष्मता और जटिलता के प्रति व्यापक आकर्षण नहीं होता जबकि सब जानते हैं कि किसी भी समाज में सूक्ष्मता और जटिलता के प्रति एक तरह की हिंस्र और आक्रामक असहनशीलता बढ़ी है : हिंदी में—और उसका प्रभाव उसकी आलोचना पर भी पड़ा है—सूक्ष्म और जटिल असह्य है, लगभग अमान्य। यहाँ विस्तार में जाना ज़रूरी नहीं है कि कैसे एक जटिलता-विरोधी नया शास्त्र विकसित किए जाने की गम्भीर चेष्टा हो रही है और कैसे हमारी कृतियों और लेखकों को सहजता-सरलता की नयी सारिणियों में रखा जा रहा है और कैसे इस चेष्टा का अर्थ अंततः हिंदी की अपनी जातीय परम्परा का अवमूल्यन है। यह बताना अनावश्यक होना चाहिए कि कबीर, तुलसीदास, प्रसाद, निराला, अज्ञेय, मुक्तिबोध, शमशेर, रघुवीर सहाय और त्रिलोचन सार्थक और अनिवार्य रूप से जटिल हैं और उनका तथाकथित दोटूकपन या जीवन-पक्षधरता इस जटिलता के विरुद्ध नहीं जाती : बल्कि यह जटिलता का उस पक्षधरता या जीवनासक्ति का अनिवार्य अनुषंग है। जटिलता और सरलता का ध्रुवीकरण अवास्तविक है—एक ही कवि में, जैसे कि जीवन में भी, ये दोनों जब-तब या साथ-साथ हो सकते हैं। कई बार ऊपर से सरल लगनेवाली अभिव्यक्ति अपने निहितार्थों में खासी जटिल हो सकती है। अलबत्ता व्यर्थ का उलझाव वांछनीय नहीं है जैसे कि सूक्ष्मताओं और उलझनों को नज़रंदाज करती सरलता भी नहीं—दोनों ही अवस्थाओं में जीवन की, सच्ची रचनात्मकता की उपेक्षा होती है।

हिंदीभाषी अंचल में राज बढ़ता जाता है, समाज घटता जाता है। ऐसे अनेक क्षेत्र हैं जो सदियों से राज के हस्तक्षेप के बाहर माने जाते थे। वे सब धीरे-धीरे राज के दायरे में आ गए : राज ने उन्हें समाज से लगभग छीन लिया है और हमने ऐसा होने को अपना मूक-मुखर समर्थन दिया है। सामाजिक कर्म और सार्वजनिक जीवन के इतने सारे क्षेत्र हैं जिनमें हिंदी अंचलों में कोई स्वतः स्फूर्त आंदोलन या सामाजिक सक्रियता नहीं है जबकि उदाहरण के लिए महाराष्ट्र, गुजरात या केरल में शिक्षा, पर्यावरण, संस्कृति आदि क्षेत्रों में समाज की उपस्थिति और क्रियाशीलता

प्रमुख है न कि राज की। हिंदी में तो साहित्यिक पुस्तकों का प्रकाशन पाठकों पर नहीं सरकारी खरीद पर भयावह रूप से निर्भर है। कई बार तो यह दुस्स्वप्न सताता है कि जल्दी ही हम हिंदी के समाज में नहीं हिंदी के राज में रहने लगेंगे। समाज तो कविता में दिलचस्पी ले सकता है, राज नहीं। विशेषतः प्रजातांत्रिक राजव्यवस्थाएँ तो साहित्य की उपेक्षा ही करती हैं—अलबत्ता सर्वसत्तावादी राजव्यवस्थाएँ साहित्य को ख़तरनाक मानकर उस पर ध्यान एकाग्र करती हैं। विडम्बना यह है कि समाज का राजीकरण उस अंचल में हो रहा है जहाँ जन के नाम पर साहित्यिक हलकों में बड़ी गहमागहमी है और जहाँ अभी कुछ सदियों पहले सूरदास जैसे महाकवि हुए हैं जिनके लिए मानो राज का कोई अस्तित्व ही नहीं था।

हिंदी साहित्य इस बात पर सचमुच गर्व कर सकता है कि उसमें किसी तरह का धार्मिक-साम्प्रदायिक लेखन सम्भव ही नहीं है। सम्प्रदायवादी भले किसी लेखक या कृति का दुरुपयोग कर लें पर कोई बाक़ायदा महत्त्वपूर्ण या विचारणीय लेखक या कृति हिंदी में आज नहीं है जिसे हम साम्प्रदायिक कह सकें। इसे हिंदी की जातीय परम्परा का एक मूल तत्त्व ही कह सकते हैं कि उसमें दृष्टियों की बहुलता का और इसलिए समभाव का सहज और निरंतर स्वीकार है।

यहाँ हम याद कर सकते हैं कि 1933 में **सुधा** में लिखते हुए निराला ने कहा था : ''भारतीयता के नाम पर जिस कट्टरता, सीमित भावों और कार्यों का प्रचार किया जाता है, रक्षा की जाती है, वह अस्तित्व को कायम रखने के जगह नष्ट ही करती है। अस्तित्व तो व्याप्ति ही से रह सकता है। यहाँ का सनातन धर्म व्याप्ति है भी।'' फिर ऐसा क्यों है कि हिंदी अंचल ही देश में सबसे अधिक साम्प्रदायिकताग्रस्त हैं ? इधर सबसे अधिक दंगे और धार्मिक उन्माद का सबसे व्यापक उभार हिंदी अंचल में ही है। थोड़ा ठिठककर सोचें तो क्या राजनीति का सबसे अधिक अपराधीकरण भी हिंदी अंचल में नहीं हुआ है ? क्या हम यह नहीं कह सकते कि हिंदी अंचल का प्रभुत्ववाला वर्ग हिंदी के अपने मौलिक संस्कारों के विपरीत जाकर भी इस अंचल में अपना प्रभुत्व जमाने में सफल हुआ है और इस अर्थ में हिंदी में साहित्य और समाज के बीच नहीं तो भाषा और प्रभुत्व के बीच सम्पूर्ण विच्छिन्नता है। यह विच्छिन्नता साहित्य को तो सार्वजनिक जीवन के हाशिये में ढकेलती ही है, हिंदी भाषा और जन की सांस्कृतिक नियति को एक विकट खतरे में डाल रही है। आज की कविता इस परिस्थिति में अगर प्रायः आत्मसम्बोधित है तो इसमें आश्चर्य नहीं होना चाहिए। अगर भाषा ही कभी कविता के सम्बोधन को अनावश्यक मान ले तो बात और है अन्यथा एक ऐसे समाज में जहाँ प्रभुवर्ग कविता को फ़िज़ूल मानता हो और जन उसके प्रति उदासीन हो, कविता अपना स्वत्व और सत्व आत्मसम्बोधित होकर ही बचा सकती है।

निराला ने 1933 में ही एक और महत्त्वपूर्ण टिप्पणी की थी : ''जनता

साहित्य के साथ नहीं रहती, साहित्य के साथ लायी जाती है। पर, हमें विश्वास है, साहित्य की महाप्राणता, जो जनता को ज्ञान के भीतर से बहा ले गयी है, एक दिन अपनी शक्ति का परिचय देगी।'' जनता को साहित्य के साथ लाने का प्रयत्न करनेवाले हमारे समाज में कौन हैं? कुछ संस्थाएँ, उदाहरण के लिए पूरी शिक्षा-व्यवस्था, पत्रिकाएँ, लेखक संगठन और आलोचना का विशद् व्यापार। यहाँ विस्तार में जाना आवश्यक नहीं है पर यह बात नोट की जा सकती है कि ये सभी एजेंसियाँ कुल मिलाकर सफल नहीं हो सकी हैं अन्यथा जनता का, साहित्य के संदर्भ में, इतना विसंस्कारीकरण न हुआ होता कि वह सच्चे, विचलित करने और दृष्टि देनेवाले साहित्य के प्रति इतनी उदासीन रहती और उत्तेजक और सतही के प्रति इतनी आकर्षित। कई बार तो लगता है कि साहित्य इन एजेंसियों के लिए लक्ष्य नहीं बल्कि अपना प्रभुत्व स्थापित करने और बनाए रखने का उपजीव्य भर है। दिक़्कत यह है कि परिस्थिति इतनी विषम लगती है कि निराला की तरह साहित्य की महाप्राणता और उसकी शक्ति में विश्वास निराशा का कर्तव्य जान पड़ता है। जनता को 'बहाने' वाली शक्तियाँ साहित्य के लिए कुछ करेंगी या करना भी चाहेंगी यह दुराशा मात्र लगती है।

यह माना जाता है कि पिछले पचीस-तीस बरसों में हमने अपनी पश्चिमाभिमुख आधुनिकता की सीमाओं को पहचाना है और एक अधिक जातीय, आत्मविश्वस्त भारतीय आधुनिकता की ओर क़दम बढ़ाए हैं। मनुष्य का संसार से सम्बन्ध, मनुष्य और प्रकृति का साहचर्य, मनुष्य की नियति आदि प्रश्नों पर जो पारम्परिक भारतीय दृष्टि रही है और उसके भारतीय मनोरचना और समाजव्यवस्था के लिए जो फलितार्थ हैं उन्हें हमने जानना-पहचानना शुरू किया है। पहले भारतीय मिथकों या पुराणकथाओं की नए अर्थों में व्याख्या करके। अपनी जड़ों से जुड़ने की ज़रूरत पूरी हो जाती थी पर अब अधिक गहरे और मूलधर्मी प्रश्नों और चिंताओं से सृजनात्मक कल्पना जुड़ने लगी है : समूची जीवनदृष्टियों और पद्धतियों, उनके हमारे समाज में अभी भी प्रासंगिक और सक्रिय होने की पहचान ने भी परिदृश्य पर प्रभाव डाला है। संक्षेप में यह कहा जा सकता है कि भारतीय सनातनता और अपने समय के सम्बन्धों की द्वंद्वात्मकता हमारे विचार और सृजन जगत् का अंग बनी है : इतिहास, व्यक्ति, समाज आदि अनेक अपने संदर्भ में अपरीक्षित कोटियों पर हमने पुनर्विचार आरम्भ किया है। नीरंध्र परम्परावाद (जो पिछले दो सौ वर्षों को एक अनादि-अनंत कालचक्र में विशेष महत्त्व का नहीं मानता) और नीरंध्र आधुनिकतावाद में (जिसके लिए दो सौ वर्षों के और उस दौरान हावी हुए एकरैखिक ऐतिहासिक समय के अलावा कालचक्र या अन्य किसी जातीय बोध का अस्तित्व ही मानो नहीं है) चल रहे समर और उसके मुद्दों का अहसास बढ़ा है। एक नक़लची और आत्मतुष्ट प्रभुत्व वर्ग के प्रभाव में हमारा समाज एक

अनुसमाज बनकर न रह जाए या किसी तरह के सतही समन्वयवाद में न फँस जाए इसकी चिंता भी बढ़ी है।

इधर सचाई के बड़े दावेदार के रूप में जनसंचार माध्यम भी उभरे हैं। प्राचीनों को इस तरह की स्पर्धा का सामना नहीं करना पड़ा था और अभी बीस बरस पहले तक इन माध्यमों का प्रचार-प्रसार इतना नहीं था कि उन्हें हिसाब में लेना ज़रूरी हो। पर अब दृश्य पूरी तरह बदल गया है : उनके पास अपार साधन हैं और तथ्यों को हूबहू तत्परता से सामने लाने की अनेक युक्तियाँ भी। ऐसी हालत में कविता तथ्यसंग्रह के स्तर पर उनका मुक़ाबला नहीं कर सकती। बल्कि उनसे प्रक्षेपित वास्तविकता के संस्करण ही वास्तविक माने जाने लगे हैं और वास्तविकता के शेष रूप या तो कम वास्तविक या अविश्वसनीय। ऐसे में हो सकता है कि सचाई का वह हिस्सा कविता के पल्ले अभी भी पड़ सके जो इन माध्यमों से उनकी प्राथमिकताओं के चलते छूट जाता है। ज़ाहिर है कि कविता छूटी हुई सचाई से न तो अपना काम चला सकती है, न ही अपने अस्तित्व का औचित्य सिद्ध कर सकती है। कविता अब तथ्यों का दस्तावेज़ या सचाई का विवरण होने के बजाय अपने को कल्पनाशक्ति के सहारे सचाई का नया जोखिम (एडवेंचर) बना सकती है : उसका गल्प हो सकती है जो तथ्यों के बदलने से अप्रासंगिक नहीं हो जाएगा। तथ्य और उनके संग्रह या संयोजन कालांतर में तिरोहित हो सकते हैं पर कल्पना की संरचनाएँ अधिक टिकाऊ सिद्ध हुई हैं।

2

अगर ऊपर किया गया कविता की स्थिति का आकलन सही है तो यह ज़ाहिर है कि बहुत हद तक कविता एक ऐसे समाज में लिखी-पढ़ी जा रही है जिसकी उसे न तो ख़ास परवाह है, न ही शायद कोई ज़रूरत। ऐसी हालत में कविता के सामने दो ही विकल्प हैं : एक तो यह कि वह अपनी स्थिति के ऐसा होने के ट्रैजिक बोध के साथ सचाई के ऐसे गल्प बनाती रहे जो सिर्फ़ उसी के बस के हैं और दूसरा यह कि वह उन शक्तियों की पिछलगुआ हो जाए जिनका प्रभुत्व इस समाज में है और इस बहाने कुछ महत्त्व हासिल करने की कोशिश करे। जैसे कि जीवन में, वैसे ही कविता में यह ज़रूरी नहीं है कि इनमें से कोई एक विकल्प ही चुना जाए : सही तो यह है कि हिंदी कविता ने पिछले तीन-चार दशकों में दोनों ही विकल्प, अकसर साथ-साथ आजमाए हैं।

राजनीति, धर्म या विज्ञान संसार को समझने-बदलने के माध्यम हैं। कविता भी ऐसा ही माध्यम है। उनकी एक बिरादरी बनना स्वाभाविक है। लेकिन कुछ माध्यम हैं जो शक्ति और सत्ता से सन्नद्ध हैं और मानव समाज में शक्ति या सत्ता पाने या भोग सकने में मदद करते हैं। कुछ हैं जो इस मामले में असहाय हैं : उनकी

अपनी सार्थकता और अस्मिता है पर जिस तरह का समाज आज बन गया है उसमें उनके माध्यम से किसी तरह की शक्ति या सत्ता नहीं मिल सकती। कविता उन्हीं निरुपाय माध्यमों में से है। सत्ता की दृष्टि से वह एक अकिंचन कर्म है। बल्कि हमारे जैसे कविता-विमुख समाज में तो वह आर्थिक दृष्टि से भी एक दरिद्र कर्म है। शायद उसकी भौतिक असहायता, अकिंचनता और सत्ता से दूरी ही उसे उसकी आध्यात्मिक गरिमा और उसका शांत अनाक्रामी गौरव देते हैं। कविता का मार्ग चुनना मुक्तिबोध के शब्द लेकर कहें 'गरबीली ग़रीबी' जानबूझकर वरण करना है। इसे रूमानियत या हवाईपन कहकर व्यवहारबुद्धिवाले खारिज़ करते हैं या उसका मज़ाक उड़ाते हैं। महान् स्वप्नों के एक-एक कर चूर होनेवाले समय में, दुस्स्वप्नों से आक्रांत युग में यह रूमानियत और स्वप्नशीलता अपनी तथाकथित अप्रासंगिकता से ही अपनी एक अलग प्रासंगिकता बनाती है। आत्मा के गुप्तचर अपना काम चुपचाप ही कर सकते हैं।

दूसरा विकल्प भी है : अपने को किसी शक्तिशाली का पिछलगुआ बनाकर शक्ति अर्जित करने का विकल्प। इसे स्वीकार करनेवाले भी लोग हैं और सिर्फ़ वे ही नहीं जो कविता को मसलन मनोरंजन उद्योग के साथ जोड़कर उसे तथाकथित जन के बीच ले जाते रहे हैं पर, हमारे लिए अधिक विचारणीय, वे लोग भी जो उसे राजनीति का अनुचर बनाने में उसकी सार्थकता देखते हैं। उनका ख़्याल है कि चूँकि राजनीति हमारे समय में मनुष्य की नियति को निर्धारित करनेवाला सबसे सशक्त और सर्वव्यापी माध्यम है, कविता को उससे सम्बन्ध रखना ही चाहिए। कविता और राजनीति में सम्बन्ध हो जैसा कि कविता का जीवन के अन्य माध्यमों से यह सर्वथा अभीष्ट और स्वाभाविक है और इसमें कोई उजर की बात नहीं दीखती। पर यह बात जाँच करने की है कि क्या यह सम्बन्ध प्रजातांत्रिक सम्बन्ध है : अर्थात् क्या उसमें समकक्षता और कविता की अपनी स्वतंत्रता का सहज स्वीकार है। क्या यही नहीं होता रहा है कि राजनीति का सशक्त, प्रभुत्वशाली, अंतर्विरोधहीन, सुसंगत सत्य कविता की सचाई को अपना स्वाभाविक उपनिवेश मानकर हड़प लेता रहा है ? राजनीति का सत्य पूर्वनिर्धारित है और वह कविता की अप्रत्याशित और सुसंगति को विपर्यस्त करनेवाली खोजों के लिए उसके पास न तो धीरज है, न ही अवकाश। राजसभा में एक ग़रीब बिरादर की तरह बैठना कविता को भाए यह सम्भव तो नहीं होना चाहिए पर अचरज यह है कि ऐसी आत्मसंतुष्टि और कभी-कभार शक्ति का छद्म कविता को मिलते रहे हैं।

कविता को विचार का अनुशासन नहीं माना जाता और प्रायः उसमें व्यक्त या चरितार्थ विचार कवि के निजी हों यह ज़रूरी नहीं है। पर कवि स्वतंत्र होता है कि वह कहीं से भी अपने लिए विचार चुने और उनका कविता में अभ्यन्तरीकरण करे। वह परस्परविरोधी विचारों को किसी सार्थक संयोजन में गूँथ सकता है। बिना

मलार्मे को याद किए कि कविता विचारों से नहीं शब्दों से बनती है, यह कहा जा सकता है कि विचार सृजन का एक उपजीव्य है। कोई भी विचार अनुभव और भाषा की अपनी भावाविष्ट प्रक्रिया से सत्यापित होकर ही कविता में अपनी जगह बनाता है। अकसर कविता में वही विचार सम्यक् है जो खुद उसके मूल अनुभव और भाषिक लयात्मकता से उपजा हो वह नहीं हो, कितना भी सुंदर या लुभावना क्यों न हो, बाहर से लाया गया हो। कविता की अपनी प्रक्रिया ही, जिसमें समावेशिता, अंतर्विरोधी सूक्ष्मताएँ, स्वतःस्फूर्त स्पंदन, छोटे-छोटे ठोस ब्यौरे आदि अनिवार्य हैं, उसे विचार की अभिव्यक्ति या उपनिवेश बनने से रोकती है। कविता बेमेल को छोड़ती है, अपनी निरंतर सगुणता में, अपने विलोम को नहीं।

इस संदर्भ में हम दो बातें नोट करना चाहेंगे : पहली तो यह कि पिछले कई दशकों से हिंदी कविता में कोई नया वाद या आंदोलन नहीं रहा है और दूसरी यह कि पिछले दो दशकों तथाकथित जनवाद और तथाकथित कलावाद के बीच द्वंद्व बहुत प्रखर और आक्रामक रहा है। ये परस्परविरोधी बातें नज़र आती हैं। इसलिए कुछ खुलासा ज़रूरी है। जिसे हम छायावाद के नाम से जानते हैं और जिसे आधुनिक हिंदी कविता स्वर्णयुग माना जाता है वह बुनियादी तौर पर कविता का अपना आंदोलन था : उसमें निश्चय ही पूर्व-पश्चिम के द्वंद्व की गहरी चेतना थी, सृजनात्मक कल्पना में उत्कट विश्वास था और स्वाभिमानी स्वतंत्रता का प्रखर बोध भी। लेकिन हम छायावाद को बौद्धिक स्तर पर, और उसके तीन-चार मूर्धन्य कवियों के ठोस कृतित्व के साक्ष्य पर किसी बाहरी विचारधारा से नहीं जोड़ सकते। उसमें अनेक तरह के विचारों का समुच्चय था पर वह किसी साहित्य के बाहर की विचारधारा से अनुप्राणित नहीं था या उसका साहित्यिक संस्करण नहीं था। वह साहित्य का अपना स्वायत्त आंदोलन था जिसमें बाहर के विचारों का भी योगदान था लेकिन जिसके अपने स्वायत्त अस्तित्व और पहचान को स्पष्ट ही देखा जा सकता है। यही बात प्रयोगवाद को लेकर भी कही जा सकती है कि उसमें राजनैतिक दृष्टि से विरोधी विचार रखनेवाले भी साथ थे क्योंकि वह छायावादोत्तर कविता की भावुकता, सरलदिमाग़ीपन और बुद्धिविरोध के विरुद्ध एक साहित्यिक प्रतिक्रिया थी। स्वयं नयी कविता नामक आंदोलन कभी एक तरह से विचार रखनेवालों का नहीं रहा बल्कि उसमें भी अनेक विचारों और भावबोधों का समुच्चय था। प्रगतिशीलता और जनवाद के नाम से जो अत्यंत व्यापक आंदोलन इस समय हिंदी में है वह मौलिक रूप से साहित्य का आंदोलन नहीं रहा है : इसके बावजूद उसका महत्त्वपूर्ण योगदान रहा है इससे इनकार नहीं है। निराला ने 1934 में कहा था "जो केवल दूसरों के विचारों का संग्रह करते हैं वे लेखक नहीं। वे तो साहित्यिक मज़दूर हैं। उनके परिश्रम का मूल्य अवश्य है, परंतु शाश्वत साहित्य के मंदिर में उन्हें कोई स्थान प्राप्त नहीं हो सकता।"

कविता की स्वायत्तता का आग्रह उसे राजनीति या जनजीवन से विमुख करना नहीं बल्कि इस बात पर बल देना है कि कविता की सचाई दूसरे किसी माध्यम में अनुवाद की जा सकनेवाली सचाई नहीं है, कि कविता का सचाई से और इसलिए जीवन से उतना ही सीधा और अर्थसमृद्धिकारी सम्बन्ध है जितना कि राजनीति का, कि कविता के लिए समकक्षता की माँग शक्ति और सत्ता के राजनीति के पक्ष में झुके संतुलन को चुनौती देना है, कि कविता राजनीति की तरह पर्याप्त कर्म है और कि कविता भाषा में ऐसा कुछ करती है और उसके माध्यम से जीवन में जो कि राजनीति या अन्य अनुशासन नहीं कर सकते।

दरअसल कई बार तो यह लगता है कि हम विचारों के क्षेत्र में एक तरह के नए रूढ़िवाद या कन्जर्वेटिविज़्म के युग में आ गए हैं। हमारा इशारा सिर्फ़ इस ओर नहीं कि पूर्वी यूरोप में कल तक जो वामपंथ में माने जाते थे वे आज दक्षिणपंथी कहे जा रहे हैं क्योंकि एक नयी क्रांति ने वाम-दक्षिण के अभी तक प्रचलित विभाजन को उलट-पलट दिया है। हमारा आशय इससे है कि अकसर रूढ़िवाद पहले से चले आ रहे अर्थात् पूर्व-निर्धारित और लगभग स्वयं-सिद्ध मूल्यों की रक्षा करने का प्रयत्न होता है : जिन मूल्यों पर आधारित राजव्यवस्थाएँ यूरोप में ध्वस्त हो चुकीं, जिन मूल्यों की अपराजेयता और प्रासंगिकता पर विशाल प्रश्नचिह्न लग चुके उन मूल्यों को आधार बनाकर हमारे यहाँ जो हो रहा है उसे नया कन्ज़र्वेटिविज़्म ही कहा जा सकता है। विचित्र यह है कि जो इन मूल्यों से सहमत नहीं हैं या उन्हें शंका की दृष्टि से देखते हैं उन्हें प्रतिक्रियावादी कहा जाता है।

इधर की कविता ने लगता है नयी कविता की दो बुनियादी उपलब्धियों को गँवा दिया है। यों इन उपलब्धियों को सीधे छायावाद से भी जोड़कर देखा जा सकता है बल्कि कहना यह चाहिए कि वे कविता में छायावाद की उपलब्धियाँ थीं जिन्हें नयी कविता ने अपने बदले संदर्भ में पुनर्परिभाषित कर एक बार फिर हमारे काव्यसंसार में शामिल किया था। नयी कविता कविता के पुनराविष्कार का आंदोलन था और उसमें विचारों और भावबोधों की विविधता थी, उसमें बराबर एक सघन और उत्कट बुद्धिशीलता थी : कविता निरा भावोच्छ्वास नहीं बौद्धिक कर्म भी था। नयी कविता का श्रेष्ठ सोचती-विचारती कविता है। उसके चलते विचारों का गहरा द्वंद्व कविता की मनोभूमि था। चूँकि इधर धीरे-धीरे विचारधारा या विचारों के साथ कविता का द्वंद्वात्मक सम्बन्ध शिथिल पड़ गया, यह बौद्धिकता भी शिथिल पड़ गयी है। इधर के कवियों के विचार चूँकि पहले से ही दिए हुए हैं और अंततः कविता उनका सत्यापन-भर है और उसमें जो विलोम में जाता है वह वर्जित या बहिष्कृत है, एक तरह का बौद्धिक ठसपन आना अनिवार्य ही है। हम याद करें कि मुक्तिबोध, अज्ञेय या विजयदेव नारायण साही की कविताएँ गहरे अर्थ में विचारोत्तेजक थीं। उनमें प्रकृति, समाज, व्यक्ति, भाषा आदि के अनेक नए

प्रत्याशित और अलक्षित सम्बन्ध प्रगट हो पाते थे। कविता कुछ नया और अपूर्व निर्धारित खोज पाती थी। अब यह खोज ज़रूरी नहीं रही। यह कहना मुश्किल है पिछले दो दशकों की युवा कविता ने इस संदर्भ में नया और विचारोत्तेजक क्या खोजा है : कभी-कभार उसमें एक नए भूभाग को कविता के क्षेत्र में लाने की उत्तेजना और ताज़गी है पर उसकी बौद्धिक मनोभूमि और अन्वेषण दिए हुए या ऊपर से थोपे हुए के अतिक्रमण के रचनात्मक साहस के अभाव में कोई नया सम्बन्ध या दृष्टि नहीं दे पाते। असल में यह शक्तिकेंद्रों से वैधता चाहती-तलाशती कविता है जिसके अधिकांश कवियों को पीछे छूट जाने का, जन के साथ न माने जाने का भय इतना सताता है कि उनका अकेले होने या रह जाने का साहस शेष नहीं रहा। आइरिश कवि शीमस हीनी ने स्थानीय और प्रादेशिक कल्पना में जो भेद किया है वह इस प्रसंग में हमारे काम का है। स्थानीय कल्पना को अपनी पल्ली या स्थान के कविता के विषय होने की कलात्मक वैधता के बारे में कोई शंका नहीं होती जबकि प्रादेशिक कल्पना हमेशा ही अपने कंधों के ऊपर महानगर की और उसका अनुमोदन पाने के उद्देश्य से ताक रही होती है। इधर के अनेक कवि छोटे-छोटे अश्रुतपूर्व स्थानों से आए हैं पर उनकी कल्पना दुर्भाग्य से स्थानीय नहीं, प्रादेशिक है या स्थानीय से शुरू होकर जल्दी ही प्रादेशिक हो जाती है। यह भी निरा संयोग नहीं है कि उनमें से अधिकांश या तो महानगर पहुँच ही जाते हैं या पहुँचने की निरंतर चेष्टा में लगे रहते हैं।

इधर की कविता की दूसरी कमी है ऐंद्रियता का अभाव। एक तरह से अख़बारीपन ने हमारी कविता भाषा को यों ग्रस लिया है कि उसमें पठनीयता और प्रसादगुण तो आ गए हैं पर सम्बन्धों और वस्तुओं की ऐंद्रियता धीरे-धीरे ग़ायब होती जा रही है। यह आश्चर्य की बात है कि पचत्तर बरस की उमर में लिखी गयी शमशेरबहादुर की **काल तुझसे होड़ है मेरी** में संगृहीत कविताएँ इधर की सबसे ऐंद्रिय कविताएँ हैं। यह विचित्र है कि इधर की कविता हालाँकि युवा कवियों द्वारा लिखी जा रही है, उसमें प्रेम और श्रृंगार का एकदम देशनिकाला नहीं तो उनके बारे में अजब-सी झिझक ज़रूर दीख पड़ती है। यह एक नए क़िस्म की जड़ीभूत सौंदर्याभिरुचि है जो इन अत्यंत मानवीय और स्वाभाविक भावों को कविता में आने से रोकती है। सच्ची, प्रश्नाकुल विचारशीलता और गहरी अचूक ऐंद्रियता का एक साथ शिथिल पड़ना आकस्मिक नहीं है : जो दृढ़ता से सोच नहीं सकता वह गहराई से भोग भी नहीं सकता। इसीलिए इधर की काव्यभाषा में अंतर्ध्वनियाँ नहीं हैं। वे लगभग ज़िद कर इकहरी यथार्थ की दोटूक संरचनाएँ हैं जो अपने पूर्वविचारित सत्य से इतना आक्रांत है कि गल्प बनना भूल जाती हैं।

कविता में नवाचार और प्रयोग की परम्परा भी इधर शिथिल हुई है यह सोचकर विचित्र लगता है कि जिस तरह का और जितना विविध नवाचार अज्ञेय,

मुक्तिबोध या शमशेर ने किया या बाद में रघुवीर सहाय, श्रीकांत वर्मा और विनोदकुमार शुक्ल ने, उस तरह की नवाचारिता इधर पिछले दो दशकों में निस्तेज पड़ गयी है। भाषा शिल्प, तकनीक, बिम्बविधान, प्रतीकव्यवस्था आदि अनेक स्तरों पर इन कवियों ने जो प्रयोग किए उनके मुक़ाबले आज की कविता न तो प्रयोगशील है न ही इन्नोवेटिव। एक तरह से छायावाद से नवाचार की जो परम्परा नयी कविता ने नए रूपसंयोजन कर आगे बढ़ायी थी वह इधर की कविता में आकर सूख गयी लगती है। किसी भी अर्थ में यह अवसान दुखद और दुर्भाग्यपूर्ण है।

अंत में एक और विडम्बना की ओर संकेत करना ठीक होगा। इधर, याने स्वतंत्रता के बाद के भारत में कविता का सत्ता से आब्सेशन बढ़ा है। स्वयं इस लेखमाला में जो कई रूपक सत्तापरक आए हैं वे इसका अंतःसाक्ष्य माने जा सकते हैं। एक प्रजातांत्रिक व्यवस्था में शायद यह अस्वाभाविक नहीं है। मुक्तिबोध और रघुवीर सहाय जैसे कवियों के यहाँ सत्ता की उपस्थिति हमारी आंतरिकता और हमारे समय का कुछ बहुत विचलित करनेवाला गल्प हमारे सामने लाती है। लेकिन इसके कुछ दुर्भाग्यपूर्ण पक्ष भी हैं। एक तो है सत्ता के विरोध की सस्ती नाटकीयता का प्रलोभन और उसे पोसनेवाला सरलदिमाग़ीपन। दूसरा है कविता का नवविकसित सत्ता केंद्रों के आसपास एकाग्र होना फिर ये केंद्र राजनैतिक सत्ता के हों, संगठनों के या अख़बारों के। तीसरा है एक तरह के नैतिक भोंथरेपन का विस्तार जिसके रहते सत्ता के साथ अपने सम्बन्ध का प्रायः कोई आत्मालोची स्पेस नहीं बन पाता पर दूसरों की नीयत पर शंका और अपनी नैतिक श्रेष्ठता एक आदत ही बन जाती है। हम यह भूल-सा गए हैं कि कविता की अदालत की मूल प्रतिज्ञा ही यह है कि वहाँ किसी दूसरे पर अभियोग नहीं लगाया जा सकता है : वहाँ सिर्फ़ आत्माभियोग की इजाज़त है और यह उसकी परम नैतिकता है। वह सत्ता पर संदेह तभी कर सकती है जब पहले अपने पर भी संदेह करे। अपने-अपने कठघरों में स्वेच्छया क़ैद लोग दूसरे लोगों के लिए अदालत नहीं हो सकते। कम से कम उन्हें ऐसा होने से बराबर इनकार तो करना चाहिए। कविता का महत्त्व होने में है, किसी और का अनुकरण या संस्करण होने में नहीं।

त्रिलोचन का एक कवितांश है :

दौड़-दौड़कर असमय समय न आगे आये,
वह कविता क्या जो कोने में बैठ लजाये।

कविता अवश्य दौड़ती है पर जीवन और मनुष्य के लिए, भाषा के लिए, किसी और के लिए नहीं।

[इलाहाबाद विश्वविद्यालय की निराला व्याख्यानमाला 1990 में दिये गये तीन व्याख्यानों में से एक]

कविता का समय

अगर यह समय समूचे संसार को लगभग लीलनेवाले उपभोक्तावाद का, अयोध्या में परस्पर भरोसे के ध्वंस और उसके बाद की किंकर्तव्यविमूढ़ता का, पढ़ने से विरत होकर सचाई को सिर्फ़ देखने में तल्लीन मानवता का समय है तो यह कविता का समय भला कैसे हो सकता है? यों कविता के लिए कोई साफ़-सुथरा और सुपरिभाषित-सुगठित समय ही हो यह ज़रूरी नहीं है। सच तो यह है कि जब समय धुँधला-मुवहम हो या समझ में न आ रहा हो तभी कविता का अपना क्षण होता है। ऐसे बहुतेरे हैं जो यह सीख देने को हरदम तैयार बैठे हैं कि यह कविता जैसी कल्पनाप्रवण विद्या का नहीं बल्कि सीधी दोटूक कार्रवाई का वक़्त है : जो भयावह विभाजन हमारे समाज में दुर्भाग्य से हो रहा है उसमें आप फाँक के किस ओर खड़े हैं यह साफ़गोई और हिम्मत से बताने का समय है। यह कल्पना करने या कुछ सुंदर-पवित्र गढ़ने-रचने का नहीं, सीधे कर्म का—जूझने-भिड़ने का समय है। हमारे समय का चालू मुहावरा रचने का नहीं, लड़ने का है। यह निरा संयोग नहीं है कि बहुत सारी कविता अपनी नाटकीयता और कई बार औचित्य के लिए लड़ने-भिड़ने का ही मुहावरा चुनती है। एक बड़ा झगड़ा इस बात को लेकर है कि कविता का काम दी हुई दुनिया की सचाई और रंगतों से हमें गहरे जोड़ना है या कि दी हुई सचाई की सेवाटहल करने के बजाय उसके बरक़्स दूसरी दुनिया गढ़ना और हमें उपलब्ध कराना है। पहली दृष्टि चाहती है कविता इसी दुनिया का और हमारे समय का अहसास हममें गहरा करे और हमारी उसमें हिस्सेदारी को सघन बनाए : दूसरी दृष्टि की माँग है कि कविता हमें अपने समय में अवस्थित करते हुए भी हमें समयातीत में ले जाए और इस दुनिया के सच के बजाय अपने सच की दूसरी दुनिया गढ़े-रचे। इन दिनों बहस तो इसको लेकर भी चल निकली है कि 'यह' दुनिया या 'वह' दुनिया दोनों ही हम बनाते हैं : कोई भी सच दिया हुआ नहीं

है। सच हमारा अर्जन और सृजन है। कोई आत्यंतिक तथ्य नहीं हैं : सभी गढ़े-रचे तथ्य हैं। कहा यह भी जा सकता है कि हमें दोनों ही चाहिए : यह दुनिया भी और वह दूसरी दुनिया भी। हमें समय भी चाहिए और उससे मुक्ति भी।

यों तो हमारा राजकीय आप्तवाक्य है कि सच ही जीतता है। पर क्या एक समाज के रूप में सच में हमारी कोई दिलचस्पी है ? अधिकतर सच जिसे हम जानते-बरतते रहते हैं वह सूचनाओं का सच है—अक्सर वह अफ़वाहों का सच भी है। बहुत हुआ तो भंडाफोड़ और गोलमाल का सच होता है। आदमी होने, आदमी की नियति और हालत के सच में हमारी बहुत कम दिलचस्पी जान पड़ती है। उस सच में तो ख़ासी कम जो हमें बेचैन करे—हमारे बने-बनाए ढाँचे को या भरोसों को चुनौती दे—हमें अपनी आत्मा के खूनसने चिथड़े दिखाने की हिमाक़त करे। हमें ऐसा या इतना ही सच चाहिए जो हमें स्थिरता दे। इस सब झमेले में हमें कविता के सच की न तो ख़ास ज़रूरत लगती है और न ही उसका विशेष आकर्षण हो पाता है। इधर लगभग पचास बरसों की हिंदी कविता ने सचाई के जो कल्प और प्रतिकल्प गढ़े हैं उनमें व्यापक हिंदी समाज ने कोई रुचि नहीं दिखायी है। उसका प्रभाव भी किसी गहरे अर्थ में समाज पर नहीं पड़ सका है। यह तब हुआ है जब हिंदी कविता ने अपने से पहले की कविता के मुक़ाबले इस अधसदी में अपने को बहुत अधिक सामाजिक सचाई और सरोकारों से सीधे जोड़ा है। हमारी रोज़मर्रा की तसवीरें, बातचीत के हिस्से, साधारण लोग आदि सब कविता के, आज से पहले की किसी भी सदी की तुलना में, अधिक केंद्रीय और प्रगट हिस्से हैं। इस शताब्दी की, कम से कम हिंदी कविता के सिलसिले में, सबसे बड़ी विडम्बना यह है कि जब कविता समाज के प्रति इतनी सजग है तो समाज उसके प्रति इतना उदासीन, लगभग उससे मुँहफेरे है। हिंदी कविता हिंदी समाज से लगातार बात करती रही है जबकि समाज के पास ऐसी बातचीत के लिए फ़ुरसत नहीं बची है।

अगर ऐसा होता कि हिंदी समाज अत्यंत विकसित अर्थव्यवस्था बन गया होता और उसमें तकनीकी सुविधाओं का जाल फैल गया होता तो इस पुरानी धारणा में हम कविता के प्रति सामाजिक उदासीनता का कारण खोज पाते कि सभ्यता के विकास के साथ-साथ कविता का फूल मुरझाता है। यह और बात है कि समुन्नत देशों के समाजों में कविता की जगह बनी हुई है और आज जितने कवितासंग्रह छपते या उसके आयोजन होते हैं उतने इन समाजों में पहले नहीं होते थे। पर हिंदी समाज तो आर्थिक दृष्टि से भारत का सबसे बड़ा पिछड़ा भूभाग है। अन्य अंचलों की तुलना में अंधविश्वास, साम्प्रदायिक उन्माद और कट्टरता का भी उसमें बोलबाला है। ध्यान देने की बात यह है कि हालाँकि भारतीय स्वतंत्रता के लिए लम्बे संघर्ष में हिंदी समाज पूरी तरह से सक्रिय रहा, वही समाज आर्थिक

बराबरी और सामाजिक न्याय की लड़ाई में पिछड़-सा गया है। कई बार लगता है कि हिंदी समाज ने न सिर्फ़ आर्थिक विकास बल्कि शिक्षा, साक्षरता, स्वास्थ्य, आदि हर क्षेत्र में एक निचला स्तर स्वीकार कर लिया है : यह निचलापन आगे बढ़कर मनोरंजन, बुद्धि, विचार और सृजन के क्षेत्रों में भी फैल गया है। व्यक्तिगत रूप से हिंदी में भारतीय स्तर के श्रेष्ठ कवि, लेखक, बुद्धिजीवी, संगीतकार आदि मौजूद हैं। पर हिंदी समाज में व्यापक लोकप्रियता निचले दर्ज़े के संगीत, मनोरंजन, सस्ते रिटोरिक, घटिया कविता और साहित्य को ही मिली हुई है। बंगाली डाक्टर, कन्नड़ इंजीनियर, मराठी कम्प्यूटर वैज्ञानिक आदि अपनी भाषाओं के श्रेष्ठ समकालीन लेखकों के बारे में जानते हैं। हिंदीभाषी क्षेत्रों के ऐसे पढ़े-लिखे प्रोफ़ेशनल लोग इस बारे में प्रायः निपट अबोध होते हैं और इस बारे में किसी तरह की शर्म भी महसूस नहीं करते। अगर अपवाद के रूप में कोई नाम जानते भी हों तो वे घटिया कवियों-लेखकों और कृतियों के ही होते हैं। हिंदी के समकालीन साहित्य, विशेषतः कविता के प्रति नासमझी और विमुखता फैलाने में हिंदी अध्यापक वर्ग की भी ऐतिहासिक भूमिका रही है। संसार भर के विद्या-व्यसनियों में नए विचार और ज्ञान के प्रति अथक जिज्ञासा होती है : क्लैसिकल और अर्वाचीन के बीच गहरा द्वंद्व चलता है। हमारे हिंदी विभागों में न तो ऐसी जिज्ञासा बची है और न ही किसी तरह का बौद्धिक द्वंद्व या उन्मेष। ज़रूर व्यक्तियों के अपवाद हैं पर संस्थागत रूप से हिंदी विभागों बल्कि संस्थाओं ने कुल मिलाकर साहित्य और समकालीनता-विरोधी भूमिका ही बखूबी निभायी है। नतीजा यह है कि हिंदी साहित्य में एम. ए. किए हुए अधिकांश व्यक्तियों तक में न तो कोई साहित्यिक सुरुचि होती है, न ही उन्हें अपने समय के साहित्य के बारे में कोई प्रामाणिक जानकारी ही। उनमें से अधिकांश अगर हिंदी अध्यापन पेशे में ही न लग गए हों तो वे हिंदी साहित्य को जीवन-भर के लिए छोड़ देते हैं।

इस सबके बावजूद यह बात चिंता की है कि हिंदी समाज में ऐसे लोग इतने कम कैसे हैं जो कि ज़िंदगी की कशमकश और आपाधापी में ठिठककर भाषा का वह आनंद लेना चाहें जो सिर्फ़ कविता में ही सुलभ है या वह बेचैनी महसूस करना चाहें जो सिर्फ़ कविता में ही मिल पाती है। यों तो बुनियादी बात है जीना, भरपूर जीना, पर उस जीने में कुछ बात और ही है जो कविता के भी साथ है। लाखों हिंदीभाषी प्रेम करते हैं पर उनमें से कितने कम हैं जो उसे समझने या व्यक्त करने के लिए रीतिकाव्य या निराला-प्रसाद अज्ञेय-शमशेर की कविताओं का सहारा लेते हैं : ज़्यादातर को कविता की ज़रूरत ही नहीं पड़ती। जिनको पड़ती है उनके लिए बम्बइया फ़िल्मों के गाने काफ़ी होते हैं।

पर सुंदरता, लालित्य, कोमलता आदि से ही नहीं, आज की कविता संघर्ष,

विचारशीलता, नैतिक द्वंद्व, प्रतिरोध आदि से भी गहरा और सीधा सम्बन्ध रखती है। कविता का संसार इधर बहुत व्यापक हुआ है : ज़िंदगी का शायद ही कोई पहलू हो जो कविता के घेरे में न आ गया हो। जैसे हमारा लोकजीवन, पद्धतियाँ, संस्कार, जीने का ढंग बदले हैं और पहले से चले आ रहे नहीं रह गए हैं, वैसे ही कविता भी बदली है। कई बार लगता है कि हिंदी समाज को कविता का यह बदलाव स्वीकार नहीं है। वह चाहता है कि कविता वैसी पारम्परिक रही आए, भले ही जीवन बदल गया हो। यह जीवन और कविता के रिश्ते को ग़लत समझना है। सबसे पहले तो जीवन ही है। वह अगर बदलता है तो कविता भी बदलेगी ही। बिना कविता के भी जिया जा सकता है। पर अगर कविता भी हो तो जीना कुछ अधिक सघन, अधिक उत्कट हो सकता है। हम अपने किसी भी अनुभव को, सुख-दुख को कविता के माध्यम से दूसरों के अनुभवों से, ऐसे अनुभवों की एक परम्परा से जोड़ सकते हैं और इस जोड़ से हमें अपना अनुभव अधिक स्पष्ट समझ में आ सकता है। कविता किसी भाषा की स्मृति भी है। अगर एक समुदाय के रूप में हमें अपने मनुष्य होने को सदियों के मनुष्य होने के अनुभव से जोड़ना हो या कि उसे भी साथ ही याद करना हो तो कविता इसका एक भरोसेमंद ढंग है। यही नहीं कविता किसी कवि द्वारा लिखी ही इसलिए जाती है कि एक मनुष्य के रूप में उसके साथ जो होता है, साधारण या असाधारण, उसे वह याद रखना चाहता है। कविता अपने आज होने को और सदियों से चले आ रहे 'होने' के लम्बे-अटूट सिलसिले को याद करने का जतन करना है।

जीने के लिए हमको सिर्फ़ चीज़ों और तौर-तरीक़ों का एक गोदाम-भर नहीं चाहिए : हमें कुछ और भी चाहिए। हमें यादों, रूपकों-बिम्बों, भावनाओं के मर्म, विचारों आदि की सम्पदा भी चाहिए। हमें हर वक़्त की भागदौड़ से थोड़ी मोहलत चाहिए : हमें अपने लिए थोड़ा वक़्त, थोड़ी फ़ुरसत चाहिए। यह थोड़ा-सा वक़्त ही कविता की जगह है। यह मनबहलाव या वाग्विलास नहीं है। यह जीवन में, अपने समय में, अपनी जातीय स्मृति में अधिक गहरी हिस्सेदारी करने की तैयारी है।

जो भी हो, यह बात भुलायी नहीं जा सकती कि हिंदी समाज को कविता की कोई ख़ास परवाह नहीं है भले ही हिंदी कविता अपने समाज की चिंता करती है। कई मायनों में आज की कविता समाज के विरुद्ध खड़ी कविता भी है। यह समाज धीरे-धीरे अपना सांस्कृतिक दाय गँवाता समाज है। अपनी स्मृति खोता, अपने अध्यात्म को भी उपभोग की चीज़ बनाता, एकांत से घबराता, अपनी ही भाषा की सर्जनात्मकता से अप्रभावित, अपने सृजनसमुदाय के प्रति असंवेदनशील, कट्टरता और उपभोक्तावाद के दोहरे कुप्रभाव में फँसा हुआ यह समाज अगर कविता से दूर हो गया समाज है तो इसमें आश्चर्य नहीं। भले ही यह दुखद और इस समाज

के नैतिक स्वास्थ्य के लिए हानिकर है। हिंदी कविता से जीवन को मात्र उपभोग में बदलने या किसी तरह की कट्टरता का कोई भी समर्थन मिलना असम्भव है। जब तक हिंदी समाज में एक नया सांस्कृतिक जागरण नहीं होता तब तक कविता को प्रतीक्षा करना होगा। प्रतीक्षा करना कविता की आदत है—आख़िर प्रतीक्षारत शब्द कविता की एक परिभाषा भी है। यही प्रतीक्षा—लम्बी और अथक—आज कविता का समय है।

[1994]

सूर्यदीप्त कविता

आम तौर पर हम जानते हैं कि फ्रांस या हंगरी में, स्वीडन या अमरीका की साहित्य की दुनिया में क्या हो रहा है, इस समय वहाँ की महत्त्वपूर्ण प्रवृत्तियाँ और आंदोलन क्या हैं, वहाँ के लेखक कौन हैं। पर अगर यही बात हम स्वयं से श्रीलंका या चीन, ईरान या इन्दोनेसिया की साहित्य की दुनिया के बारे में पूछें तो हमारे अज्ञान की विशालता मुँह फैलाए सामने आ जाती है। यह बात भी ग़ौर करने की है कि हमें ऐसी जिज्ञासा ही अक्सर नहीं होती है। प्रदर्शनकारी कलाओं के क्षेत्र में, अपनी वृहत्तर भारतीयता की याद ने कुछ एशियाई सांस्कृतिक आदान-प्रदान को बढ़ावा ज़रूर दिया है पर एशियाई साहित्यिक संसार और विशेषतः उसकी समकालीनता हमारी चिंता का विषय नहीं रही है। एक उत्तर-औपनिवेशिक समाज होने के कारण शायद यह अस्वाभाविक नहीं है कि हम पश्चिम से, उसकी मूल्यदृष्टि और मानदण्डों से निरंतर आक्रांत हैं और अक्सर उसकी पदावली और उसकी शर्तों पर उससे निरंतर संवाद के लिए उतारू हैं जबकि इसका कोई ख़ास प्रमाण नहीं है कि इस तरह के संवाद में पश्चिम की कोई ख़ास दिलचस्पी है या कि उसे इसकी कोई बौद्धिक या सृजनात्मक आवश्यकता भी है। विडम्बना यह है कि हम एक प्राचीन समाज भी हैं : पश्चिम के अस्तित्व में आने के बहुत पहले का भी। युगों तक हमारा अपने पड़ोसियों से, एशिया के अनेक देशों से गहरा सांस्कृतिक सम्पर्क रहा है पर आज वह हमारे लिए सिर्फ़ ठंडी अकादेमिक शोध का विषय है, अपनी पुरानी पहचान को नया करने, उससे नया संवाद शुरू करने की कोई प्रेरणा हमें नहीं मिलती। हम इन्दोनेसिया **रामायण** की परम्परा का एक संस्करण खोजने तो जाते हैं वहाँ के किसी नए कवि या समकालीन उपन्यास का पता लेने नहीं। यह विडम्बना ही है कि अधिकांश एशियाई देशों का एक-दूसरे से जो स्वल्प संवाद है वह भी पश्चिम की भाषाओं के माध्यम से ही। इधर, स्वतंत्रता के चालीस वर्ष

गुज़रते, न गुज़रते निश्चय ही हमारा अधिक समावेशी जातीय बोध और कुछ-कुछ आत्मविश्वास जागने लगे हैं पर अभी भी वे हैं पश्चिमाभिभूत ही। एशिया में धर्म, आस्था, राजनीति, संस्कृति और विचार की इतनी विपुल बहुलता है कि उसे लेकर वैसी एकीकृत और सुगठित परम्परा की बात सम्भवतः नहीं की जा सकती जैसी कि मसलन यूरोपीय परम्परा की की जा सकती है। पर यह बहुलता, यह खुली वैचारिक प्रजातांत्रिकता ही एशियाई परम्परा को उसका लचीलापन, उसकी समावेशिता और ग्रहणशीलता, उसका स्वतंत्र औचित्य भी प्रदान कर सकती है। यह बात भी अनदेखी नहीं की जा सकती कि साम्राज्यवाद और उपनिवेशवाद ने एशियाई समाजों को, उनके इतिहास और विकास को कितना ही छिन्न-भिन्न, कितना ही विकृत, उसके विचार जगत् को कितना ही आक्रांत क्यों न किया हो और उसकी ज्ञान और कलाओं की पद्धतियों को कितना ही अप्रासंगिक क़रार दिया हो, इन संस्कृतियों और उनकी विशिष्ट जीवनदृष्टियों की अतिजीविता ने उन्हें बचा ही लिया : सृजन और विचार के क्षेत्र में मनुष्य जो कुछ भी मूल्यवान् अर्जित करता है वह अंततः नष्ट नहीं किया जा सकता। जैसे भाषा अनश्वर है वैसे ही मनुष्य की रचनात्मकता भी। शायद यही वह बिंदु है जहाँ से हम अपनी एशियाई पहचान फिर से सम्पुंजित करने की शुरुआत कर सकते हैं।

2

यह शताब्दी वह है जिसमें अब तक के इतिहास में सबसे अधिक देश और जन स्वतंत्र हुए हैं। यह वह युग भी है जिसमें स्वतंत्रता के नाम पर मनुष्यों, संस्थाओं और जीवित शैलियों का संहार भी व्यापक पैमाने पर हुआ है। हमारा समय ऐसा भी है कि उसमें स्वतंत्रता की चेतना को बचाए रखने के लिए बहुतों ने खुशी से मृत्यु, कारावास और शत्रुता सहे हैं। यह लगभग अनिवार्य ही है कि हम एशिया में कविता को स्वतंत्रता की सबसे स्थायी अभिव्यक्ति और उसे समूची मनुष्य जाति की स्वतंत्रता के लिए संघर्ष का और उसका दबाव दृश्य पर लगातार बनाए रखने का माध्यम मानें। कवि होना ही स्वतंत्रता का अग्रदूत होना है : वह अपने को भाषा की मुक्तिदायी शक्ति से लैस करना है। कविता हमारे लिए एक स्पेस खोजती है, दीप्त और धड़कता हुआ, स्वतंत्रता के लिए, समय और इतिहास के पार, पर स्वप्नलोक नहीं, हमारे पड़ोस में ही स्पेस, हमारे बीचोंबीच, शोरोग़ुल और शिद्दत से भरी दुनिया में ही। कविता हमें पुनराश्वस्त करती है कि स्वतंत्रता सम्भव है, कि वह हमारे बस में है और कि विपरीत शक्तियाँ कितनी ही क्रूर और अपशकुनकारी क्यों न हों, स्वतंत्रता को नष्ट नहीं किया जा सकता।

कविता अपनी समावेशिता से स्वतंत्रता को चरितार्थ करती है जबकि राजनीति हमेशा ही अपवर्जन और बहिष्कार से काम चलाती है। कविता में दूसरों

के लिए जगह है और वह सरलीकरण करने से इनकार करती है। वह मनुष्य की स्थिति का सारसंक्षेप करने से बचती है। बल्कि वह सारे अंतर्विरोधों का बेहिचक सामना करती है। वह अपना बौद्धिक संयम उनसे मुठभेड़ कर पाती है और अपनी सच्ची सघनता गहराई में उनकी जटिलता का अन्वेषण कर। कविता की बुनियादी शालीनता यह है कि वह न केवल उन्हें मुक्त करती है जो ऐसी मुक्ति की आकांक्षा करते हैं पर उन्हें भी जो ऐसी मुक्ति के विरोधी या उससे अनजान हों। कविता के शिविर में सिर्फ़ खुले दरवाज़े होते हैं जिसमें, बिना किसी भय या पक्षपात के, मित्र हो या शत्रु, सभी जा सकते हैं। कविता के संसार में अंततः सभी बराबर हैं। उसके प्रजातंत्र में न कोई शासक है, न शासित और आधिपत्य और शोषण के सभी रूपों का वह प्रतिषेध करती है। मनुष्य और पक्षी, चट्टानें और शब्द, आकाश और नक्षत्र सब बराबर हैं। कविता मनुष्य की एकमात्र ऐसी संसद है जहाँ से कोई वापस नहीं भेजा जाता और जिससे कभी कोई बाहर नहीं निकाला जाता। कविता आत्मा की एक निरंतर विस्तृत होती संसद है जहाँ उस हरेक व्यक्ति के लिए जगह है जो वहाँ जगह चाहता और खोजता है। इसीलिए कविता अंततः और बुनियादी तौर से स्वतंत्रता है और उसे स्वतंत्रता के लिए आवाज़ उठाने का असंदिग्ध और निर्विवाद अधिकार है। यही वजह है कि जो सत्ता पर एकाधिकार करते हैं अक्सर कविता को शक़ की नज़र से देखते हैं। प्लेटो से लेकर हमारे युग के दृश्य और अदृश्य आततायी, कवि को अपने गणतंत्र से बाहर रखते रहे हैं। कविता दूसरा गणतंत्र है जिसकी ओर वे आशा से पलटते हैं जिनकी स्वतंत्रता बाधित की जाती या हर ली गयी है। विराट् ऐतिहासिक अमूर्तनों के बरक़्स कविता व्यक्तियों की नियति की चिंता करती है।

यह नहीं कि कविता चुनाव नहीं करती। पर चुनाव करते समय वह यह नहीं मानती कि जो उसके साथ नहीं है वह उसका दुश्मन है। वह हमेशा ही नैतिक दुविधाओं से घिरी होती है। वह फ़ैसला देती है पर खुद को फैसले के लिए पेश करने में संकोच नहीं करती। वह तानाशाहियों के सामने, फिर वे राजनीति की हों या धर्म की, उपभोक्तावाद की या अपसंस्कृति की, घुटने टेकने से इनकार करती है। वह उन सभी विचारधाराओं का प्रतिषेध करती है जो उसे अपना उपनिवेश बनाने की चेष्टा करती हैं। वह मनुष्य के प्रति अन्याय या उसके अपमान और तिरस्कार का विरोध करती है। वह कोई युद्ध नहीं जीतती, कोई सैन्यसंहार नहीं करती, लोगों को परास्त नहीं करती। उसके पास सिर्फ़ मंदिर और खुले आँगन, सघन वृक्ष और खुला आकाश होता है। महात्मा गाँधी की एक अवधारणा को उधार लेकर कहें कि कविता इतिहास की तानाशाही, विचारधाराओं के उपनिवेशवाद और धर्मांधता के विरुद्ध एक असमाप्य सत्याग्रह है। वह मनुष्य और उसके पर्यावरण को बचाने, भाषायी परिवेश का उसकी पूरी बहुलता में संरक्षण करने और सारे

जीवन की, जिसमें मनुष्य और मनुष्येतर जीवन शामिल है, पवित्रता की निरंतरता के लिए सत्याग्रह भी है। अपने देश और काल में गहरे जमी हुई कविता अंततः मनुष्य की परम मुक्ति की स्थायी राजनीति है। वह स्वतंत्रचेता व्यक्तियों द्वारा रची जाती है और वे सभी जो उससे प्रतिकृत होते हैं उसे सिर्फ़ अपने लिए हथियाने के बजाय उसका दूसरों से साझा करने को तैयार रहते हैं।

मैक्सिकन कवि-चिंतक आक्तोवियो पॉज़ ने कहा है कि "इतिहास अभी तक बहुल रहा है। उसमें मनुष्यता की विभिन्न दृष्टियाँ रही हैं और हर दृष्टि में अपने अतीत और भविष्य की भी अलग दृष्टि रही है। इस विविधता को बचाना भविष्यों की बहुलता को बचाना है, दूसरे शब्दों में स्वयं जीवन को ही। हमें विशेषता, निजता और अनियमितता की रक्षा करना चाहिए क्योंकि यह जीवन है। नौकरशाह राज्यों की सामूहिकता में या पूँजीवाद द्वारा बनायी गयी मास सोसायटी में मनुष्य का कोई भविष्य नहीं है। हर व्यवस्था अपने अमूर्त स्वभाव और पूर्णता के प्रति अपने दावे के कारण जीवन की शत्रु सिद्ध हुई है।"

एशिया ने स्वतंत्रता के नाम पर शोषण संहार सबकुछ सहा है और शायद अब वक़्त आ गया है कि वह अपनी स्वतंत्रता की उपलब्धियों और सीमाओं पर मिलकर विचार करे।

[1988]

कविता का भूगोल

यह स्वाभाविक है कि हम कहें और मानें कि अंततः सारे संसार की कविता एक है, मनुष्य एक है और उसकी मातृभाषा के रूप में कविता भी। पशु-पक्षी नाचते-गाते और बतियाते होंगे पर वे कविता नहीं करते हैं। कविता मनुष्य का अपना आविष्कार है : मनुष्यता का एक अक्षय मार्मिक पर्याय। वह उसे सहज ही दूसरों के साथ लाती है : चीज़ों, नक्षत्रों, सम्बन्धों, प्रकृति, लोगों और कर्म के पासपड़ोस में अनायास ही शामिल कर देती है। जो रोज़मर्रा है, जो आदतन है, जो पहले से ही तय है उसकी गिरफ़्त से कविता हमें मुक्त करती है। वह अभी और अनंत को, यहाँ और वहाँ को, नश्वरता और अनश्वरता को जोड़ती है और हमें देश-काल में अवस्थित करके भी उनके पार ले जाती है। वह इतिहास में हमें रोपती है और उसकी अनिवार्यता से स्वतंत्र करती है। कविता भाषा में सपना देखती है, गाती है, प्रश्न पूछती और चिंतित होती है : उसमें धूप है, अँधेरा है, कभी न समाप्त हो पानेवाली हमारी सत्ता की गोधूलि है। वह हमारे एकांत को सृजनक्षम बनाती है, हमारी सामुदायिकता को व्यक्तित्वहीन होने से बचाती है। जब सारे दरवाज़े मनुष्य पर भेड़ दिए जाते हैं तो कविता, सारे ख़तरों के बावजूद, एक दरवाज़ा खुला-अधखुला रखती है, टोमस ट्रांस्ट्रोमर के शब्दों में 'हर एक के लिए'।

यह शताब्दी अपने अवसान के समीप है और सारे संहार, विध्वंस और सत्यानाश के बाद भी मनुष्यता जीवित है : कविता मनुष्य की इस अदम्य उत्तरजीविता, उसकी असमाप्य जिजीविषा का सबसे प्रबल साक्ष्य है। यह दावा करना ग़लत नहीं है कि हमारा समय ऐसा भयानक समय है जिसमें मनुष्य के अनेक माध्यम जैसे राजनीति, धर्म, विज्ञान, तकनीकी आदि उसके साथ छल कर रहे हैं लेकिन कविता अभी भी मनुष्य की भरोसेमंद साथी है। कविता मनुष्य के साथ है क्योंकि वही उसका लक्ष्य है, वही उसका अभीष्ट। उसी ने हमेशा मनुष्य के

आधे-अधूरेपन के दुख को समझा और उसके भरे-पूरेपन के सपने को सक्रिय रखा है। यह नहीं कि वह संकटग्रस्त नहीं हुई है—यह भी नहीं कि उसे दुविधाओं ने नहीं घेरा है। सभ्यता ने कई बार उसे हाशिए पर ढकेलने की कोशिश की है। उसकी आवाज़ को कई तरह के तुमुल में अनसुनी करने की साज़िश हुई है। राजनैतिक व्यवस्थाओं, विचारधाराओं, धार्मिक उन्माद और एकसेपन की सभ्यता की बढ़ती तानाशाहियों और उपभोक्तावाद ने उसे अपना उपनिवेश बनाने और उसकी स्वतंत्रता को तरह-तरह से हरने का षड्यंत्र भी बहुत किया है। पर कविता ने अकेले पड़ जाने का जोखिम उठाकर, शब्द, जीवन और मनुष्य की गरिमा और अस्मिता को बचाते हुए, अपने नैतिक संकल्प को अक्षुण्ण रखा है। यह अकारण नहीं है कि इस शताब्दी में जब अन्य अनुशासन नीतिनिरपेक्ष या नीतिविरोधी हो गए हैं, कविता मनुष्य की नई नैतिकता बनकर उभरी है : वह मनुष्य के नैतिक टिकाऊपन का पर्याय बन गई है। इस शताब्दी की लोहित रणभूमि में कविता मनुष्य की अपराजेयता का उद्घोष है; एक ऐसी आवाज़ जिसे राज्य या व्यवस्थाएँ, विचारधाराएँ या उपभोक्तावाद दबा या छुपा नहीं सकते। आज संसार की कविता हमारे समय का सबसे विश्वसनीय आदमीनामा है। एक ऐसा सम्बोधन जो हम सबके लिए है अगर हमारे पास थोड़ा-सा समय अपनी हालत समझने, अपने मनुष्य होने के संकट को पहचानने और अपने आत्मविस्तार के लिए थोड़ी देर ठिठकने का हो।

चैक उपन्यासकार मिलान कुंदेरा ने कहा है कि पहले से जाने हुए सच की सेवा-टहल में लगा व्यक्ति कवि नहीं हो सकता—फिर उस पूर्वनिर्धारित सच को आप क्रांति कहें या असहमति, आस्था कहें या अनास्था, अन्यायपूर्ण कहें या न्यायसंगत इससे कुछ फ़र्क़ नहीं पड़ता। जो कवि खोजे जानेवाले सच के अलावा किसी सच की सेवा में है वह झूठा कवि है। यह सच्चे सौभाग्य की बात है कि संसार में ऐसे कवि हैं जो ऐसे ही सच को, बल्कि सचों को, हमारे लिए विन्यस्त कर रहे हैं जो पहले से जाने हुए नहीं हैं बल्कि खोजे जाने को हैं; ऐसे सच जो किसी और माध्यम से सुलभ नहीं हैं, जिन्हें केवल कविता ही भाषा के अपने लयात्मक प्रयत्न से खोजती और हमें उपलब्ध कराती है। आग्रह कविता के सच पर है, जो मनुष्य का अपना मार्मिक सच है और जो उसके अन्य सचों से असम्बद्ध या स्वतंत्र नहीं है पर जिसे किसी और सच का पिछलगुआ या संस्करण या किराए का मकान होना मंजूर नहीं है। इसी अर्थ में आज कविता अपनी उग्र स्वायत्तता की ज़िद करती कविता है—अपने को मानवव्यापार में नई नैतिकता की तरह प्रतिष्ठित करती कविता : उसका सच ऐसा सच भी है जो सबकुछ को छोड़कर पाई इकहरी सुसंगति का सच नहीं बल्कि सबकुछ को मिलाकर पाई गई अन्विति का सच है : समावेशी, उदग्र और अंतर्विरोधों से अक्षत सच। जैसा आक्तोवियो पॉज़

ने कहा, उसकी "उषा/जोखम से उत्पन्न" होती है और इसलिए सुंदर और लहूलुहान एक साथ है। ऐसी ही कविता तादूयूश रोज़विच के शब्दों में "अजन्मी/वह भरती है रिक्तता/छिन्न-भिन्न होते संसार की/अजानी बोली से।" यह कविता मनुष्य के प्रश्नों को, वे सनातन हों या सिर्फ़ आज के, सामान्यीकरण में पदावनत नहीं करती क्योंकि वह, टोमस ट्रांस्ट्रोमर के शब्दों में, मानती है कि "प्रत्येक प्रश्न की पुकार अलग भाषा है—ख़ास उसकी अपनी। जासूसी कुत्ते की तरह वहाँ जाओ तुम, जहाँ भी सचाई ने छोड़े हों चरणचिह्न।" हम याद करें कि हमारे यहाँ भी मुक्तिबोध ने 'आत्मा के गुप्तचर' की बात की है। यह कविता तब तक लीला, अभ्यास और प्यार करने पर इसरार करती है "जब तक तुम्हारा झूठ/छूट नहीं जाता अपने आप झूठ होने से।" (चांग ह्यान जांग)। ऐसे कवि देखते हैं "अपनी आँखों से और अपनी आँखों में।"

यह बात अलक्षित नहीं जा सकती है कि इतने सारे आंदोलनों और संघर्षों के बाद संसार की कविता ने बौद्धिक दृढ़ता और नई पारदर्शिता दोनों ही अर्जित की हैं और वे आज उसके सहज उपकरण हैं। निकारागुआ के अर्नेस्तो कार्देनाल कहते हैं "जैसे चंद्रमा अकेला है, जैसे अकेला है सूर्य आकाश में", और ग्रीस के निकेफोरोस व्रेत्ताकास की पंक्तियाँ हैं "वहाँ नहीं है अकेलापन जहाँ एक आदमी/गड्ढा खोद रहा है या सीटी बजा रहा है या धो रहा है अपने हाथ।" लेकिन यूगोस्लाविया के वास्को पोपा देख पाते हैं कि "कुछ भी हरियाली में नहीं बदला।" चेकोस्लोवाकिया के मिरोस्लाव होलुब नोट करते हैं कि "सोचते भी हैं तो बहुत थोड़ा-सा।" जापानी शुन्तारो तानीकावा की चिंता है कि "सारा परिचित सामान/कहीं मर न चुका हो चमकते अवसाद में" तो इटली के जोवान्नी राबोनी सोचते हैं : "एक अंडा और ब्रेड और गिलास टेबिल पर रखे हैं/यंत्रणा के ढेर सारे सौम्य औज़ारों के साथ।" 'चमकदार अवसाद' या 'यंत्रणा के सौम्य औज़ार' सिर्फ़ चमत्कृत करनेवाली उक्तियाँ नहीं हैं बल्कि उस कठिन खोज का परिणाम हैं जो बौद्धिक प्रखरता और भावात्मक उत्कटता के साथ भाषा आज कविता में कर रही है।

विराट् व्यवस्थाओं और सरलीकरणों के इस समय में कविता ने उन चीज़ों, छवियों और अनुभवों को हमारे लिए बचा रखा है जो रोज़मर्रा की आपाधापी में हम अक्सर अलक्षित करते हैं। वास्को पोपा की नन्हीं डिबिया, रफ़ायल अलबर्ती की छड़ी, जूहाश की बछेड़ा ब्याने की बेला, क्रेग रेन के छोटे प्याज, राबोनी का बढ़ई, अरुण कोलटकर का दूसरे दर्ज़े का देवता यशवंतराव, एडोनिस का आम का पेड़, ज़ेबन्यू हर्बर्त के कंकर और मुर्ग़ी, शंख घोष की बुढ़ियों की मंडली, होलुब के दाँत, हेलमुट त्सेंकर के पंख, जूडिथ रोड्रीग्ज़ का पानी किनारे का घर आदि सभी हमारे लगभग अलक्षित पास-पड़ोस को ताज़ी आभा और अर्थ देते हैं। हमें याद

दिलाते हुए कि हमारे पड़ोस में, आसपास ही कितना सारा विविध जीवन स्पंदित हो रहा है। कविता मनुष्य की स्मृति भी है, उसका बिना चहारदीवारियों और छत का संग्रहालय भी। उसमें हम बहुत कुछ बचाकर रखते हैं : अर्जेंतीना के कवि राबर्तो हुआरोज़ की एक कविता समाप्त होती है इन पंक्तियों से—"इसीलिए शायद जब/आप सोचते हैं/किसी के बारे में तो/शायद आप उसे/बचा रहे होते हैं।" भाषा के ध्यान में लाकर कविता बहुत कुछ को बचाने का, उसे एक तरह की ममता और मार्मिकता के साथ सँभालकर रखने का जतन करती है। वह उस स्थिति को भी अंकित करती है जिसने "हमारे पुरउम्मीद दिनों को बदला/दिल को तोड़नेवाले दिनों में" (गाब्रियल ओकारा) और इस विडम्बना को भी कि "उनकी मुट्ठी को चूमने के अपने अप्रत्याशित सूफ़ियाना अंदाज़ पर ग़ौर कर अणुबम का ज़िक्र मैंने नहीं किया" (एलेन गिंसबर्ग)। वह इस सीधे-सादे पर चौंकानेवाले नतीजे पर भी पहुँचती है कि "उदासीन चीज़ों से/क्या हासिल हो सकता ? कुछ नहीं, अधिक से अधिक सौंदर्य" (चेश्वाव मिवोश), और इस पहचान तक भी कि "यह सदा आसमानी नहीं बल्कि आती है तल्ख़ सरज़मीं से।" वह लियोपाल्ड सेंगोर के शब्दों में "पलकों को सहलाता एक रौशनीदार हाथ, प्यार" और "आत्मा की तह में विचारमग्न झंखाड़ें" और "हर एक तृण में लहक उठते दुःख और पाप" दोनों को साफ़ देख और दिखा पाती है।

यह संयोग ही है कि प्रायः हर कवि की कम से कम एक कविता स्वयं कविता के बारे में है : यह कलावादिता नहीं है, न ही कविता की आत्मरति का अकाट्य उदाहरण। यह साक्ष्य है समूचे संसार और उसकी इतनी सारी काव्य-भाषाओं में सृजनात्मक शब्द के प्रति गहरे लगाव और आज की भयावह धकापेल में शब्द के पीछे पड़ते जाने से उपजी चिंता का। जॉन एशबेरी कहते हैं कि "मौन ही अंतिम शब्द है" और स्टीफ़ेन स्पेंडर पाते हैं कि "वाक्य तो अभिशप्त है जैसा निकला वैसा बने रहने को।" अख़्तर उल ईमान का आत्मविश्वास है कि "मैं जिस दिन आऊँगा ताज़ा लुगत हमराह लाऊँगा।" बीसवीं सदी की शुरुआत हुई थी शब्द के पुनराविष्कार से और उसके सारे संकटों से गुज़रता हुआ, बहुत हद तक लहूलुहान और क्षत-विक्षत शब्द अपनी अस्मिता और अपने अंततः अक्षय होने की आस्था का पुनराख्यान इन रचनाओं के माध्यम से कर रहा है। कविता और शब्द की अपराजेयता प्रथमतः और अंततः मनुष्य की अपराजेयता ही है। वह भाषा का बार-बार मानवसंलाप के रूप में पुनर्वास है। वही शक्ति देता है उस युग से निपटने की "जिसमें ताक़त ही ताक़त होगी और चीख़ न होगी" (रघुवीर सहाय)। वही यह सच्ची शंका भी कि "कहीं मेरे लौटने के समय सूर्यालोक में रास्ता न दिखे" (रमाकांत रथ)। यह कवि ही नहीं शब्द का भी वक्तव्य है कि "मैं क़ब्र में क़ैद नहीं रगों में दौड़ता हूँ" (हरभजन सिंह)। रगों में दौड़नेवाले और न

थकने-हारनेवाले शब्द ही हमारे समय की प्रामाणिक कविता सम्भव करते हैं। तभी कविता "स्वर्ग के फाटक में प्रविष्ट होती" "वेश्या और दुलहन एक साथ" (डब्ल्यू एस रेंड्रा) देख पाती है।

एक कर्मबहुल संसार में शब्द भी कर्म का स्थान और गरिमा पाते हैं—वे सक्रिय और हिस्सेदार होते हैं। रामझरोखे से हमारा हाल नहीं देखते या पूछते बल्कि चौक-बाज़ार में, घर-गलियारों में हमारे साथ होते हैं। यह आकस्मिक नहीं है कि संसार की जटिल बहुलता को सबसे अधिक शब्द ही चरितार्थ करते और अपने में समोते हैं। यद्यपि यहाँ किया चयन चयन है, यह बात नोट करने की है कि अनेक विचारों, दृष्टियों और शैलियों के कवि अपनी बुनियादी प्रतिबद्धता एक तरह से इस बहुलता के लिए ही प्रगट करते हैं। बहुलता जो संसार का, मनुष्य और मनुष्येतर के अस्तित्व और सम्बन्ध का, भाषा और सृजन का, विचार और कर्म का मूलाधार है। जर्मन कवि गुंटर कुनेर्ट कहते हैं : "शताब्दी का सपना एक नहीं है।" कहा जा सकता है कि आज जब एकसेपन की मुँहज़ोर या दबी-छुपी तानाशाहियाँ इस बहुलता को निगलने की हरचंद कोशिश कर रही हैं, कविता बहुलता के इस जनतंत्र को बचाने की अथक लड़ाई लड़ रही है। उपभोग और शोषण के विरुद्ध, सरलीकरण और सार-संक्षेप के विरुद्ध, अपवर्जन और बहिष्कार के विरुद्ध, मनुष्य के अपमान और तिरस्कार के विरुद्ध, सर्वसत्तावाद और नई औपनिवेशिकता के विरुद्ध आज कविता सिविल नाफ़रमानी है। वह मनुष्य और उसके पर्यावरण को बचाने, भाषायी परिवेश का उसकी बहुलता में संरक्षण करने और सारे जीवन की पवित्रता की निरंतरता के लिए सत्याग्रह है। वह नयी नैतिकता है तो मनुष्य की परम मुक्ति की स्थायी राजनीति भी।

अब ज़ाहिर हो चुका है कि पुराने साम्राज्यवाद का स्थान नई औपनिवेशिक मानसिकता ने ले लिया जो मानती है कि पश्चिमी सभ्यता केंद्रीय है और बाक़ी सब सभ्यताएँ हाशिए की हैं और उन सबकी नियति पश्चिमी केंद्र का उपनिवेश बनना ही है। केंद्र अपने आपमें सम्पूर्ण है और बाक़ी सब टुकड़े, जिनकी स्वाभाविक और वैध आकांक्षा सम्पूर्ण में, उसकी शर्तों पर, विलय की ही हो सकती है। पश्चिम के प्रति समर्पित संसारव्यापी भक्तिकाल में यह पहचान किसी उग्र विवेक से ही उपज सकती है कि हमारा संसार एककेंद्रीय नहीं बहुकेंद्रीय है, और संवाद की शर्तें कोई एक पक्ष नहीं दोनों पक्ष ही मिलकर निर्धारित कर सकते हैं, कि शायद दो ही नहीं अनेक पक्ष हैं। संवाद सम्पूर्णताओं के बीच है, अपनी सारी रचनात्मक रगड़ और मतभेदों के साथ। वह किसी तरह के अराजक बहुलतावाद या सतही समन्वय और समाहार दोनों से बचेगा। वह खुला होगा और उसके परिणाम या परिणति पहले से निर्धारित नहीं होगी। वह मानवसमाज में समता, न्याय और सत्य पर आधारित संलाप को पुनर्प्रतिष्ठित करेगा। कविता ऐसे संलाप का एक महत्त्वपूर्ण

और जटिल स्तर है। फिर वह भारत की हो, अफ्रीका की किसी अल्पसंख्यक कबाइली बोली में कही जा रही हो, फ्रांस या अमरीका की हो, कविता भाषा और मनुष्य के आत्मसम्मान और गरिमा के सत्यापन का आधार है और अपनी स्थानीयता से ही अपनी सार्वभौमिक वैधता पाती है।

आक्तोवियो पॉज़ ने कहा है : "हमारी शताब्दी अनुवाद की शताब्दी है। न सिर्फ़ पाठों के अनुवाद की, बल्कि परिपाटियों, धर्मों, नृत्यों, ऐंद्रिक और पाकविद्याओं, संक्षेप में, सभी तरह के व्यवहारों और प्रविधियों के, फिनिश सोना से योगाभ्यास के अनुवाद की। स्वयं इतिहास भी हमें एक अनादर्श अनुवाद ही प्रतीत होता है–कमियों से भरा हुआ–एक खोया हुआ पाठ, दुष्ट अनुकर्ताओं की मूर्खताओं और क्षेपकों के कारण, जिसकी हेगेल और मार्क्स से लेकर नीत्शे और स्पेंगलर जैसे दार्शनिक पुनर्रचना का यत्न करते रहे हैं। निस्संदेह, दूसरे युगों और लोगों ने भी इतनी ही उत्कटता और चिंता के साथ, जैसी कि हमारी है, अनुवाद किया है पर उनमें से कोई भी इस तथ्य के प्रति सचेत नहीं था कि अनुवाद में हम उसे बदलते हैं जिसका कि अनुवाद करते हैं और सबसे ऊपर हम अपने को बदलते हैं।"

हिंदी में अनुवाद की, बावजूद उसकी बहुलता के, प्रतिष्ठा नहीं बन सकी है। कुछ कवि ऐसे हैं जिनके हिंदी में अनुवाद पहले हुए हैं और अगर व्यापक काव्यप्रेमी समाज नहीं तो कम से कम कविसमाज उनके काम से परिचित है। पिछले पंद्रह-बीस वर्षों में हिंदी की काव्य-रचनात्मकता पर जो मुक्तिदायी प्रभाव पड़े हैं उनमें विदेशी कविता, विशेषतः यूरोपीय (अंग्रेजी या अमरीकी नहीं), लातिनी अमरीकी और अफ्रीकी कविता के प्रभाव प्रमुख हैं। इन प्रभावों ने जहाँ हिंदी की जातीय स्थानीयता में उसकी कविता का विश्वास सबल किया है वहाँ उसमें नयी साहसिकता और कल्पनाशीलता भी उकसायी है। कविता जाँचने-परखने की नयी विधियाँ, भाषा को विन्यस्त करने की नयी शैलियाँ, कविता की जटिलताओं और हिस्सेदारी को जाँचने-परखने की कई अपूर्वचिंतित पद्धतियाँ इस बहाने हिंदी में विकसित हुई हैं। अनुवाद और इससे पड़नेवाला प्रभाव हिंदी की अर्थसम्भावना और स्पेस का विस्तार करता है–वह ऐसी जगह, ऐसी अनुभवसंपदा, ऐसी छवियाँ और अंतर्दृष्टियाँ हमारी भाषा के संसार में लाता है जो अन्यथा हमारे पास न होतीं। कहा तो यह जा सकता है कि अनुवाद भी वसुधा को हमारे लिए एक कुटुम्ब बनाता है जहाँ रहने और होने में अजनबीपन नहीं, आत्मीयता महसूस होती है।

अनुवाद हमेशा ही जोखिमभरा काम है : हमेशा ही उसकी प्रामाणिकता संदिग्ध बनी रहती है। कहा यह भी गया है कि कविता वह है जो अनुवाद में नष्ट हो जाती है। पर इसके बरक्स यह भी कहा जा सकता है और ग़लत नहीं होगा कि अंततः कविता अनुवाद के बाद भी बची रहती है और सम्प्रेषित होती है। इतने

सारे कवियों की रचनाओं के अनुवाद ज़्यादातर मूल भाषाओं से नहीं बल्कि उनके अंग्रेज़ी अनुवादों से हिंदी में किए जाते हैं : वे इस मामले में दुहरे दुर्भाग्य या पुनरवतार के भागी हैं। यह हमारी उत्तर औपनिवेशिक विवशता है और संसार की अंग्रेज़ीतर भाषाओं के प्रति हमारे कविसमाज की उदासीनता का प्रमाण भी। फिर भी, सारी बाधाओं के बावजूद ऐसी कविताएँ हैं जिनसे हम, इन अनुवादों के माध्यम से, बतिया सकते हैं : वे हमें सम्बोधित हैं और हम उन्हें सम्बोधित कर सकते हैं। इन अनुवादों ने यह परस्पर सम्बोधन सम्भव बनाया है और हम इसके लिए निश्चय ही कृतज्ञ हैं। यह विस्मयकारी आत्मविस्तार है कि हमें इन कविताओं को पढ़ते हुए लगे कि सुदूर चिली या आस्ट्रेलिया, घाना या डेनमार्क, चीन या सेनेगल का कवि और कविता ''इतने पास अपने'' हैं। ये कविताएँ मानो समूचा संसार अद्‌भुत लेकिन असंदिग्ध ढंग से, बिना चीख़-पुकार के, हमारे लिए स्वायत्त करती हैं। विवक्षा, जिज्ञासा और जिजीविषा की संसारव्यापी बिरादरी में वे हमें शामिल करती हैं। रचनात्मक शब्द अनूदित होकर हमारी काव्य-नागरिकता का विस्तार करता, हमारी रसिकता के लिए नया भूगोल रचता है। उसमें आश्वासन है, चीनी कवयित्री शूतिङ् के शब्दों में, कि ''कल हम फिर मिलेंगे किसी और अक्षांश पर'' और क्यूबा की कवयित्री नेक्सी मोरजान का यह सहज विश्वास भी कि ''द्वीप सोता है किसी पंख की तरह।'' यह पाना भी प्रीतिकर और अप्रत्याशित एक साथ है कि एक ही समय की कविताएँ एक संवाद में, अकसर एक-दूसरे को जाने बिना भी, शामिल हैं। डेनिश कवि हेनरिक नॉर्डब्रांट अपनी एक कविता का समापन करते हुए कहते हैं ''और जवान विधवाएँ भूल चुकी हैं कि कैसे उठाते हैं सिर,'' और रूसी कवयित्री बेला अख़्मादूलिना की एक कविता समाप्त होती है इस पंक्ति से : ''बल्कि दुखों के कारण मैं अपना सिर उठाए रखती हूँ ऊपर।''

[1989]

बीच की नीरवता

बीच बहस में कविता

विजयदेव नारायण साही

पिछले लगभग बीस बरसों में हिंदी आलोचना और विचार के क्षेत्र में **विजयदेव नारायण साही** की उपस्थिति और सक्रियता महत्त्वपूर्ण रही है। उन्होंने कम लिखा, उससे भी कम छपवाया लेकिन वे बीच बहस में बने रहे। उन्हें अक्सर 'एक बहस करता हुआ आदमी' कहकर याद किया जाता है। मरणोत्तर प्रकाशित उनके दूसरे कविता संग्रह **साखी** से स्पष्ट है कि अपने समय की इस लम्बी बहस में उनकी कविता भी पूरी तरह शामिल है। वह एक बहस करते आदमी की कविता-भर नहीं है, वह बहस करती कविता है। यह बहस सिर्फ़ दृष्टियों, अनुभवों और विचारों के बीच या कुछ व्यक्तियों के बीच या अपनी ही संशयग्रस्त आत्मा के दो पक्षों के बीच-भर नहीं है। अपने लिए बहस का रास्ता चुनकर यह कविता अपनी समकालीन कविता से भी बहस कर रही कविता है। उसके घोषित-अघोषित पुरुषार्थों को प्रश्नाकुलता और संवाद के घेरे में खड़ी करती कविता। हमें यह नहीं भूलना चाहिए कि जब युवतर कवि को कविता 'घेराव में/किसी बौखलाए हुए आदमी का संक्षिप्त एकालाप' लग रही थी तब साही को वह संवाद-सुलभ जान पड़ रही थी। **मछलीघर** की भूमिका में उन्होंने 'आंतरिक एकालाप' पकड़ने की कोशिश को अपना लक्ष्य ज़रूर माना था, लेकिन **साखी** तक आते-आते यह एकालाप संवाद में रूपांतरित हो चुका था। नये संग्रह की भूमिका के रूप में उनका **पूर्वग्रह** में कुछ कविताओं के साथ छपा वक्तव्य दिया गया है जिसमें कविता से कई तरह के पुरुषार्थों की उम्मीदें की जाने की बात है। निश्चय ही संवाद ऐसा एक पुरुषार्थ है : एक ऐसे समय में जब संवाद की सम्भावनाएँ सिकुड़ती जाती हैं, कविता को मानो संवाद के लिए ललकारना, उसे उसका लगभग सहज धर्म बना देना और संवाद की सम्भावना को बनाए रखने पर इस प्रकार आग्रह करना पुरुषार्थ ही है। हमारा समय कविता में

तो दूर अब तो विचार और आलोचना तक में एकालाप, संवाद-विमुखता और संवाद के अकारथ माने जाने का अभागा समय हुआ जा रहा है। ऐसे में कविता को संवाद बनाना न केवल सृजनात्मकता को एक अंधी गली में अवरुद्ध होने से बचाने का यत्न करना है बल्कि हमारी बुनियादी मानवीयता पर हो रहे अनेक आक्रमणों के लिए एक सशक्त प्रतिरोध विकसित करना भी है। चाहे अनुभव का सच हो या विचार का, उसकी जाँच होना ज़रूरी है : कविता में उसके 'सत की परीक्षा' होती है। यह जाँच एकांत साधना नहीं है, उसमें दूसरे शामिल हैं। ऐसे ही 'सत' की 'साखी' है साही की कविता।

आज ऐसी बहुत-सी कविता है जो दूसरों से बात करने से कतराती है, दूसरों का सामना करने से घबराती है या आत्मसंतुष्टि के स्वर्ग में क़ैद है। कबीर की तरह साही कभी-कभार अगर रामझरोखे से दुनिया और उसमें अपनी हालत को देखते हैं तो दूसरे ही पल वे बाज़ार में आ जाते हैं सबके साथ और अपने को उसी परीक्षा के लिए प्रस्तुत कर देते हैं जो दूसरों की ली जा रही है। सत्य, जो भी हो, पूर्वनिर्धारित या सुनिश्चित नहीं है। वह इसी आत्मपरीक्षण और संवाद की दुहरी और कठिन प्रक्रिया से आकार ग्रहण करता है। भले ही 'मेरे सयाने युग में' 'बेनाम तकलीफों' के लिए 'सटीक और संतोषप्रद नाम दिए जा चुके हैं,' कविता इस सयानेपन पर प्रश्नचिह्न लगाती है और इस सटीक संतोष की अपर्याप्तता को पहचनवाती है। ऐसी कविता 'औरेबी हमसफ़र' है जिसका 'होना ही' 'निरंतर आलोचना की तरह' लगता है। बहुत सारी कविता में आजकल कवि अपनी आस्था का हलफ़ उठा रहे हैं, भले ही कविता की अपनी संरचना और भावसम्पदा उस आस्था को सत्यापित करने में समर्थ नहीं है। शायद मान्यता प्राप्त करने की हड़बड़ी या उतावली या मोह ऐसा करवा रहा है। या सचमुच कुछ की आस्था इतनी जड़ हो गयी है कि संशयातीत होकर उससे कुछ 'किया' नहीं जा सकता, उसे बार-बार 'कहा' भर जा सकता है। एक तरह का अस्वाभाविक चौकन्नापन कविमन को ग्रसे है कि वह जो भी कहे उसकी वफ़ादारी का प्रमाण हो, कम से कम उसकी वफ़ादारी पर शक़ किए जाने से उसे बचाए रहे। यह कविता का वफ़ादारी के लिए शोषण है, उसकी बुनियादी शर्तों से कवि का अनैतिक अपसरण। ऐसे में साही की कविता वफ़ादारी के बरक़्स, उसके 'दहाड़ते आतंक के बीच' 'फटकारकर सच बोल' सकने की हिम्मत की कविता है। उसके 'सच का इस्तेमाल कौन अपने पक्ष में करेगा' इसकी चिंता उसे नहीं है। यह ख़तरनाक खुलापन है और उस सारी कविता की बेचारगी और चतुराई पर टिप्पणी, जो तय करके पक्षधर है और अपनी ईमानदारी के बजाय अपनी वफ़ादारी के लिए चिंतित है। आजकल की कविता की गिरती हुई साख के विरुद्ध साही की कविता ईमान की साखी है।

2

यह कुछ अप्रत्याशित है कि बहस करनेवाली कविता अपने लिए चित्रांकन की प्रणाली चुने जो कि साही ने अपनी कुछ कविताओं के लिए चुनी है और उन्हें नाम दिया है **शबीहें** याने तसवीरें या छविचित्र। ये छवियाँ व्यक्तियों, घटनाओं और परिस्थितियों की हैं। यह विभाजन स्वयं कवि का किया हुआ है। जीवन-जगत् की ऐसी अनेक छवियाँ हैं जो हम अलक्षित करते हैं या जो हमारे ध्यान में नहीं आतीं। कुछ ऐसी हैं जो ध्यान से उतर जाती हैं। हर समय की कविता ऐसी छवियों को हमारे लिए अंकित करती है और इस तरह उन्हें हमारी स्थायी स्मृति का हिस्सा बना देती हैं। बहुत हद तक यह काम कविता, कम से कम इन दिनों, कथावृत्त का सहारा लिए बिना करती है। शब्द एकाग्र और घनीभूत होकर एक छवि बनाते हैं और उसे कविता में मूर्त करते हैं। कविता लोगों का अमूर्त सामान्यीकरण के रूप में इस्तेमाल जब-तब करती है पर सार्थक कविता इन लोगों को उनके जीवित और गतिशील होने के अहसास को कविता में ऐसे ही मूर्त चित्रों द्वारा चरितार्थ कर पाती है। ये छवियाँ व्यक्तियों के अलावा घटनाओं और परिस्थितियों की भी हो सकती हैं। साही के यहाँ ये तीनों ही रूप हैं। **बेनाम तकलीफोंवाला बूढ़ा, शाम के वक्त रुद्ध अवस्थाओंवाला आदमी, साँप काटे हुए भाई से, क्रूसो, आख़िरी क़ैदी, औरेबी हमसफ़र,** आदि कविताओं के शीर्षक ही इस संदर्भ में इस तथ्य को रेखांकित करने के लिए पर्याप्त हैं। यह कविता हमें किसी दूरदराज़ के लोक में स्थानांतरित नहीं करती : हमें अपनी ही दुनिया में वह दिखाती है, जो हम अन्यथा न देख पाते। वहाँ ले जाती है जहाँ हम अन्यथा न गए होते और जहाँ पहुँचने पर हमें अपनी रोज़मर्रा की दुनिया वही नज़ंर नहीं आती जो हम पहले देखते थे।

इस सिलसिले में एक बहुत अच्छी और हिंदी में अपने ढंग की बिलकुल अकेली कविता है **अस्पताल में।** यों वह अस्पताल के बारे में है। लेकिन समाप्त होते-होते वह हमारी दुनिया के बारे में भी हो जाती है। उसमें चरितनायक-रोगी का डॉक्टर से संवाद है अपनी पीड़ा के बारे में और पड़ोसी-रोगी की पीड़ा और उससे होनेवाली उलझन के बारे में। पीड़ा, सहवर्ती पीड़ा, उपचार और शमन, पीड़ा का स्थानांतरण, अपनी पीड़ा दूसरों के लिए उलझन, पीड़ा की बिरादरी आदि अनेक मार्मिक प्रसंग इसमें बहुत सादगी और स्पष्टता के साथ उठते हैं।

अपनी पीड़ा, उसके प्रति संवेदनशीलता और दूसरे की पीड़ा के प्रति असंवेदनशीलता के बीच का अंतर्विरोध और तीसरे द्वारा इस अंतर्विरोध को सहज मानकर एक निश्चित वस्तुपरकता की अभिव्यक्ति कविता के भावजगत् को गहराई और जटिलता देती है। हम याद करें कि कुछ बरसों पहले 'दुःख सबको माँजता है' ऐसा हिंदी कवि को लगता था। पीड़ा के निहायत भौतिक संदर्भ में परिष्कार या परिमार्जन लगभग असम्भव लगता है यह नया बोध इस कविता में है। उसे

स्वीकार करने की निर्ममता के साथ ही पीड़ा में समान भागीदारी का अहसास कविता को अपने ढंग से वस्तुपरक बनाता है। पीड़ा मात्र सच नहीं है, उसका यह अंतर्विरोधी स्वरूप भी उतना ही सच है। कविता का अंत एक अर्थ में अप्रत्याशित है और दूसरे अर्थ में कविता की अपनी अर्थगति का लगभग तर्कसंगत समापन।

सब सो रहे हैं
सहज समाधि की तरह
सब कराह रहे हैं।
अनाहत नाद की तरह।

कबीर परम्परा से उधार लिए गए ये शब्द 'सहज समाधि' और 'अनाहत नाद' उन्हें एक रहस्यलोक की अवधारणाएँ बनाए रखने के बजाय, सीधे हमारी जानी-पहचानी दुनिया में ले जाते हैं, दरअसल अस्पताल में, जहाँ सोना और कराहना एक साथ है : जो सोता है, वही कराहता भी है भले उसे अपना कराहना सुन न पड़े। जो 'सहज समाधि' में सोया है वही कराहता भी है 'अनाहत नाद' की तरह। पीड़ा और उसमें सहभागिता मानवीय समता स्थापित करती है। सारी कविता बातचीत जैसी है। उसमें अस्पताल के माहौल को बहुत मितव्ययिता के साथ चित्रांकित किया गया है। पीड़ा जो सादगी और आडम्बरहीनता साधारण व्यवहार में लाती है, वह इस रचना के पूरे काव्य-व्यवहार में है।

3

कविता यदि कवि के लिए पुरुषार्थ है तो इसलिए कि उसने इस अभागे समय में कविता लिखने और उसके माध्यम से कुछ साहसपूर्ण करने का निश्चय किया है। वह कुछ और भी कर सकता था। अभिव्यक्ति के खतरे कविता में ही नहीं, अन्यत्र भी उठाए जा सकते हैं अगर ख़तरे उठाने के प्रति अतिरिक्त आकर्षण हो ही। विजयदेव नारायण साही ने कविता लिखने के अलावा विचार और कर्म के क्षेत्र में अपनी साहसिक सक्रियता से ऐसे ख़तरे उठाए भी थे। इसलिए कविता के पुरुषार्थ के प्रति कोई रूमानी या भावावेगी औचित्य उनके मन में नहीं था। बल्कि इस अतिरिक्त सामाजिक सक्रियता ने उन्हें एक वस्तुपरकता और यथार्थबोध दिये जो उनकी कविता को ऐसा सत्यापन सुलभ कराते हैं जो दूसरों के यहाँ प्रायः नहीं मिलता और, जिसके अभाव में दूसरे, कविकर्म को और उसकी भूमिका को प्रायः अतिरंजित करते हैं।

एक इधर की सुपरिचित थीम विद्रोह को लें। साही की दो कविताएँ **लकीर की समाप्ति पर एक आदमी** और **आदमी जिसका चला जाना शुरू हुआ** इस संदर्भ में देखी जा सकती हैं। पहली कविता में एक चित्रांकन है :

जहाँ तक निशान बनता है
ज़मीन पुरानी पड़ जाती है
लेकिन जहाँ वह खड़ा होता है
उसके आगे सिर्फ़ एक शून्य रहता है
जो पैर पड़ते ही
ज़मीन में बदल जाता है

बहुत ही साधारण शब्दों में यह एक बखान है : विद्रोह पर लिखी अकसर कविताओं में मिलते बड़बोले बयानों से बिलकुल अलग। पर यह उस विद्रोही का बखान है जिसे संशय है **जो आज तक यह हल नहीं कर पाया :**

कि ये निशान उसे निर्मित करते हैं
या वह इन निशानों को निर्मित करता है।

हमारे समाज में विद्रोही की स्थिति और नियति का अधिक सीधा चित्र है दूसरी कविता में। वहाँ 'आततायी' और 'जो कुचले गए थे' अपने विद्रोही चुनते हैं 'जिनसे हमारा काम निकलता है।' वे 'किसी और विद्रोही को नहीं जानते।' एक ऐसे समाज में जिसमें विद्रोह लगातार धूमिल और शिथिल पड़ जाता है इस सचाई को बेबाक ढंग से पकड़ना मूल्यवान् है कि स्थापित व्यवस्था और तथाकथित विद्रोह के बीच परस्पर मान्यता का क़रार जैसा है, कि दरअसल विद्रोही की भी एक व्यवस्था है जिसके बाहर विद्रोह को मान्यता नहीं मिलती। पिछले पचास वर्ष का भारतीय इतिहास उन परम विद्रोहियों के एक तरह की नामहीनता में लोप होते जाने की करुण गाथा है जिन्होंने व्यवस्था की शर्तों या उसकी मान्यता की परवाह किए बिना विद्रोह किया। ऐसे विद्रोही के लिए यही विकल्प है कि वह पहचाने 'कि मैं फँस गया हूँ' और वापस चला जाए। कविता की अंतिम पंक्ति में एक उदास ठंडा स्वीकार है हमारे समाज में विद्रोह के हश्र का : 'इस तरह चले जाने की शुरुआत हुई।' यह वापस चला जाना विद्रोह से अपसरण नहीं है पर एक ट्रैजिक आत्मस्वीकृति है कि 'विद्रोहियों के विरुद्ध भी विद्रोह' सम्भव है पर व्यर्थ है। विद्रोह की पवित्रता इस दुष्चक्र से निकल जाने में ही है। स्वतंत्रता के बाद भारतीय राजनीति में तमाम विद्रोहों का जो हश्र होता रहा है उन पर यह कविता एक निर्मम और पीड़ाजन्य टिप्पणी है।

युवतम पीढ़ी के एक कवि की इस अवधारणा को कि 'राजनैतिक कविता के लिए वही सूक्ष्म दृष्टि, संवेदना और किसी भी घटना को उसके समस्त मानवी प्रसार में देखने की क्षमता और कला-शक्ति दरकार है जो अन्य कविताओं के लिए' साही की कविताएँ पुष्ट करती हैं। वे ऊपर से किसी राजनैतिक घटना के बारे में

प्रायः नहीं हैं पर समाज में जो मूल्यों का संघर्ष है और उसकी जो मानवीय व्याप्ति, वह उनकी चिंता की परिधि में बराबर है, यह स्पष्ट देखा जा सकता है। आज जब सवालों और उनकी असलियत को लेकर ही इतना बावेला मचा हुआ है। साही की इन पंक्तियों के गहरे राजनैतिक आशय को अलक्षित करना सम्भव नहीं है :

सुनो भाई साधो
असली सवाल है
कि असली सवाल क्या है ?

जिस समाज में असली सवालों की पहचान ही धुँधला गयी हो वहाँ कविता का एक आपद्धर्म शायद यह भी है कि वह यथासम्भव इस स्थिति को तो अंकित करे ही भरसक सही सवाल पूछने की जुर्रत करे। साही की कविता लगातार ऐसी जुर्रत करती है और इसलिए भी अपने फलितार्थों में राजनैतिक कविता है। यह आकस्मिक नहीं है कि उनकी अनेक कविताओं में प्रश्नवाचकता है। कई का तो अंत ही सवालों में होता है :

भरी सभा में एक ही सवाल है
मेरे साथ कौन आता है ?

(बहस के बाद)

कहाँ से आता है यह काला प्रकाश
जो अभी भी
तुम्हारी बेज़बान आँखों में
सन्निपात की तरह जल रहा है ?

(आख़िरी क़ैदी)

उपस्थित या अनुपस्थित सज्जनो
जवाब देने की जल्दी न कीजिए,
मेरी तरह देर तक पूछते रहिए
आख़िर ऐसा क्यों हुआ ?

(अंत में सूत्रधार का वक्तव्य)

इसी शताब्दी ने
मुझे तुम्हें दोनों को
गम्भीर शब्दों वाली वाणी दी है
देखता हूँ पहले कौन चीख़ता है ?

(इसी शताब्दी के सामने)

प्रश्नों से समापन इन कविताओं को मानवीय विश्वसनीयता और बौद्धिक जिज्ञासा के ऐसे छोर पर ले जाकर छोड़ता है जहाँ उत्तरों की बहुलता है और उनमें से अपनी दृष्टि के अनुसार चुनने की स्वतंत्रता। कोई उत्तर साही अपनी ओर से लादते नहीं क्योंकि ऐसा करना उनका कवि-स्वभाव नहीं है। यह सब होता है बिना किसी उलझाव के और बिना किसी संवेदनात्मक लापरवाही या बौद्धिक आलस्य के। एक ऐसे समय में जब अनेक कवि दूसरों के सुझाए उत्तरों से उत्प्रेरित अपनी रचना शुरू करते हैं या ऐसे उत्तरों में उसे समाप्त करते हैं, चालू मुहावरे में कहें कि साही प्रश्नों के प्रजातंत्र को कविता में उत्तरों के एकाधिकार के विरुद्ध बल्कि उसके निषेध के रूप में बहाल करते लगते हैं।

साही में गहरा समुदाय-बोध भी है। सौभाग्य से वह निरा ऐतिहासिक या समाजशास्त्रीय नहीं है। उसमें एक कबीले के होने, उसके सौभाग्य-दुर्भाग्य से तदात्म होने का अचूकपन है। लोग साही के यहाँ अमूर्त सामान्यीकरण नहीं बनते। वे होते हैं अपनी विशिष्ट जीवन-छवियों के साथ—सजीव और अपरिहार्य :

कहाँ चले जाते हैं लोग
थोड़ी देर के लिए
आदिम पीड़ाओं की झलक दिखलाकर
थोड़ी देर के लिए
आदिम वैराग्य की खुशबू छोड़कर।

(अँधेरे मुसाफ़िरख़ाने में)

यहाँ लोगों ने
दिल की तसल्ली के लिए
मरदुमशुमारी की एक आदत डाल ली है
हर वारदात के बाद
वे अपने समूचे वंश को
कहीं एकांत में खड़ा करते हैं
और गिन डालते हैं
जब कोई कम नहीं मिलता
तो वे जान जाते हैं
कि वारदात ने
उनके लिए चर्चा का
एक और अवसर दिया है

जिस पर वे तब तक अटकलें लगाते रहेंगे
जब तक कोई दूसरी वारदात न हो जाए।

(कुएँ में कोई गिर गया है)

ऐसा नहीं है
कि वहाँ लोग नहीं होंगे
हमें सोता देखकर वे आएँगे
और जागने पर हालचाल पूछेंगे।
हम उनसे कहेंगे
कि हम भी उनके साथ कान्तारों में
गुमनाम होने के लिए आए हैं

(मेरे साथ कौन आता है)

इतिहास अपने ज्ञातनामों, घटनाओं या स्मारकों के माध्यम से साही के यहाँ नहीं आता। बल्कि वह नामहीन 'सुनसान' है 'जहाँ बरसों से एक जंगल जल रहा था'। कविताओं में उसकी उपस्थिति का अहसास बारहदरी, हवा महल, मंदिर, कांतार, मेहराबें, चक्रव्यूह, संतरी, हथियार, प्यादे आदि अभिव्यक्तियों के माध्यम से तो होता ही है, उससे कहीं अधिक उन अंतर्ध्वनियों से होता है जो अनेक कविताओं में गूँजती हैं। इन ध्वनियों से कविता समकालीन विषय या चरित्र पर होकर भी इतिहास को अपनी परिधि में समेट लेती है। इसी अंतर्भूत ऐतिहासिक बोध से सम्भवतः यह साहसिक पहचान उभरती है कि

अब हमें नयी शुरुआत के लिए
नये सिरे से गुमनामी चाहिए।

बल्कि कहना यह चाहिए कि साही के यहाँ इतिहास अज्ञात नहीं, गुमनाम है। इस गुमनामी से ही आज के व्यक्ति के लिए 'नयी शुरुआत' की सम्भावना बनती है। कविता इतिहास को उसके 'नाम' से मुक्त कर जो 'गुमनामी' उसे देती है वह उसे अधिक मानवीय, अधिक व्यापक बना देता है। संघर्ष, रहस्य, प्रयत्न, गोपनता, दीप्ति और धुँधलके की अनंत निरंतरता उभरती है, जिसमें इतिहास अपनी विशिष्टता खोकर भी निरा सामान्यीकरण नहीं बनता बल्कि नयी तात्कालिकता और लगभग भौतिक-ऐंद्रिय उपस्थिति हो जाता है। कविता सिर्फ़ भाषा की नहीं, इस मानवीय निरंतरता और तात्कालिकता की भी संरचना करती है। कविता से हम ऐसे पुरुषार्थ की आशा नहीं करते हैं : पर साही की कविता उसे पूरा करती है यह बात स्वीकार की जानी चाहिए।

4

साही की कविता यद्यपि अक्सर ऐसे अनुभवक्षेत्र से सरोकार रखती है जो मुबहम है, जहाँ धुँधलका है, पर स्वयं उसमें पारदर्शिता है और किसी तरह के उलझाव से मुक्त मितव्ययिता भी। एक तरह की सूक्तिपरकता उन्हें प्रिय है पर साही में गहरा आत्मसंयम है और वे अतिकथन से बराबर बचते हैं। उनके बिम्ब और प्रतीक व्यवस्था हमेशा सार्थक और सुगठित हैं : वे अक्सर अपनी बात, सजा-सँवारकर नहीं, सीधे कहते हैं हालाँकि ऐसी सीधी साफ़-बयानी गहरे कलानुशासन से ही आती है :

प्यास के भीतर प्यास
लेकिन पानी के भीतर पानी नहीं।

संग्रह की कुछ कविताओं में साही ने परम्परा से सुपरिचित कबीर की उक्ति भंगिमाओं जैसे 'सुनो भाई साधो' का अपने उद्देश्यों के लिए बहुत मार्मिक और प्रभावशाली पुनराविष्कार किया है। प्रायः कविता में अंत में आनेवाली ऐसी उक्तियाँ पूरी कविता और उसमें चरितार्थ अनुभव को अप्रत्याशित तीक्ष्णता देती हैं :

साधो कोई ज़ोर नहीं चलता

(चट्टान आसमान)

ऐसे ही, साधो, ऐसे ही
आज मेरे सत की परीक्षा है

(सत की परीक्षा)

सारी दुनिया तो उसके ताप से
जल रही है
साधो भाई
मैं अपना यह वत्सल भाव
किसको सुनाऊँ

(सूरज)

इस भरी पूरी मूँछ-मरोड़ ससुराल पर
थूका जा सकता है।
पूछा जा सकता है
कि सारी बिरादरी में कौन है ऐसा
जिसके मुँह पर कालिख न हो।

(सत की परीक्षा)

5

साखी विजयदेव नारायण साही को निश्चय ही हिंदी की समकालीन कविता की एक प्रमुख उपलब्धि के रूप में प्रतिष्ठित करता है। बिना उनके चाहे वह एक सशक्त चुनौती है। वह ऐसे आदमी को कविता के केंद्र में प्रतिष्ठित करती है जिसका खुला-सजग व्यक्तित्व है, जो अपने निर्णय में अकेला भले हो पर अपने समुदाय की नियति और इतिहास से आबद्ध है और जो बहस करने को हरदम तैयार है। व्यक्ति की गरिमा और सामाजिकता में जहाँ कोई द्वैत नहीं है। अपने समय के प्रश्नों और चिंताओं पर कविता के बाहर नहीं, कविता के अंदर बहस कर साही ने कविता को चिंतन और विचार की भी एक प्रामाणिक विधा के रूप में जैसे पुनर्जीवित किया है। आज के संवाद-विमुख परिवेश में यह प्रयत्न, उसकी एकांत साहसिकता और संकल्प-शक्ति एक नया और अद्वितीय विकल्प प्रस्तुत करते हैं।

[1984]

शब्दों के बीच की नीरवता का कवि
शमशेर बहादुर सिंह

मैं सिर्फ़ अपने बारे में किसी क़दर इतना कह सकता हूँ कि...मैं तो धुँधला गया मिट-सा गया, बीते हुए दिनों में कुछ खो-सा गया हूँ।...ज़ाहिर है, मैं कहीं बहुत पीछे हुए छूटे हुए चौराहे पर खड़ा हूँ।

डायरी : 6 मार्च, 1967
शमशेर बहादुर सिंह की कुछ गद्य रचनाएँ

मुझे किसी से कुछ नहीं कहना चाहिए। यह भी नहीं चाहता कि मुझसे कोई कुछ न चाहे। कोई रोक नहीं। पर मुझे किसी से कुछ नहीं चाहिए।

डायरी : 12 सितम्बर, 1962
शमशेर बहादुर सिंह की कुछ गद्य रचनाएँ

एक कवच मैं और ओढ़ना चाहता हूँ,
एक अदृश्य कवच...निरहंकार, तटस्थतम
निर्मलता का।

डायरी : 6 मार्च, 1963
शमशेर बहादुर सिंह की कुछ गद्य रचनाएँ

होना था...समझना न था कुछ भी, शमशेर,
होना भी कहाँ था वह जो हम समझे थे।

रुबाई

शब्द का परिष्कार
स्वयं दिशा है

वही मेरी आत्मा हो
आधी दूर तक

(सारनाथ की एक शाम)

आसमान में गंगा की रेत आईने की तरह हिल रही है।
मैं उसी में कीचड़ की तरह सो रहा हूँ।
और चमक रहा हूँ कहीं...
न जाने कहाँ।

(टूटी हुई बिखरी हुई)

मैं तो ख़ैर...
मेरी ज़मीन भी क्या
एक दिन
एक दिन... ?
ख़ैर।

अज्ञेय ने 'पूर्व की एक परम्परा के उत्तराधिकारी ने नाते' कहा था कि 'कविता भाषा में नहीं होती, वह शब्दों में भी नहीं होती; कविता शब्दों के बीच की नीरवताओं में होती है।' बाद में अज्ञेय ने इधर की कविता के बहुत बोलने की शिकायत भी थी। स्वयं अज्ञेय की कविता अपनी स्पष्ट और अथक विवक्षा के लिए उल्लेखनीय है, शब्दों के बीच की नीरवता के लिए नहीं। अपनी कविता में, अपने अचूक कौशल और सामर्थ्य के कारण भी अज्ञेय अनकहा बहुत कम छोड़ते हैं, भले उन्हें यह अहसास है कि 'है अभी कुछ और जो कहा नहीं गया।' इसके बरक़्स शमशेर बहादुर सिंह की कविता कहे और अनकहे के बीच ठिठकी हुई कविता है। उसमें अकसर और अधिकतर अनकहा ही छूट जाता है। यह नहीं कि अनकहे को कहे के दायरे में लाने की अनिवार्य कविचेष्टा वे नहीं करते हैं। पर शायद किसी और कवि के मुक़ाबले शमशेर के लिए यह अधिक सच है कि वे कहे गए से अधिक अनकहा छोड़ते हैं...अर्थ, कहे से नहीं, अनकहे से अधिक चरितार्थ होता है। यह अनकहा, ज़रूरी नहीं है कि वह हो जोकि कहने में किसी तरह का नैतिक या सामाजिक संकोच शमशेर करते हों। उनकी अधिकतर तथाकथित राजनैतिक कविताएँ उनकी चारित्रिक कविताएँ इसलिए भी नहीं हैं कि वे बहुत कम प्रायः कुछ भी, अकथित नहीं छोड़ती। कहना खूब जाननेवाले शमशेर अपने ढब का अद्वितीय तभी कुछ कर पाते हैं जब वे अनकहा कुछ न कुछ छोड़ देते हैं। अगर अज्ञेय शब्द के कवि हैं, उसकी मुखरता के, तो शमशेर नीरवता के कवि हैं, उसके मौन के कवि।

हिंदी की इधर की कविता अपनी सामाजिक चेतना के चलते अनकहा और मौन, हिचक और नीरवता निरी क़ाव्य-युक्तियाँ मानकर जब-तब उनका व्यवहार भले करती हो, उसे कविता में सबकुछ न केवल कथनीय और सम्भव लगता है, बल्कि वहाँ पूर्व की उस परम्परा का रत्ती-भर भी अहसास बाक़ी नहीं है जिसका ज़िक्र

अज्ञेय ने किया था। एक ऐसी सार्वजनिक दुनिया, जिसमें बेहद शोरोगुल है और रोज़-ब-रोज़ बढ़ता ही जाता है, नीरवता की मानो जगह ही नहीं बची है। न ही उस कविता में जो, भले अलंकरण या युक्ति के रूप में निजी अनुभवों और छवियों का इस्तेमाल करती है, है कुल मिलाकर सार्वजनिक कविता, जिसमें न तो नीरवता का कोई स्थान है और न ही अनकहे की कोई ज़रूरत। यह भी साफ़ है कि थोड़ा-सा धुँधलापन या मुबहमी गहरे शक की नज़र से देखे जाते हैं। जो कहा, रौशन और सामने नहीं है, उसे मानो होने तक की इजाज़त नहीं दी जा सकती। शमशेर के यहाँ, बावजूद उनकी राजनैतिक निष्ठा की स्पष्टता के, गहरी हिचकिचाहट है...एक तरह का खरा संकोच, अपने सच को संदेह की नज़र से देखने वाले का नैतिक विनय।

उनकी 'दुनिया सहज ही इनसे दूर-पार कहीं गुम हो गयी है' जिसमें 'हम सबका एक धुँधला इंद्रधनुष बनाते' कवि अनगिनत आईनों को देखता है। शमशेर के यहाँ जो है, वह जो नहीं है या नहीं हो सकता उसके आसपास है : भले वे 'जो नहीं है' 'उसका ग़म' नहीं करते, पर उसे न खुद भूलते हैं और न आपको भूलने देते हैं। उनकी यह 'असम्भव सरलता' ही उन्हें कठिन बनाती है। यह कठिनाई किसी ऊर्जा या सामर्थ्य के अभाव से नहीं उपजी है और इसे किसी राजनैतिक या विचारधारात्मक स्पष्टता से पार नहीं किया जा सकता इसके भी शमशेर बहुत ग़ौरतलब उदाहरण हैं। इसका सम्बन्ध शमशेर के अध्यात्म से है, कुछ इस संशय से कि हम न सब कर सकते हैं, न सब कह सकते हैं। यही नहीं अस्तित्व मात्र की एक पवित्रता है : उस पवित्रता का, सबकुछ जानने और कहने की इच्छा से, लगता है कि दूषण होता है। शमशेर की कविता में प्रायः अधूरे वाक्य, रूपक या बिम्ब, पंक्तियाँ आदि होते हैं जिन्हें शिथिलता या युक्तियाँ मानकर समझाया नहीं जा सकता। कहे-अनकहे के बीच की ठिठकन, शमशेर की हिचकिचाहट के वे कविता के अंदर ठोस प्रमाण हैं बल्कि उसकी छापें और चिह्न हैं। 'बात बोलेगी, हम नहीं' की प्रसिद्ध उक्ति के लिए विख्यात शमशेर के यहाँ बात अधिक नहीं बोलती है, क्योंकि बात को अधिक बोलने का नैतिक अधिकार अंततः नहीं है।

शमशेर के यहाँ अतिकथन बहुत कम है और वे मुख्यतः अल्पकथन के ही कवि हैं। हिंदी में इस शताब्दी में कहे और अनकहे के बीच कोई और कवि उतना नहीं ठिठका है जितने शमशेर। इतनी अर्थगर्मी नीरवता भी शायद ही किसी और कवि के शब्दों के बीच हो जितनी उनके यहाँ। इस नीरवता या कई बार अधूरे कथन या अर्द्धकथन का शमशेर की ऐंद्रियता से भी गहरा सम्बन्ध है। प्रेम हो या प्राकृतिक दृश्य, शमशेर की भाषा उसका ऐंद्रिय अधिग्रहण उसके बुनियादी रहस्य को भेदकर नहीं बल्कि उसे चरितार्थ कर करती है। वे उद्घाटन के नहीं अर्द्धउन्मीलन के कवि हैं। कविता में, जैसे कि जीवन में भी, ऐंद्रिकता समूची

स्पष्टता से सम्भव ही नहीं है—उसे अनिवार्यतः स्पष्ट और अस्पष्ट का झिलमिल-सा स्पेस चाहिए। शमशेर की कविता यह स्पेस अंत तक बनाए और बचाए रख सकी।

एक बड़बोले समय में नीरवता की कविता लिखना कठिन कविकर्म है। यह चालू मुहावरे को दरकिनार कर कुछ रैडिकल करने का जोखिम उठाना है। संघर्ष की जो गिनी-चुनी छवियाँ आजकल लोकप्रिय हैं उनमें ऐसी छवि शामिल नहीं है। इसलिए शमशेर को संघर्ष का कवि नहीं कहा जाता। अगर कभी कुछ रियायती सुलूक उनके साथ हो भी जाए तो उसमें उनकी तथाकथित सामाजिक कविताओं के संघर्ष का आधार लिया जाता है जिसका मेल चालू छवियों से बैठ जाता है। यों तो ईलियट ने 'अव्यक्त पर प्रहार' की बात की है और ऐसा प्रहार सच्ची कविता का अनिवार्य गुण रहा है। शमशेर अपनी आरम्भिक कविताओं से—'सींग और नाखून' जैसी कविता एक अच्छा उदाहरण है—अव्यक्त से जूझने का जोखिम उठाते रहे हैं। अव्यक्त को अभिव्यक्ति के दायरे में लाने का संघर्ष न तो कविता, न ही मनुष्यता के लिए छोटा या कम महत्त्वपूर्ण संघर्ष है। यह बात लगातार नज़रंदाज़ होती रही है। किसी भी भाषा-समाज में शब्द को वहाँ जाने की कोशिश ज़रूर करना चाहिए जहाँ वह पहले न गया हो पर कुछ जगहें खाली भी छोड़ दी जानी चाहिए—शब्द से दूर और पार। शब्द सबकुछ स्वायत्त नहीं कर सकता, न ही उसे ऐसा करना चाहिए। शमशेर का काव्यशास्त्र इसी हिचकिचाहट का काव्यशास्त्र है।

2

यह नहीं है कि शमशेर के पास कहने को कम है—उनका 'रेंज' बहुत बड़ा है। प्रेम, चाहत, प्रकृति, कविता, भाषा, आस-पास के लोग, अन्य कलाकार, लेखक, मित्र, अन्य कलाएँ, विभिन्न जीवन-स्थितियाँ, घटनाएँ, लिपियाँ आदि उनकी कविता के विषय रहे हैं। हमारे समय में कविता को ज़रूरत से ज़्यादा बोलने का लालच शायद इसलिए होता है कि चारों ओर के शोरगुल में बिना ऊँचे और ज़्यादा बोले उसकी बात कौन सुनेगा। पर शमशेर को सुने जाने का मोह नहीं था—उन्हें पता था कि कहना सिर्फ़ शब्दों से ही नहीं उनके बीच के मौन से भी सम्भव है। शमशेर की कविता विलक्षण रूप से शब्द और मौन, कथन और यतियों की कविता है। शमशेर की आवाज़ को सुनना इस मौन को, उन ख़ाली पर विन्यस्त जगहों को ध्यान में लेना भी है जो वे पूरी सुघरता से छोड़ते-गढ़ते थे। शमशेर शब्द पर अडिग आस्था के कवि थे : उनके यहाँ 'शब्द की दिशा स्वयं परिष्कार है।' उनकी दृष्टि को उनकी कला से अलग 'रिड्यूज' करना या प्रगतिशीलता या कलावाद के जड़ हो चुके मुहावरों में समझना या सामान्यीकृत करना शमशेर की कविता को ठीक से पढ़ने-समझने के उद्यम से बचना है। शमशेर की दृष्टि उनकी भाषा है। वह

अपनी अद्वितीय शमशेरियत के अलावा किसी और ढंग से ग्रहण की या समझी नहीं जा सकती। आत्मकेंद्रण, आत्मरति और आत्मदया से सर्वथा मुक्त रहते हुए भी, शमशेर ने शमशेर को लिखा : कुछ-कुछ वैसे ही जैसे संगीत संगीत को गाता है। समय, समाज, सचाई आदि सबकी इस शमशेरियत में जगह और भूमिका है—लोग और जीवन-छवियाँ हैं, चीज़ों की धड़कती हुई दुनिया है। पर इन सबको जतन और सावधानी से विन्यस्त करती है यही शमशेरियत—अनेक अंतर्विरोधों में से एक यह भी है कि एक स्तर पर बिलकुल आत्मविलोपित, न होने की हद तक जानेवाले शमशेर इस काव्यसंसार में अचूक उपस्थिति हैं। उनका न होना इस होने से ही मुमकिन हो पाता है। वे हैं क्योंकि वे नहीं हैं : अपने को ओझल करना, अपने शब्द को मौन करना शमशेर को आता है। जो जीवन में नहीं मिला या मिल पाया उसे कविता में पाने की, कविता से जीवन की क्षतिपूर्ति करने की चेष्टा शमशेर ने नहीं की। इन दिनों अपने जीवन-संघर्ष को बहुत दिखा-दिखाकर गाने, उसका भावात्मक शोषण करने का जो सफल लटका है उसे शमशेर की काव्य-नैतिकता कभी उचित मान ही नहीं सकती थी। यह नहीं कि उनके जीवन-संघर्ष के अक़्स या नक़्श उनकी कविता में नहीं हैं या कि उन्हें ढाँकने-दबाने की कोई कोशिश कवि ने की है। वे सब हैं, अपने सहज क्रम में, बिना किसी भावुकता के, किसी तरह की कविता से इतर करुणा जगाने के लिए जतन करते हुए नहीं। शमशेर के यहाँ कोई होशियारी नहीं है—लेकिन उनकी सारी रूमानियत के बावजूद एक तरह का क्लैसिकल अनुशासन हर समय मौजूद है। सर्वथा निजी को भी किसी भावस्फीति या वाग्स्फ़ीति के सहारे कविता में हस्तक्षेप करने की इजाज़त शमशेर नहीं देते। शमशेर के यहाँ अज्ञेय या मुक्तिबोध जैसी बौद्धिक सख़्ती भले न हो, वे भावात्मक सख़्ती के कवि हैं। उनकी रूमानी संवेदना जब-तब के अतिरेक और तथाकथित टूटे-बिखरेपन के बावजूद, बुनियादी तौर से अल्पकथन और मितव्ययिता के माध्यम से चरितार्थ होती है।

छायावाद की रूमानियत से मुक्ति के संघर्ष में शमशेर अपने समवयस्कों में सबसे पहले हैं पर छायावाद की ऐंद्रिकता का उत्तराधिकार सबसे अधिक शमशेर को ही मिला। शमशेर से अधिक ऐंद्रिक कविता, पिछले पचास वर्ष में किसी ने नहीं लिखी है और अज्ञेय के साथ वे इस दौर के ही नहीं, हिंदी कविता के सबसे बड़े प्रेमकवियों में हैं। हर रोज़ कुछ और भोंथरे होते जाते समय में शमशेर की कविता चीज़ों की दुनिया, उसकी ऐंद्रिय मौजूदगी, उनका धड़कता अहसास करानेवाली कविता भी है। शमशेर का न होना, या कम-से-कम होना इस अनेक तरह के होने के विराट्-विपुल अनुभव से अपना सत्यापन पाता है। शमशेर के यहाँ चीज़ें दिखती हैं, बोलती हैं, चुप रहती हैं, घेरती हैं : शायद ही किसी और हिंदी कवि में दूसरे कलामाध्यम इतने घुले-मिले हों। उनकी कविता को निरे काव्यसंस्कार

से पूरी तरह पकड़ पाना मुश्किल है। वह इतनी बार चित्रलिखित है, उनमें इतनी बार स्पेस का विभाजन-संतुलन है, आकारों का खेल है, गूँजों-अनुगूँजों का सम्पुंजन है कि शमशेरियत की सघनता, उसका संश्लेष और भी दुस्साध्य हो जाते हैं।

खुश हूँ कि अकेला हूँ,
कोई पास नहीं है...
बजुज़ एक सुराही के,
बजुज़ एक चटाई के,
बजुज़ एक ज़रा से आकाश के,
जो मेरा पड़ोसी है मेरी छत पर...

मुक्तिबोध को शमशेर की दुनिया की पवित्रता में दाख़िल होते डर लगता था। यह पवित्रता, यह निष्कलुषता शमशेर में सहज भाव से पूरी ज़िंदगी बनी रही। मिलावट, समझौते, ख़रीद-फ़रोख्त, घुसपैठ की समकालीन दुनिया शमशेर के लिए अनजान नहीं थी। नफ़रत, बैर और षड्यंत्र के माहौल से वे नावाकिफ़ नहीं थे। पर उन्होंने सुंदरता और प्रेम का अपना काव्यसंसार इस सबके बरक़्स बनाया, एक प्रति-संसार की तरह। उनकी कविता अब भी बची रह गयी सम्भावना की, अजेय इन्नासेंस की कविता है। शमशेर सिर्फ़ एक सुराही, एक चटाई और ज़रा से आकाश के साथ अकेले और खुश हो सकते थे : घरों-मुहल्लों और दिलों-दिमाग़ों को चीज़ों के अटालों से भरनेवाली मानसिकता के चलते यह सादगी हास्यास्पद लग सकती है। शमशेर को यों भी अपने कुछ भी न होने का बहुत गहरा और मार्मिक अहसास था : पर वह सादगी उस अटालेपन, गोदामियत का प्रतिरोध है। वह प्रतिसमय है।

कविता शमशेर के जीवन का अध्यात्म थी। यों तो सभी अपनी-अपनी नज़र से जीवन और कविता को देखते-समझते-रचते हैं। शमशेर ने कविता की नज़र से जीवन देखा और रचा। उनके यहाँ जीवन की, औरों की अपार शबीहें हैं—अपनी रचना में, बल्कि रचना-प्रक्रिया में दूसरों को शमशेर ने जितना स्थान और जितनी आत्मीयता से दिया है वह अन्यत्र दुर्लभ है। किसी सतही या नाराई अर्थ में नहीं बल्कि गहरे और समृद्धिकर अर्थ में शमशेर मेलजोल के कवि भी थे—उनका अध्यात्म उन्हें दूसरों से काटता या आस-पास की दुनिया को छोड़कर अकेला नहीं करता था। वे बीचोंबीच रहकर भी, औरों के साथ चलते हुए भी अकेले थे। यह अकेलापन इनकार था पर दूसरों का निषेध नहीं :

मगर सदैव
के लिए अकेली हमारी ज़मीन
जिस पर मैं हूँ : हम दोनों कितने
अकेले इस विश्व में।

इस अकेलेपन में एक क़िस्म की क्लैसिकल सघनता थी :

तूने देखा ?
तेरे स्वर का स्वर है
कितने पास अपने।

अकेले होने से इन दिनों बड़ी घबराहट है। मनोरंजन, विचारधाराओं और चीज़ों के दैत्याकार उपक्रम हरचंद इस कोशिश में लगे हैं कि हम अकेले न हों। शमशेर में अकेले रह जाने की हिम्मत थी। मनुष्य का बुनियादी अकेलापन, जैसा कि उसका संग-साथ, मूलतः एक आध्यात्मिक स्थिति है। भारतीय कविता में जब कभी अकेलेपन के काव्याध्यात्म पर विचार होगा, शमशेर एक मूर्धन्य की हैसियत में उस परम्परा में होंगे।

शमशेर सूक्ष्मता और सौंदर्य-बोध के साथ-साथ साधारण के प्रति उत्सुकता के भी लेखक हैं। उन्होंने कहा था कि 'मेरी कविता के निर्माण में आस-पास की साधारण-सी वस्तु भी या कोई ऐसा व्यक्ति जो एकाएक मेरी कविता के पथ में खड़ा हो जाता है, मैं उसको भी अपने रंग में लपेटकर अपनी कविता में शामिल कर लेता हूँ।' शमशेर का यह आसपास इतना उदार है कि उसमें ग्वालियर के मजूर, कम्युनिस्ट माई से लेकर मदर टेरेसा, अज्ञेय, मुक्तिबोध, नेरुदा, नागार्जुन, रघुवीर सहाय आदि सब शामिल हैं।

यह समय जटिलता से मुँह चुराने का है, बौद्धिक सख़्ती से बचकर कुछ लोकप्रिय सामान्यीकरणों से अपने समय को समझने की हिमाक़त का। शमशेर की कविता इस जड़ीभूत विचारहीनता का प्रतिलोम है। यह बात याद करने की है कि अस्तित्व और अनुभव की, प्रेम और वस्तुजगत् की जटिलताओं से निपटने, उनसे दो-चार होने के जो सबसे भरोसेमंद तरीके हिंदी में हैं, उनमें शमशेर एक हैं। उन्हें 'कवियों का कवि' कहकर हाशिए पर नहीं रखा गया था। वे निश्चय ही ऐसे कवि रहे हैं जिनसे जटिलता से निपटने के कितने ही ढंग और तरीके सीखे जा सकते हैं। शमशेर में सादगी है पर सरलीकरण नहीं। उनकी कविता अंत तक 'अखिल की हठ सी' अपनी ज़मीन पर खड़ी रही। ऐसा हठ वही कर सकता था जो जानता था कि अखिल अव्यक्त है और उसे व्यक्त के घेरे में लाने की असमाप्य चेष्टा ही सच्चा और टिकाऊ कविकर्म है।

बीसवीं शताब्दी के अधिकांश में जीते और अंततः निश्शेष होकर शमशेर ने जो छाप छोड़ी है वह हिंदी के जातीय चित्त पर, उसकी काव्यस्मृति पर बहुत गहरी और अमिट है। जब तक हिंदी कविता के लिए समाज में जगह रहेगी, शमशेर उसमें रौशन शिखर रहेंगे जिन्होंने कविता और इसलिए उसमें प्रगट जीवन को बदला, सुंदरतर और चित्रमय किया। भारतीय कविता की आधुनिकता के वे एक

प्रमुख स्थपति की तरह हमेशा स्मरणीय रहेंगे। जब-जब तुमुल कोलाहल थमेगा तब-तब एक काँपती हुई आवाज़ शमशेर की अलग से साफ़ सुनायी देगी : उसमें हम अपनी 'आत्मा का कल्पतरु' देख पाएँगे। न होकर भी शमशेर होंगे...'बोली हुई अनहोनी और होनी की उदास रंगीनियों में' पर अद्वितीय, काल से होड़ लेते, 'सच्ची सुख-शांति का बहुत आदिम, बहुत अभिनव राग' गाते हुए।

[1994]

रघुवीर सहाय का स्वदेश

यह जीवन यात्रा रहस्यमयी चीज़ है—
इसमें पहुँचना इस बात पर निर्भर है
कि कौन कहाँ कैसे रस्ते से कतरा गया।

(एकांत : रघुवीर सहाय)

अपनी पराजयों के लिए
तुम्हें मिलेगा एक पुरस्कार। एक संकेत के रूप में
कि सिर्फ़ बोली ही स्वदेश है।

(चेश्वाव मिवोश)

दिन यदि चले गए वैभव के
तृष्णा के तो नहीं गये
साधन सुख के गये हमारे
रचना के तो नहीं गये

(यही बच रही : रघुवीर सहाय)

हम अकसर सचाई और कविता के सम्बन्ध को लेकर यह सोचने के आदी हो गए हैं कि सचाई कविता से बाहर और अलग कुछ है और उससे दूरी या नज़दीकी, सादृश्य या असादृश्य पर कविता की वैधता और औचित्य जुड़े हैं : कविता की कोशिश इस सचाई के अधिक से अधिक का प्रतिनिधित्व करना है और महान् कविता वह है जो इस कोशिश को चरम पर पहुँचाती है और इस तरह स्वयं सचाई

का स्थायी अंग बन जाती है। हमें, कम से कम हिंदी में, अभी भी यह मानने में हिचक और संकोच है कि सचाई पहले और बाहर से दी हुई संरचना-भर नहीं है जिसे हम कविता में भाषा के माध्यम से स्वायत्त करने की चेष्टा करते हैं बल्कि ऐसी संरचना भी है जिसे कविता भाषा के अपने कर्म से संघटित करती है। हम सचाई को परिवर्तनशील और परिवर्तनीय तो ज़रूर मानते हैं पर जो शक्तियाँ यह परिवर्तन करती या कर सकती हैं हम आम तौर पर कविता को उनमें नहीं गिनते। कविता सचाई की प्रतिनिधि और परिवर्तन की साक्षी-भर हो सकती है और अगर वह इतना कर पाती है तो काफ़ी है। हमारा लगभग अटल पूर्वग्रह यह है कि सचाई और उसमें परिवर्तन कविता से बाहर ही होते हैं और मनुष्य, उसका संसार और उसका वस्तु तथा अंतर्जगत् भाषा में अंतर्विष्ट नहीं होते। जिन कवियों ने, अपने सर्जनात्मक और अवधारणात्मक व्यवहार से इस पूर्वग्रह को तोड़ा है उनमें एक प्रमुख कवि रघुवीर सहाय रहे हैं। अपने समय की तथाकथित भाषा-बाह्य सचाई में पूरी तरह से धँसे रहने के बावजूद वे मानते हैं कि सचाई को भाषा संघटित भी करती है। वह परिवर्तन की मात्र साक्षी नहीं बल्कि उसमें अपने ढंग से हिस्सेदार भी होती है। जो कविता और भाषा यह नहीं कर पाती उसकी कलात्मक और मानवीय दोनों तरह की उपयोगिता को वे संदिग्ध मानते हैं। यह आकस्मिक नहीं है कि वे भाषा का अनिवार्य रचनात्मक संघर्ष—कविता जिसका एक रूप-भर है पर अद्वितीय और अकाट्य—सचाई के साथ, उसमें होते हुए, उसे गढ़ते-रचते और बदलते हुए मनुष्य के लिए अधिक आज़ादी, अधिक समता, अधिक न्याय, अधिक आशा की ओर बढ़ना मानते हैं। कविता भाषा के इस संघर्ष पर लगातार नज़र रखनेवाला माध्यम है। एक ऐसे समय में जब भाषा के अमानवीय या मानव विरोधी उपयोग के अनेक सुघर-चतुर और बारीक तरीके विकसित किए जा चुके हैं, कविता एक तरह की जासूसी करती है कि कहीं भाषा समाज में, कवि के यहाँ और कविता के अपने शिल्प में अपनी बुनियादी रचनात्मकता से डिग या सरक-बहक तो नहीं रही है। कहा जा सकता है कि यह भाषा को लेकर पिछली रूमानियत से मुक्त एक नयी वस्तुपरकता है : यद्यपि भाषा मनुष्य का सबसे मानवीय और किन्हीं अर्थों में अक्षय आविष्कार है, उसका मनुष्य और उसकी आज़ादी तथा बराबरी के विरुद्ध कारगर उपयोग हो सकता है और दरअसल हो रहा है जिसकी चौकसी करने की ज़रूरत है। यह चौकसी दूसरों पर ही नहीं खुद अपने पर भी है—कवि और कविता पर भी उतनी ही पैनी नज़र से जितना समाज और उसकी दूसरी इकाइयों के किए-धरे पर। यह चौकसी और सतर्कता कविता को रघुवीर सहाय के यहाँ एक साथ नैतिक और राजनैतिक कर्म बनाती है। भाषा की रचनात्मकता उसकी नैतिकता और उसकी राजनीति से अटूट हो जाती है। जैसे शास्त्रीय संगीत में शिल्प एक तरह के अचूक अंतःकरण की भूमिका परम्परागत रूप से निभाता रहा है, वैसे ही रघुवीर सहाय

कविता में शिल्प को इस चौकसी की ज़िम्मेदारी सौंपते हैं—शिल्प निरा भाषा का रचाव या परिष्कार-भर नहीं रह जाता बल्कि उसमें सन्निहित दृष्टि यह तुरंत प्रगट कर देती है कि व्यक्ति की अपनी गरिमा और पवित्रता की और दूसरों के साथ उसके एक न्यायसम्मत स्वाधीन और बराबरी के सम्बन्ध की सम्भावना आगे बढ़ती है कि नहीं। इसके मार्ग में जो अड़चनें हैं शिल्प उन्हें ढाँकता या नज़रंदाज़ नहीं करता बल्कि खुले में सामने ला देता है। शिल्प और कथ्य के द्वैत को लाँघकर रघुवीर सहाय ने शिल्प की अवधारणा में क्रांतिकारी परिवर्तन किया है : उन्होंने शिल्प को कथ्य के नैतिक तनाव के रूप में अभिकल्पित किया और उसकी अद्वितीयता को ही उसके मानवीय सम्प्रेषण का मूलाधार बनाया। चेश्वाव मिवोश के इस आत्मस्वीकार से रघुवीर सहाय सहमत होते कि **भाषा मेरा माप है।** सिर्फ़ कौशल और सामर्थ्य का ही नहीं बल्कि, जो अधिक महत्त्वपूर्ण है, नैतिकता और मानवीयता का भी।

जिस नयी वस्तुपरकता का अभी उल्लेख किया गया है उसका एक महत्त्वपूर्ण साक्ष्य यह है कि रघुवीर सहाय मानते हैं कि अगर किसी कवि ने **जानबूझकर किसी वस्तु रहने से वंचित किया है** तो वह ज़रूर घटिया कवि होगा :

प्रिय पाठक ये मेरे बच्चे हैं
कोई प्रतीक नहीं
और यह मैं हूँ
कोई रूपक नहीं

एक तरह से यह हमारे साहित्य में वस्तुओं का प्रजातांत्रिक आदर किए जाने की शुरुआत है और मनुष्य और मनुष्येतर संसार के बीच अधिक बराबरी के रिश्ते की भी। यह हर वस्तु को मानवीय आशयों में रूपांतरित करने और इस तरह उनका शोषण करने से इनकार करना है। यह वस्तुपरकता हिंदी कविता में आगे फैली और बढ़ी है। विनोद कुमार शुक्ल की पंक्तियाँ याद आती हैं :

इन्हीं के बीच वह ग़रीब का लड़का
जैसे परिचितों के बीच
बेफ़िक्र होकर खेलता दिखता है
वैसे नंग-धड़ंग
लेकिन प्रतीकों के बाबासूट में
कहीं जाने को तैयार

(तीन मीटर खुशबू के अहाते में)

नैतिकता दूसरे की अस्मिता का सम्मान करने में है, उसे अपना ही एक और

संस्करण मानने या बनाने में नहीं। यह वस्तुपरकता इसी प्रजातांत्रिक नैतिकता की भाषा के अपने विन्यास में अभिव्यक्ति है।

कविता को बुनियादी तौर पर राजनैतिक कर्म मानते हुए रघुवीर सहाय ने स्वयं राजनीति को क्रांतिकारी ढंग से पुनर्परिभाषित किया और उसे सक्रिय राजनीति और विचारधारा दोनों के पिछलगुआ होने से एकबारगी, कम-से-कम कविता के लिए, मुक्त कर दिया। कविता और राजनीति दोनों ही जीवन के गुण से सरोकार रखनेवाले विन्यास हैं—राजनीति कम अवधि के लिए, कविता दीर्घावधि के लिए। आज़ादी, बराबरी और न्याय को रघुवीर सहाय ने कविता और राजनीति का केंद्रीय लक्ष्य माना और उनके बीच किसी अनिवार्य अंतर्विरोध को अनावश्यक करार दिया। उन्होंने इसरार किया कि दोनों को जाँचने का पैमाना एक भी हो सकता है और वह यह कि वे किस हद तक आज़ादी, बराबरी और न्याय की सम्भावना और जगह को समाज में और हमारे समय में आगे बढ़ाती हैं। अपनी सारी खरी बेचैनी और तीक्ष्ण सघन बौद्धिकता के बावजूद मुक्तिबोध कविता और राजनीति के सम्बन्ध को विचारधारा के दुश्चक्र से नहीं निकाल पाए थे और न ही उनका सम्बन्ध उससे किसी रचनात्मक विडम्बना का हो सका था। रघुवीर सहाय ने विचारधारात्मक आतंक का हिंदी में पहला दौर एक युवा कवि के रूप में नज़दीक से देखा-सहा था। इसके अलावा एक पत्रकार के रूप में उन्होंने राजनैतिक प्रक्रिया को सूक्ष्मता और बहुत निकटता से देखने का अवसर भी लगातार पाया था। यह कहना अतिशयोक्ति न होगी कि हमारे समय में कविता और राजनीति के रिश्ते को सचमुच द्वंद्वात्मक बनाने का काम रघुवीर सहाय ने किया और यह हिंदी का दुर्भाग्य है कि बावजूद इस परिवर्तन के उसकी नयी प्रगतिशीलता और जनवादिता का पिछले दो दशकों का आक्रामक दौर विचारधारा के वर्चस्व का ही रहा है उसके साथ किसी द्वंद्वात्मकता या विडम्बना का नहीं। उसमें विचार कितना रहा यह कहना मुश्किल है पर धारा बहुत रही है यह तो साफ़ ही है और कितना-क्या बहा ले गयी इसका हिसाब किया जाना अभी बाक़ी है। विचारधारा की विडम्बना को रघुवीर सहाय ने अच्छी तरह समझा और व्यक्त किया है :

क्योंकि मैं
तुम्हारे हाथों
अपने विचार की बरबादी बनाने के लिए
अपने विचार को अपने ही तरह कहने के लिए
रखता हूँ
और तुम्हें एक अंधी गली में फँसने के लिए
छोड़ता हूँ।

(तुम्हारे विचार)

विचारधारा को लेकर जो तथाकथित ध्रुवीकरण-सा लेखक-समाज में हुआ उसमें एक ओर साहित्य विचारधारा का उपनिवेश बनाया जाने लगा तो दूसरी ओर उसे राजनीति से सर्वथा अस्पृश्य माना जाने लगा। रघुवीर सहाय ने एक तीसरा और अधिक यथार्थपरक विकल्प सामने रखा जो अगर मिलान कुंदेरा के एक पद का इस्तेमाल करें तो साहित्य की **रैडिकल स्वायत्तता** का है : जिसमें साहित्य और राजनीति, साहित्य और समाज परस्परावलम्बी तो हैं पर आत्मप्रतिष्ठ भी—वे सभी एक समान मूल्य-विस्तार से जाँचे-परखे जाते हैं और जिनके बीच कोई वर्णव्यवस्था नहीं है। यह रैडिकल स्वायत्तता अगर साहित्य को राजनीति से जाँचे जाने का अवकाश देती है तो राजनीति के साहित्य द्वारा परखे जाने का भी। इस रैडिकल स्वायत्तता के रहते साहित्य न तो राजनीति से मुँह फेरता है और न ही जीवनविमुख होता है। रघुवीर सहाय ने कहा है कि 'रचनाकार हमेशा रचना करता आया है, वह रचना बहुधा विरोध हुआ करती है' और 'आदमी की आज़ादी को बचाए रखने के लिए यह बराबर मानते रहना पड़ेगा कि संगठित राजनीति अत्यंत आवश्यक है, लेकिन उसके खिलाफ़ रचना भी आवश्यक है और इसके मानने का सबसे अधिक उत्तेजन अब पैदा हो सकता है, क्योंकि अब हम उन तमाम प्रयोगों को, जो कि संगठित राजनीति की दुश्चरित्रता को दूर करने के लिए किए गए, विफल पा चुके हैं।'

अगर ध्यान से देखें तो लगेगा कि आज़ादी, न्याय और बराबरी जैसे शाश्वत मूल्यों और उनके लिए संघर्ष को रचनात्मक चेष्टा और राजनैतिक कर्म का समान लक्ष्य बनाकर रघुवीर सहाय ने कविता और राजनीति के बीच प्रजातांत्रिक सहकार—जो निश्चय ही तनाव और द्वंद्व-भरा भी होगा ही—प्रतिपादित किया। कविता में तो शाश्वत का दबाव पहले से ही रहा आया है पर रघुवीर सहाय ने इस शाश्वतता को राजनीति के लिए भी प्रासंगिक बनाया यह जताते हुए कि शाश्वत मूल्यों का राजनैतिक आशय भी है। वे जर्मन कवि एन्सेंज़बर्गर से सहमत होते कि 'कविता अनुकरणीय ढंग से यह व्यक्त करती है कि वह खरचने के लिए राजनीति को सुलभ नहीं है। यही कविता का राजनैतिक कथ्य है।'

रघुवीर सहाय ने स्वयं भाषा को भी समाज में सत्ता पाने और बनाए रखने की एक शक्ति के रूप में देखने-समझने की कोशिश की है। यह भी उल्लेखनीय है कि स्वयं हिंदी भाषा के राजनैतिक अपवंचन को किसी और कवि ने इतनी उत्कटता और बेचैनी से नहीं पकड़ा जितना रघुवीर सहाय ने। वे प्रतीक, अलंकार, अनेकार्थिता को हमारे समय में संदिग्ध मानते थे क्योंकि भाषा उनका प्रयोग कर अपने मानवीय दुरुपयोग को छुपाने के अनेक गुर सीख चुकी है। विज्ञापन, भाषण, नारों, उपदेशों आदि के रूप में भाषा की अमानवीयता और हिंसा को हिंदी में रघुवीर सहाय ने विलक्षण पैनेपन के साथ पकड़ा है। उनकी प्रसिद्ध पंक्तियाँ हैं :

इसलिए कहूँगा मैं
मगर मुझे पाने दो
पहले ऐसी बोली
जिसके दो अर्थ न हों

(दो अर्थ का भय)

उन्हें गहरा संदेह था कि 'जहाँ बहुत कला होगी,' 'परिवर्तन नहीं होगा।' पोलिश कवि ज्बेग्न्यू हर्बर्ट के शब्दों का सहारा लेते हुए हम कह सकते हैं—रघुवीर सहाय दुनिया से झगड़ते हुए एक ऐसे कवि हैं जो इतिहास के वज्रपात से कम से कम दो शब्दों को उबारने की कोशिश करते हैं—न्याय और आज़ादी जिनके बिना सारी कविता आशयों और दिखावों का तमाशा-भर है।

2

यह दिलचस्प है कि रघुवीर सहाय की कविता में इतिहास नहीं है। उन्होंने, मसलन, किसी बौद्ध कथा या कि हुमायूँ के मक़बरे पर कोई कविता नहीं लिखी है। उनके यहाँ इतिहास की, और इस अर्थ में अतीत की छवियाँ प्रायः नहीं हैं। यही नहीं बल्कि हमारे समय की तथाकथित महत्त्वपूर्ण घटनाओं का भी उनके यहाँ ज़िक्र नहीं है। किन्हीं पुराने मिथकों की अनुगूँज का भी उनकी कविता से कोई वास्ता नहीं जान पड़ता। इस अर्थ में रघुवीर सहाय निरंतर वर्तमान के कवि हैं : हिंदी में शायद पहले ही, अगर आप याद करें कि छायावादियों के अलावा अज्ञेय, शमशेर बहादुर सिंह, गजानन माधव मुक्तिबोध, कुँवर नारायण, विजयदेव नारायण साही और श्रीकांत वर्मा में से किसी की कविता इस अर्थ में इतिहास और अतीतहीन नहीं जान पड़ती है। अगर हम रघुवीर सहाय के बुनियादी मूल्यों को याद करें तो वे उनके गये-गुज़रे इतिहास में नहीं, उनके निपट वर्तमान में दिलचस्पी रखते हैं। उदाहरण के लिए वे अन्याय को किसी बड़ी सार्वजनिक घटना-दुर्घटना के संदर्भ में नहीं बल्कि बहुत रोज़मर्रा की और ज़्यादातर अलक्षित जानेवाली घटना के संदर्भ में देखते हैं। रघुवीर सहाय मूल्यों की विराट् नाटकीयता या प्रतिफलन में नहीं बल्कि उनकी दैनंदिन के जीवन और उसकी सामान्य स्थितियों में चरितार्थता या उसके संघर्ष को पकड़ने में अपना कविकर्म मानते हैं। किसी और हिंदी कवि की तुलना में रघुवीर सहाय ने साधारण रोज़मर्रा के जीवन की जिजीविषा और मुक्ति को ही अपनी रचनात्मकता का अध्यात्म बनाया है। वे पॉल वैलेरी की इस उक्ति के अनुकूल काव्याचरण करते जान पड़ते हैं कि 'महान् घटनाएँ, शायद, ऐसे छोटे दिमाग़ों के लिए ही होती हैं। ज़्यादा सावधान दिमाग़ों के लिए अगोचर और निरंतर घटनाएँ ही ख़याल करने लायक होती हैं।' जब एक निजी और रोज़मर्रा का अनुभव

कला में रूपांतरित होता है तो संहति घटती है। शायद रघुवीर सहाय यातना और संघर्ष के इतिहास में नहीं, उनकी संहति में विश्वास करते हैं। उनकी कविता में दुख के स्थापत्य, विडम्बना के शिल्प किसी ऐतिहासिकता में नहीं आज और अभी की संहति में बनते-बिगड़ते हैं। काम्यू ने लेखक के बारे में कहा था कि वह उनके काम नहीं आ सकता जो इतिहास बनाते हैं—वह तो उन्हीं के काम आ सकता है तो इतिहास की प्रजा हैं। रघुवीर सहाय इतिहास की इसी प्रजा के संघर्ष और विकल्प के कवि हैं, इतिहास या उसकी जय-पराजय के नहीं।

स्वाधीन भारत, उसके अनाश्वस्त लोकतंत्र और उसमें विकसित आधुनिकता के नागरिक कवि होने के नाते रघुवीर सहाय में यह रचनात्मक और बौद्धिक सख्ती है कि वे आसान राहतों और हर दूसरे-तीसरे ध्वस्त होनेवाले यूटोपिया या कल्पना लोक के प्रलोभन में आने का प्रतिरोध करें। उनकी कविता किसी क्रांति का किसी अगले मोड़ पर मुक्तिबोध की तरह 'ज्वाला-पंखुरी-दल में घिरे हुए...अग्नि-कमल के केंद्र' का आश्वासन नहीं देती। उसका इतिहास कुछ भी हो मनुष्य उनके यहाँ, इतिहास और मिथकों के सारे आसरों के बिना, अपनी आज़ादी और बराबरी के लिए लड़ता हुआ निष्कवच और वेध्य है। वह व्यक्ति है जो एक साथ सोचता-विचारता-जूझता-रचता है। इसीलिए रघुवीर सहाय की कविता अपना ध्यान किसी घटना पर नहीं, उसमें पड़नेवाले मानव सम्बन्ध की विकलता, उसकी संवेदना और अभिव्यक्ति, उसकी मानवीयता या उसकी अनुपस्थिति पर केंद्रित करती है। उसके पीछे एक तरह का उदासीन विवेक सक्रिय है जिसमें कर्म और संशय है पर निराशा नहीं है। पराजय है पर हताशा नहीं, न ही घबराहट। अपने अंतिम प्रकाशित कविता संग्रह की अंतिम कविता की अंतिम तीन पंक्तियों में उन्होंने कहा है—'...फिर एक बार समझ पाता हूँ / कि यात्राएँ अब भी हो सकती हैं / इसी व्यर्थ जीवन में।' उसमें निरंतरता और मुक्ति की ओर बढ़ते रहने की चेष्टा है, इतिहास की निश्चयात्मकता नहीं। सत्ता, पूँजी, उपभोग आदि के हमलों के विरुद्ध हर हालत में बिना आत्मसमर्पण किए, अपनी मानवीयता और गरिमा बचाने की कोशिश में यह कविता कहीं चूकती नहीं है। स्वयं सत्ता की इतनी चौकन्नी पकड़ और उसके प्रभाव में बनते-बिगड़ते मानव सम्बन्धों की सजग पहचान हिंदी कविता में रघुवीर सहाय से ही शुरू हुई है और, हालाँकि उनके बाद के अनेक युवा कवियों के काव्यसंसार पर इसका गहरा प्रभाव है, वे इस चौकन्नेपन और पहचान के अभी भी सबसे सशक्त और प्रभावशाली कवि हैं। अपने पहले क़विता संग्रह **सीढ़ियों पर धूप में** जो उत्सुकता और प्रसन्नता का रास्ता स्वयं उन्होंने अपने लिए चुना था, यह साफ़ देखा जा सकता है कि वे अपने दूसरे संग्रह **आत्महत्या के विरुद्ध** से ही उस रास्ते से कतराने लगे थे। अगर हम यह मानें कि पहले संग्रह की कविता उनकी कविता की एक यथास्थिति बनाती थी तो अनेक अर्थों में वे जल्दी ही उसे बदलने

में जुट गए। हिंदी के शायद किसी और कवि ने, हर नये संग्रह में, अपने को इतना नहीं बदला जितना कि रघुवीर सहाय ने :

अपनी एक मूर्ति बनाता हूँ और ढहाता हूँ
और आप कहते हैं कि कविता की है
क्या मुझे दूसरों की तोड़ने की फ़ुरसत है।

(नेता क्षमा करें)

यहीं एक सच्चे कवि का क्रांतिकारी से भेद भी स्पष्ट हो जाता है : क्रांतिकारी की चिंता दूसरों को बदलने की होती है जबकि कवि स्वयं अपने को बदलना चाहता है। बहुत हद तक अपने समकालीनों की तुलना में रघुवीर सहाय इस अनूठी उपलब्धि में ऐकांतिक ही हैं पर ऐसे जिनके बारे में यह कहना उपयुक्त होगा कि 'वे एक ऐसे अकेले थे जो दूसरों को कम अकेला बनाते हैं।'

यह एकांत संघर्ष का ज़रूरी एकांत है जिसके रहते ही रघुवीर सहाय यह निस्संकोच कह सकते हैं कि '...पर जो कुछ भी मैं रचता हूँ सिर्फ़ अपनी ज़िम्मेदारी पर रचता हूँ...या फिर नहीं रचता। फ़िलहाल अपने को रचने योग्य बनाए रखने में लगा रहता हूँ।' ज़ाहिर है कि साहित्य और समाज दोनों में ही अत्यंत मुखर और जनाकीर्ण सामाजिकता के बढ़ते दबावों के बीच इस एकांत की खोज और साधना जोखिम का काम रहा है—स्वयं रघुवीर सहाय की कविता जब-तब इस सामाजिकता के समर्थन में जुटा भले ली गयी हो, वह कठिनाई का रास्ता था जिसमें 'राजनीति बहुत ज़रूरी है' के साथ-साथ उसी साँस में यह कहने की हिम्मत थी कि 'पर मैं भी अपने लिए बहुत ज़रूरी हूँ।' यहाँ कवि और व्यक्ति की ज़िम्मेदारी और कठिनाई अलग-अलग नहीं हैं—स्वाधीन व्यक्ति की एक सजग और संवेदनशील अवधारणा और अनुभव-सम्पदा इसके पीछे सदा सक्रिय है। 'स्वाधीन इस देश में चौंकते हैं लोग / एक स्वाधीन व्यक्ति से।' उसी के साथ यह पहचान भी है कि

आपकी सहानुभूति सुलभ है, विभूति कष्ट
की यह दुर्लभ है हम जिसके रखवारे हैं।

(झेल लेंगे)

रघुवीर सहाय का आग्रह बराबर संघर्ष और उसके कठिन काव्यशास्त्र पर रहा है जो रचना और उसके लिए संघर्ष को किसी भी तरह की रूमानियत या नाटकीयता में देखने या समझने से इनकार करता है। वह परिस्थिति का अकारण जटिलीकरण नहीं करता और दूसरी ओर **बनावटी रागात्मकता** और **बनावटी इतिहास के निर्माण** के पीछे काम कर रहे झूठ को ठीक और बेचूक जानता है। आख़िर कविता भी झूठों-भरा इतिहास दुबारा लिख सकती है। अपने कठिन शिल्प और किसी भी तरह

के सरलीकरण के प्रतिषेध से ही यह कविता **पतन का विकल्प जाग्रत** करने की क्षमता अर्जित करती है जो रघुवीर सहाय के अनुसार साहित्य और समाज दोनों ही समान उपलब्धि हो सकती है। यह कठिन संघर्ष-चेतना ही उसे आत्मदया से बचाती है और 'यथास्थिति को ही यथार्थ के रूप में आरोपित करने' के दुष्प्रयत्न को निरंतर ताड़ती और अपनी रचनात्मकता से बरजती चलती है। रचना कोई सुघर संयोजन नहीं बल्कि लड़ना और बदलना है : वह **वैभव** और **सुख** के साधनों के बजाय **तृष्णा** और **रचना** के युग्म का चुनाव है। वह वंचना के किसी दुर्ग में क़ैद होकर तिल-तिल मरने के बजाय **आत्महत्या के विरुद्ध** होना है। उसमें अनुभव को किसी सामान्यीकरण से टरकाया नहीं जाता बल्कि यह जिज्ञासा बनी रहती है कि 'इस दुख को रोज़ समझना क्यों पड़ता है।' और साथ ही यह आत्मालोचन भी होता चलता है कि 'यह तेरे मन का कुप्रबंध/यह तो जीवन का मर्म नहीं।'

मार्टिन ब्यूबर ने कविता से यह अपेक्षा की है कि वह अधिक तीव्रता से उस प्रतिरोध को व्यक्त करे जो कि सामूहिक अकेलेपन के विरुद्ध होता है और जो सबसे आत्मीय प्रतिरोध भी है। इस प्रतिरोध के अनेक रूप रघुवीर सहाय की कविता में हैं :

कुछ होगा कुछ होगा अगर मैं बोलूँगा
न टूटे न टूटे तिलिस्म सत्ता का मेरे अंदर एक कायर टूटेगा टूट
मेरे मन टूट एक बार सही तरह
अच्छी तरह टूट मत झूठमूठ ऊब मत रूठ

(आत्महत्या के विरुद्ध)

दूर के नगर से पत्र आया है
लिखा है कि गुड्डन की माँ का स्वर्गवास हो गया है
नहीं लिखा यह कि बीस वर्ष से विधवा थी
उसके बीस वर्ष कोई नहीं लिखता क्योंकि एक साथ बीस वर्ष हैं अब वे
भाषा की बधिया हमेशा वक़्त के सामने बैठ जाती है।

(लोग भूल गए हैं)

यह नहीं कि वह सिर्फ़ कृतित्वहीन है
बल्कि उन कम होते हुए लोगों को भी अधिकाधिक
बड़ा शत्रु मानता जा रहा है जो अब भी अपनी आग से रचते हैं
और अपने लिए रचते हैं अपनी आग

(हैं)

टेलिविजन
दूरबीन से

पहचानकर
ले आयेगा
एक हत्यारे और एक बच्चे को
तस्वीर में
बच्चा उससे पूछेगा जब आप इतने प्यारे हैं
तो आप इतना डरे हुए क्यों

इस मुकाम पर हम रघुवीर सहाय का एक काव्यशास्त्र जुटाने की चेष्टा करें तो लगेगा कि उसके मुख्य तत्त्व हैं : आज़ादी, बराबरी, न्याय और रचना, संघर्ष और प्रतिरोध। अब अगर हम ध्यान से काव्यशास्त्र का विश्लेषण करें तो पाएँगे कि मोटे तौर पर अगर हम अज्ञेय के काव्यशास्त्र को व्यक्तित्व की खोज और स्वाधीनता का और मुक्तिबोध के काव्यशास्त्र को बराबरी और न्याय का मानें (और ऐसा करते समय यह लगातार याद रखें कि यह सुविधा के लिए किया गया सामान्यीकरण है अन्यथा अज्ञेय में व्यक्तित्व समाजविमुख नहीं है और मुक्तिबोध की अभीष्ट सामाजिकता व्यक्तित्वहीन नहीं है) तो रघुवीर सहाय ने इन दोनों को मिलाकर और उसमें किसी की भी बुनियादी शक्ति और सार्थकता को गँवाए बिना उनके बीच सर्वथा सर्जनात्मक सहकार और, उन्हीं के एक शब्द का प्रयोग कर कहें, **उभयसम्भव** विकसित किया। उन्होंने कविता और कविता पर सोचविचार के लिए एक नया स्पंदित स्पेस बनाने और बचाने की कोशिश की जिसमें व्यक्ति और समाज, राजनीति और कविता, यथार्थ और कला के बीच विरोध भाव का अतिक्रमण सम्भव और आवश्यक दोनों ही हैं। यह एक विडम्बना ही है कि हिंदी में पिछले दो दशकों में युवतर कवियों पर सबसे प्रभावशाली कविता होने के बावजूद, रघुवीर सहाय की कविता और उसकी समझ का प्रायः दुर्विनियोजन या कि कुपाठ ही होता आया। यह उल्लेखनीय है कि रघुवीर सहाय ने स्पष्ट कहा था कि 'अगर आप अन्याय के पक्षधर हैं, अगर आप द्वेष करते हैं, अगर आप आदमी को नष्ट करना चाहते हैं तो आप रचना नहीं कर सकते।' और कम से कम साहित्य के संदर्भ में यह स्पष्ट किया था कि 'वामपंथी और दक्षिणपंथी शब्दों का आप इस्तेमाल करेंगे तो यह बहुत ही सम्भव है कि बहुत जल्दी किसी भी समय आगे जाकर आपको दुबारा अपनी मूल मान्यताओं को या तो बदलना पड़ जाएगा ताकि इन शब्दों का अर्थ ठीकठाक बना रहे, या फिर इन शब्दों को छोड़ देना होगा।' ये दोनों ही बातें आज से ठीक पंद्रह वर्ष पहले एक इंटरव्यू में कही गयी थीं और उन्हें आज एक ऐसी भविष्यवाणी के रूप में लिया जा सकता है जो सच सिद्ध हो चुकी है। पर सिर्फ़ अपनी वैचारिकता में नहीं रघुवीर सहाय ने अपनी अत्यंत सुगठित कविता में भी सचाई को स्वायत्त और चरितार्थ किया। उनकी कविता को

व्यापक मान्यता मिली और उसने आगे की कविता को नयी राह भी दिखाई। पर अभाग्यवश उनकी कविता का यह महत्त्वपूर्ण सच दृश्य पर वह प्रभाव नहीं डाल सका जो कि उसे डाल सकना चाहिए था। देखा जाए तो रघुवीर सहाय ने हमारे इस भयावह राजनैतिक समय में सत्ता और सक्रिय राजनीति के बरक़्स स्वयं सच्ची रचना को वैकल्पिक राजनीति के रूप में प्रस्तावित किया। वे सत्ता, सक्रिय राजनीति और व्यापक समाज के सिलसिले में साहित्य को वामपक्ष ही मानते थे। यह विकल्प मुँह फेरने का नहीं बल्कि सामना करने का विकल्प है। पर जो शरणागत होने में अधिक आश्वस्त अनुभव करते हैं और एक तरह के चालाक समझौते के तहत सुरक्षाकामी हैं, अगर उन्हें कठिनता और जोखिम के इस विकल्प ने आकर्षित नहीं किया तो उसमें अचरज नहीं होना चाहिए। बहुत बहस-मुबाहसे होते रहे हैं पर किसी वैचारिक स्पष्टता या नयी समझ तक जाने के लिए नहीं, उन्हीं नतीजों पर एक बार फिर पहुँचने के लिए जिन पर पहले से पहुँचा जा चुका है। शायद इसी स्थिति पर रघुवीर सहाय का एक कवितांश टिप्पणी करता है : 'इस तरह वह ज़ाहिर करते हैं बहस एक चीज़ है पहले से सहमति के बिना जिसे किया नहीं जा सकता।'

3

अगर महान् कविता दृश्य जगत् के साथ न्याय करने की कोशिश है, जैसा कि ज्बेग्न्यू हर्बर्ट मानते हैं, तो रघुवीर सहाय की कविता में यह कोशिश शुरू से अंत तक बनी रही : उनकी कविता निरी वैचारिक व्यवस्था नहीं हमेशा ही ऐंद्रिय व्यवस्था भी रही है। यह ऐंद्रियता सिर्फ़ प्रेम या प्रकृति को लेकर ही नहीं है बल्कि बच्चों, अधेड़ औरतों, मरघट, अख़बारवाला, साइकिल रिक्शा आदि बहुत सारे मानवीय सम्बन्धों और वस्तुओं को लेकर भी है। हर जगह इस ऐंद्रियता के कारण रघुवीर सहाय प्रेम में भय, बड़ी हो रही लड़की में लालच, मरघट में 'डब्बा भर एक वही दारासिंह वाला घी' और चिता पर 'शिल्प में रीतिगत' 'सुंदर सम्पुंजन' आदि देख और दिखा पाते हैं। वह ऐसी कविता है जो देखती है, सारे ब्यौरों में और देखे को समझने की कोशिश करती है। उसकी यात्रा एक तरह के अबोध उत्साह से सयाने-समझदार अवबोध तक की है। इस ऐंद्रियता को विन्यस्त करने और बचाए रखने के लिए रघुवीर सहाय ने किसी पारम्परिक अवलम्ब की ओर नहीं देखा। कई दूसरे हिंदी कवियों की तरह वे लोकसम्पदा की ओर नहीं मुड़े। उनकी कविता और उसकी ऐंद्रियता बिलकुल नागरिक है। आज हिंदी नागरिक समाज किसी लोकसंस्पर्श से अछूता है और उसके पास अपने व्यापक सांस्कृतिक दायवंचन के चलते कोई पारम्परिक स्मृतियाँ शेष नहीं हैं–रघुवीर सहाय ने इस समूची विपन्नता से ही अपनी कविता को सम्भव किया है। रघुवीर सहाय की कविता और भाषा में, यह नोट करने की बात है, छायावादी कविता और भाषा की कोई अनुगूँज नहीं

है मानो कि यह छायावाद के हमारी काव्यस्मृति से लोप हो जाने की उत्तर-कविता है। यह भी नोट साथ ही करना चाहिए कि छायावाद-विरोधी या प्रतिरोधी अनेक मुद्राओं और आग्रहों के बावजूद छायावाद का यह लोप किसी भी कवि में, उनके पहले या समकालीनों में, सम्भव नहीं हुआ था। इस शताब्दी के आरम्भिक दशकों में बहुत सारे गद्य को पद्य में बदलने का उपक्रम मैथिलीशरण गुप्त ने किया था और इस शताब्दी के अंतिम दो दशकों में बहुत सारे गद्य को कविता में बदलने का बीड़ा रघुवीर सहाय ने उठाया। यह गद्य उन्हें कई जगह मिला—पत्रकारिता, राजनैतिक भाषणों, विज्ञापनों आदि में। छंद और लय पर, उसकी पारम्परिक व्यवस्था पर अपने सक्षम अधिकार का प्रमाण वे अपने पहले ही संग्रह में दे चुके थे जहाँ उन्होंने अनेक भुला दिए गए छंदों का सर्वथा ताज़े सौंदर्यबोध और नए अनुभवों के लिए प्रयोग स्मरणीय ढंग से किया था। कविता की भाषा में, भले उसे विस्तार देते हुए, कविता तो सभी कवि लिखते हैं पर गद्य की भाषा में कविता लिखना निराले कवि का ही काम है। हमारे समय में ऐसे निराले कवि रघुवीर सहाय हैं—किसी भी और कवि से अधिक उन्होंने गद्य की ढीठ सामग्री को अधिकाधिक कविता में बदला। बिना छंद-लय आदि का सहारा लिए उन्होंने हिंदी गद्य की अपनी अंतर्भूत कविता को प्रकट किया। इस अर्थ में भी वे एक सच्चे क्रांतिकारी कवि थे।

4

हम किसी कवि के बड़े होने को कैसे पहचानते हैं ? उसकी आकांक्षा और दृष्टि बड़ी हो; उसकी कविता में हमारा समय और जीवन अपनी सारी विविधता और जटिलता में झलकता हो; उसके यहाँ भाषा वहाँ गई हो जहाँ वह पहले कभी नहीं गई थी। उसने दूसरे कवियों को राह दिखाई हो और उसने जीवन-जगत् सम्बन्धी चरम प्रश्न पूछे हों—साथ ही समय और समयातीत के नाजुक सम्बन्ध की कविता में साधा हो; अपना अलग मुहावरा बनाया हो; कल्पना की प्रगल्भता और साहस हो। रघुवीर सहाय इन अपेक्षाओं की सूची में यह जोड़ना न भूलते कि उसकी कविता ने आज़ादी, बराबरी और न्याय की लड़ाई को ठोस ढंग से आगे बढ़ाया हो।

रघुवीर सहाय के लगभग ढाई कहानी संग्रह और गद्य की कुछ और पुस्तकें छोड़ दें तो उनके तीस वर्ष की अवधि में कुल पाँच कविता संग्रह प्रकाशित हैं जिनमें लगभग तीन सौ कविताएँ एकत्र हैं। इससे स्पष्ट है कि वे प्रचुरतावाले कवि नहीं थे। बल्कि ख़ासे मितभाषी थे। लेकिन संख्या के भौतिक तथ्य से अलग, अपनी आकांक्षा में से शुरू से ही बड़े रहे हैं :

हमको तो अपने हक़ सब मिलने चहिए
हम तो सारा का सारा लेंगे जीवन
'कम से कम' वाली बात न हमसे कहिए। **(हमने यह देखा)**

इस आकांक्षा में बड़ा कुछ करने या कहने का भाव नहीं है पर एक दृढ़ता और सारे-के-सारे जीवन को लेकर एकतानता है जो उनके कृतित्व में शुरू से अंत तक है। एक दूसरे स्तर पर यह आकांक्षा निश्चय ही एक बड़ी दृष्टि से पुष्ट होती और अपना सर्जनात्मक सम्बल पाती है। मनुष्य की आज़ादी और बराबरी की निरंतर चिंता और उसके लिए भाषा में लगातार संघर्ष और संशोधन बड़े कवि के ही बस की बात है—यह दृष्टि धीरे-धीरे समग्रता और तीक्ष्णता अर्जित करती विकसित हुई है और कुछ ऐसी अद्वितीयता के साथ कि उसे कुछ भाववाची सामान्यीकरणों में घटाना उसके साथ अन्याय ही है।

नारी, चिड़ियाँ, देश जागरण
बच्चा, प्रकृति, दुःख, वासना
अलग-अलग डब्बों में मेरी
पीड़ा मत बंद कीजिए
जिन्हें एक में मिलाजुलाकर
मैंने की थीं ये रचनाएँ

(समाधि लेख)

पर इसमें संदेह नहीं है कि यह बड़ी दृष्टि यथास्थिति को, फिर वह अनुभव की, विचार या कि निरी स्थितियों की भी, यहाँ तक कि भाषा और शिल्प की, परिवर्तित करने की दृष्टि है—वह परिवर्तन और मुक्तिकामी है। ईव बोनफुआ ने कहा है कि बड़ा कवि वह है जो एक मनुष्य की तरह पर्याप्त है। रघुवीर सहाय में कवि और मनुष्य दोनों ही तरह से, अपनी सारी अपूर्णताओं के बावजूद, ऐसी पर्याप्तता है। जिस **आत्मिक बल** की वे कामना करते हैं वह सिर्फ़ अपनी मुक्ति से नहीं, दूसरे सबों की मुक्ति से मिलता है—एक ऐसी लहूलुहान शताब्दी में जहाँ एक लेखक-दार्शनिक दूसरे लोगों को ही नरक बता चुके थे, रघुवीर सहाय, आक्तोवियो पाँज़ शब्दों को उधार लेकर कहें, मानते रहे कि 'मुक्ति दूसरे लोग ही हैं'। यह व्यक्तित्व से पलायन नहीं बल्कि सच्चा आत्मदान है। 'न्याय और बराबरी के जन्मजात आदर्श' को याद रखनेवाले लोगों के सामने अपने आंतरिक संघर्ष की जाँच के लिए जो 'कवि अपनी रचना लाता है', जैसा कि रघुवीर सहाय ने स्वयं कहा था, तो उसमें दोनों की जाँच सन्निहित है—रचना की, लोगों की। शायद उन आदर्शों की जीवंतता की भी। यह जाँच थी जो रघुवीर सहाय को एक अथक खोज में लगाए रही और जिससे वे बार-बार अपना पुनरुद्धार कर पाए। बड़ा कवि न केवल पर्याप्त होता है वह थकता या हार भी नहीं मानता। उनका आत्मालोचन भी कभी निष्क्रिय नहीं हुआ :

जितना समेट लेते हैं गठरी में
जादू के खेल सी टोकरी ख़ाली निकलती है
दुःख को उसकी जगह नहीं दी गयी
और वह उड़ गया पंख फड़फड़ाकर।

(वृद्ध का वक्तव्य)

रघुवीर सहाय की कविता में हमारे समय और समाज के दुःख को उसकी जगह मिली है : वे 'झूठे करुणामय मन' को धिक्कारते हुए जानते थे कि 'वह दुख ही सच्चा है जो हमने झेला है।' यह जगह किसी भावुकता या रूमानियता से नहीं, सख़्ती और कठिनाई से पाई-दी गई जगह है और हिंदी कविता में स्मरणीय रहेगी। रिल्के ने कहा था कि 'रोज़मर्रा के जीवन और महान् कृति में प्राचीन शत्रुता है।' रघुवीर सहाय ने इसके बावजूद रोज़मर्रा को ही शाश्वत में बदलने और समझने का सफल दुस्साहस किया।

हर बड़े कवि की रचना हमें अपने समय के अलावा दूसरे समय की ओर भी ले जाती है—यह दूसरे समय की ओर ले जाना, समय से समयातीत की ओर जाना अब भाषा के जिस स्मृतिविद्ध रूप में सम्भव रह गया है वह शायद कविता ही है। रघुवीर सहाय की कविता कुछ ज़िद कर अपने ही समय में कुछ इस तरह धँसी रहती है और वे इसी समय को अपनी उत्कटता और पारदर्शिता से दूसरा समय बनाने का उद्यम करते दीखते हैं कि यह दूसरा समय उनकी कविता हमें नहीं दे पाती। नहीं देना चाहती। अभी और आज की ही होने का उसका संकल्प उसे सपने के लिए थोड़ा-सा भी अवकाश छोड़ने की मुहलत नहीं देता : जैसे उदाहरण के लिए हम शमशेर की कविता के साथ एक तरह का सपना देखते हैं दुर्भाग्यवश रघुवीर सहाय की कविताओं के साथ वैसा नहीं हो पाता। संघर्ष और उससे जुड़े सपने तो उनकी कविता में हैं और हममें भी जागते हैं, पर शुद्ध स्वप्नशीलता उनकी कविता से बाहर है। यह स्वप्नशीलता और स्मृति कोई रूमानी अवधारणा नहीं बल्कि एक क्लैसिकल गुण ही है। यह अभाव रघुवीर सहाय के पूरमपूर बड़ा कवि होने में बाधा बनता है। उन्होंने **आत्महत्या के विरुद्ध** की एक कविता में जिज्ञासा की थी :

क्या था वह अपने को खोले हुए आकाश में
जैसे एक पवित्र भय।

(शहर से शहर)

दुर्भाग्य से इस **पवित्र भय** का उनकी कविता में आगे कोई अन्वेषण नहीं हुआ।

5

इस निबंध में कई बार **'थे'** को काटकर **'है'** और **'है'** को **'थे'** करना पड़ा है। रघुवीर सहाय के बारे में जो कुछ ऊपर लिखा गया है वह दुखी-सुखी अहसास के साथ कि यद्यपि वे दिवंगत हैं, वे एक स्पंदित उपस्थिति हैं। **शोर के बीच गूँज है जिसे** दूसरों से छिपाया नहीं जा सकता। वे उन थोड़े से कवियों में से हैं जिन्होंने अपनी ही दुनिया में जूझते-जूझते ज़िंदा रहने की कोशिश की और उसी में मरे। हिंदी कविता में जब भी भाषा के संघर्ष की कथा कही जाएगी, आज़ादी-न्याय-बराबरी के त्रिगुण की खोज और रचना का यत्न होगा, रघुवीर सहाय याद आएँगे। उन्होंने हमें सिखाया कि इस भयानक समय में भी मनुष्य और कवि लाचार नहीं हैं। वे हमारी कविता और भाषा में एक चौकन्ने अंतःकरण की तरह सक्रिय रहेंगे जो हमसे थकान और हार के हर मुकाम पर पूछेंगे :

आतंक कहाँ जा छिपा भागकर जीवन से
जो कविता की पीड़ा में अब दिख नहीं रहा ?
हत्यारों के क्या लेखक साझीदार हुए
जो कविता हम सबको लाचार बनाती है ?

(आज की कविता)

पीड़ा, संघर्ष और मुक्ति की, पतन का विकल्प जाग्रत करने की बिरादरी जब तक है तब तक उसके साथ दृश्य या अदृश्य रघुवीर सहाय होंगे, हमारे कष्ट की दुर्लभ विभूति के रखवारे की तरह।

[1991]

सुकवि की कुछ मुश्किलें

इसलिए कहूँगा मैं
मगर मुझे पाने दो
पहले ऐसी बोली
जिसके दो अर्थ न हों

(दो अर्थ का भय)

शब्द के अर्थ
निकल सकते हैं दो

(रंगों का हमला)

रघुवीर सहाय की दुनिया के बारे में कुछ सामान्य बातें अब लगभग रूढ़ हो चुकी हैं। पहली यह कि उसका सीधा सरोकार भारतीय लोकतंत्र की हालत, समता-स्वतंत्रता-न्याय के त्रिगुण आग्रह, सत्ता की नीति और राजनीति से है। दूसरी यह कि रघुवीर सहाय की दुनिया आज़ादी के बाद के प्रायः शहराती भारत से सम्बद्ध है। तीसरी यह कि उसमें समाज में जो कुछ होता रहा है उसमें "मनुष्य से एक दर्ज़ा नीचे रहने के दर्द" का गहरा और चौकन्ना अहसास है। चौथी यह कि उसमें स्त्रियाँ और बच्चे अकसर शिकार की तरह आते हैं। पाँचवीं यह कि वह एक ऐंद्रिक-स्पंदित दुनिया भी है। छठी यह कि उस दुनिया में अत्याचार, शोषण और अन्याय को कई सूक्ष्म और अप्रत्याशित जगहों पर देखा-पकड़ा गया है। सातवीं यह कि इस दुनिया में कोई ऐतिहासिक स्मृति और अंतर्ध्वनियाँ सक्रिय नहीं हैं और वह 'नितांत सम-सामयिक' दुनिया है। आठवीं यह कि यह दुनिया ऐसा भाषायी संसार रचती-बसाती है जिसका काव्यशास्त्र आग्रहपूर्वक अभिधा का है। नवीं यह कि इस दुनिया में भाषा सिर्फ़ अभिव्यक्ति का ही नहीं, नैतिकता और राजनीति का आयाम है। आख़िरी यह कि यह दुनिया संघर्ष और विकल्प की है, उसमें

लाचारी और निरुपायता का प्रतिरोध है।

हर बड़ा कवि—और इसमें शायद संदेह की गुंजाइश नहीं कि रघुवीर सहाय एक बड़े कवि हैं—सोच-समझकर अपनी एक दुनिया बनाता है जिसे हो सकता है कि ठीक से न समझा जाए या ग़लत पढ़ लिया जाए पर जो असंदिग्ध रूप से होती ज़रूर है। कविता में सफल-असफल उसकी दुनिया बनती ज़रूर है। इस दुनिया को पहचान पाना दुष्कर भले हो, असम्भव नहीं है। पर क्या इस व्यक्त और प्रगट दुनिया के अलावा या उसी में अंतःसलिल या अंतर्भूत एक और दुनिया भी होती है जिसे पहचानकर सामने ला सकना आलोचना का सच्चा काम होना चाहिए ? प्रगट दुनिया से इस अप्रगट दुनिया का सम्बन्ध ज़ाहिर है बिम्ब-प्रतिबिम्ब का नहीं हो सकता—वह किसी गहरे तनाव का ही हो सकता है। यह दुनिया थोड़े-बहुत फेर-बदल के साथ वही दुनिया नहीं हो सकती : वह अलग दुनिया होगी, भले विलोम न हो। यह दुनिया अपनी वैधता के लिए किसी और की मुहताज न होगी—वह अनुशासन नहीं, बल्कि जैसा कि शीमस हीनी ने कहा है, वाणी का अपना शासन होगी : वह कवि की अपनी आवाज़ और भाषा के सामान्य संसाधनों से सत्ता में आती है और उसमें कविता की कला का अपना अधिकार होता है। क्या रघुवीर सहाय के यहाँ यह दूसरी दुनिया है जिसे खोजा जा सके ? क्या उनकी कविता ऐसा संसार भी अंदर-ही-अंदर रचती है जिसकी शास्ता वाणी है ?

हम इस दूसरी दुनिया को खोजने की एक कोशिश कर सकते हैं। पर इससे पहले एक अड़चन को ध्यान में रखना ज़रूरी है। स्वयं रघुवीर सहाय अपने शब्दों के अर्थ को इतना निश्चित करना चाहते हैं कि उनके 'दो अर्थ न हों।' यों तो अर्थ का सुनिश्चयन कविकर्म की सहज प्रवृत्ति है। पर रघुवीर सहाय का आग्रह इस बात पर है कि उनके शब्दों का कोई मनोनुकूल या मनमाना अर्थ न निकाल ले। वे नहीं चाहते कि उनके शब्दों का दुरुपयोग किया जाए। वे इस बात के प्रति बेहद चौकन्ने हैं कि दूसरे, मसलन सत्ता, कहीं अन्याय या झूठ के पक्ष में उनके शब्दों का इस्तेमाल न कर ले जाए। हालाँकि हिंदी के प्रख्यात पक्षधरों में रघुवीर सहाय का नाम एक अनिवार्य नाम नहीं माना जाता रहा है, अपनी पक्षधरता को स्पष्ट और सुरक्षित करने के प्रति वे अनेक विख्यात पक्षधरों से कहीं अधिक सचेत-सजग हैं। पर शब्दों के यों भी, और फिर कविता में तो ज़रूर ही, एक से अधिक अर्थ होते हैं। ऐसे शब्द होते हैं जिनके बहुत अधिक अर्थ या अंतर्ध्वनियाँ सम्भव नहीं। यह देखा जा सकता है कि अकसर रघुवीर सहाय ने ऐसे शब्दों का सहारा लिया है जिनमें अर्थांतर की सम्भावना अधिक नहीं है। वे शब्द अकसर ऐसे भी हैं जिनकी बहुत अंतर्ध्वनियाँ नहीं हैं—वे अकसर सीधे आज के जीवन-व्यापार से, रोज़मर्रा के लोक-व्यवहार से आए हैं और जिनका कविता में ख़ास इतिहास या परम्परा नहीं है।

वे लोग तो नहीं लिखते कविता भाषा में–
उनकी भाषा जो है, विचार दे जाती है।

(आज की कविता)

× × ×

2

अब मेरे मन में दुख हैं बहुत
पर मैं किसी को रुला नहीं सकता हूँ
केवल वही दुख जो मुझमें है
उसमें डाल भर सकता हूँ

(दुख)

रघुवीर सहाय के यहाँ गलदश्रु भावुकता पर कई जगह कटाक्ष है और जिन दिनों वे अपने मुहावरे और विशिष्ट शिल्प को खोजने-गढ़ने में लगे थे उन दिनों हिंदी में एक तरह के दुख-दर्द की उत्तर-छायावादी कविता और उसके बचे-खुचे का बोलबाला था। इसलिए भी किसी तरह के भावातिरेक या अपने दर्द को गाने की मुद्रा से रघुवीर सहाय सतर्कतापूर्वक बचते हैं।

कितना अच्छा था छायावादी
एक दुख लेकर वह एक गान देता था
कितना कुशल था प्रगतिवादी
हर दुख का कारण वह पहचान लेता था
कितना महान था गीतकार
जो दुख के मारे अपनी जान लेता था
कितना अकेला हूँ मैं इस समाज में...

उनकी कविता के कितने जुझारू आशय क्यों न निकलते हों, कहीं-न-कहीं वे दुख के कवि हैं।

अपने समय और समाज के बीहड़ में उलझते-भटकते वे अपना दुख दूसरों पर बोझ की तरह डालने-झोंकने से बराबर गुरेज़ करते हैं पर उनकी कविता का एक अंतःस्वर दुख का है। अपनी एक आरंभिक कविता में ही उन्होंने यह जिज्ञासा की थी कि "इस दुःख को रोज़ समझना क्यों पड़ता है" और उनकी अंतिम कविताओं में से एक "किताब पढ़कर रोना" में पंक्ति आती है कि "दुःख मैंने पाया था बाहर किताब के जीवन से।" अपने कवि-जीवन भर वे इस दुःख को समझने और उसे बाहर के जीवन से कविता में लाने की कोशिश करते रहे। चूँकि वह किताब के बाहर था, उन्होंने उसे प्रायः अधिक-से-अधिक गद्यरूप में ही पाया और उसे कविता में बिना किसी परिष्कार या अलंकार के लाने की चेष्टा की। बिना

पारम्परिक युक्तियों का सहारा लिए गद्य को कविता बनाने की उनकी कोशिश को इस तरह भी समझा जा सकता है कि वे इस दुख को पकाकर या ढालकर नहीं, सीधे-सच्चे कविता में लगभग वैसा का वैसा ही ले जाना चाहते थे—सच्चा और कच्चा। मुश्किल यह है—और रघुवीर सहाय के अपने शब्दों में कहें कि 'सुकवि की मुश्किल', जैसा कि वालेस स्टीवेंस ने कहा है "कवि के शब्द उन चीज़ों के होते हैं जिनका शब्दों के बिना अस्तित्व ही नहीं होता।" याने यह दुख अपनी सारी गहराई, सचाई और अटूटता के बावजूद शब्दों के बिना सम्भव नहीं। शब्द ही रघुवीर सहाय का दुख था। इस दुख को अपने शब्दों में ही कुछ सामाजिक हालात, कुछ चरित्रों, कुछ चीज़ों आदि में पहचानने की चेष्टा रघुवीर सहाय करते रहे। वे उसे कम नहीं करना चाहते थे पर उसके ज़्यादा हो जाने से घबराते भी थे। दुख के साथ ही साथ रघुवीर सहाय की दुनिया में डर भी बना हुआ है।—अकसर दुख के पड़ोस में ही।

यह आकस्मिक नहीं है कि रघुवीर सहाय ने अपनी कविता के लिए जो विशिष्ट शिल्प धीरे-धीरे विन्यस्त किया उसमें शिल्प की परम्परा का कोई विशेष योगदान नहीं है और न ही उसकी कोई स्मृति ही उसमें कहीं सक्रिय है। अपने दुख और भय की अद्वितीयता पर एक सच्चे कवि की तरह उन्हें पूरा भरोसा था, और उनकी चरितार्थता के लिए उतने ही अद्वितीय शिल्प की दरकार भी थी। उनकी कविता में इस दुख और भय का समकालीन भूगोल है पर इतिहास नहीं। उसकी वर्तमान व्याप्ति है पर कोई अतीत नहीं। अर्थांतरों की कम-से-कम सम्भावना वाले शब्दों का उनका उपयोग और कविता की परम्परा से हटकर शब्दों पर निर्भरता को इस अद्वितीयता की सुरक्षा और चौकसी के कवि-चातुर्य की तरह भी देखा जाना चाहिए। ऐसे बहुत सारे शब्द हैं जिनका कविता-प्रवेश रघुवीर सहाय के यहाँ ही लगभग पहली बार सम्भव हुआ है।

अपने समय का समाज रघुवीर सहाय का एक बहुत स्पष्ट और लगभग केंद्रीय सरोकार है। उसमें व्याप्त अत्याचार, ग़ैरबराबरी, परतंत्रता, शोषण और हिंसा की, उसमें बसे ताक़त और सत्ता के आतंक का रघुवीर सहाय ने अपनी कविता में लगातार, गहरी संवेदनशीलता और समझ के साथ, बखान और पड़ताल की है। पर उसमें जब-तब शामिल होने के बावजूद कुल मिलाकर उनकी स्थिति एक तरह की नैतिक दूरी की लगती है। यह दूरी ही मानो उन्हें कविता में समाज और उसमें सक्रिय शक्तियों पर फ़ैसला देने का अवसर और अधिकार देती है। ऐसे अवसर बहुत कम हैं जबकि रघुवीर सहाय अपने को भी इस अत्याचार या ग़ैरबराबरी में, सत्ता के आतंक में शामिल देख-दिखा पाते हैं। उनमें अपने प्रति मुक्तिबोध जैसा गहरा संदेह नहीं है। न ही श्रीकांत वर्मा जैसा खुला आत्माभियोग और अपनी ही चीर-फाड़ उनमें नज़र आते हैं। अपनी पत्नी, बेटे और बेटियों पर लिखी उनकी

कविताओं में ज़रूर उनकी खुद की ज़िम्मेदारी को कविता के अंदर ही स्वीकार किया गया है। लेकिन वे उनकी व्यापक लिप्ति का प्रमाण बनाए जाने के लिए काफ़ी नहीं जान पड़ती हैं।

रघुवीर सहाय समूचे मानव-व्यवहार और अभिव्यक्ति के सभी रूपों की प्रजातांत्रिक बराबरी और समकक्षता में विश्वास करते थे जैसा कि उनके अनेक वक्तव्यों से ज़ाहिर है। इसलिए भी, कविता को दूसरी किसी संरचना को मूल्यांकित करने या आँकने का हक़ तब तक नहीं है जब तक कि वह वैसे ही मूल्यांकन के लिए खुद तत्पर और तैयार न हो या कि किसी व्यापक कर्म और विचार में अपने साथ उस संरचना को भी भागीदार न पाती हो या कि ऐसी किसी प्रक्रिया में खुद अपने ख़िलाफ़ गवाही न दे रही हो। बाइबिल ने कहा है कि तुम फ़ैसला मत दो क्योंकि तुम पर भी फ़ैसला दिया जाएगा। कविता की अपनी नैतिकता का तो यह मूलमंत्र ही है। इस सिलसिले में लगता है कि रघुवीर सहाय की कविता में खुद अपने लिप्त होने या कि आत्मपरीक्षण का साक्ष्य पर्याप्त नहीं है और उसमें कहीं एक नैतिक कमज़ोरी इस कारण है। 'दूसरों की गुलामी' बढ़ाने में 'अपनी आज़ादी' का कितना इस्तेमाल खुद कवि ने किया है इसका कोई सीधा अता-पता नहीं चलता और इस हिस्सेदारी की अनुपस्थिति में किसी हद तक कविता की नैतिक शक्ति और औचित्य कुछ संदिग्ध हो उठते हैं। चूँकि स्वयं कवि ने अपने काव्यशास्त्र को आग्रहपूर्वक अभिधा पर ही एकाग्र कर रखा है, खेद है कि व्यंजना से यह हिस्सेदारी कविता में आयात नहीं की जा सकती। रघुवीर सहाय की कविता के जो कई अनुयायी हुए (आए दिनों यह फ़तवा जारी होता रहता है कि अमुक कवि उनके सच्चे उत्तराधिकारी हैं या नहीं हैं) तो इसका एक कारण यह समझ में आता है कि रघुवीर सहाय के उदाहरण में ऐसे अनेक कवियों को एक सर्वथा अनर्जित नैतिक ऊँचाई से दूसरों पर फ़ैसला देने की कविता में अपार छूट दे दी है। रघुवीर सहाय के यहाँ तो नैतिक दूरी के बावजूद उनके काव्यजीवन और कर्मजीवन में इतनी बड़ी फाँक नहीं है जितनी कि उनके अनुयायियों में है जो कि इन दोनों को एक-दूसरे से लगभग मुक्त ही मानकर कविता लिखते हैं। यह भी शायद आकस्मिक नहीं है कि इन उत्तराधिकारी कवियों के यहाँ भी एक तरह का संघर्ष का शिल्प तो प्रगट है आत्मसंघर्ष का शिल्प नहीं, जो कि किसी हद तक रघुवीर सहाय की दुनिया के बारे में भी सही है। इस पर थोड़ी हैरत होती है कि भाषा तक को नैतिक आयाम देनेवाला कवि स्वयं अपने को, अपनी कमियों-ख़ामियों, अपनी चूकों और समझौतों को उसी हद तक नैतिक जाँच-परख के लिए कई बार अप्रस्तुत ही रहने देता है। कवि के 'अंदर एक कायर' कभी-कभार टूटता ज़रूर है पर उसकी कायरता और टूटने के अवसर बहुत नहीं हैं और न ही उसकी अंतर्कथा, उसके मार्मिक ब्यौरे सामने आते हैं।

3

सार्वजनिक कविता लिखनेवाले कवि अकसर प्रवक्ता होना चाहते हैं। देर-सबेर ऐसा प्रवक्ता-कवि अपनी दृष्टि और स्थिति को लेकर कुछ शहादत के भाव से भी ग्रस्त हो जाता है। रघुवीर सहाय के साथ ये दोनों हादसे किसी हद तक हुए हैं। "मैं अभी आया हूँ सारा देश घूमकर", "और भी अकेला हो रहा हूँ मैं और अपने में पूरा", "कुछ भी रचो सबके विरुद्ध होता है" आदि अनेक पंक्तियाँ मात्र कवि की ही नहीं प्रवक्ता-कवि की भी पंक्तियाँ हैं। कवि की अपनी दृष्टि हो यह किसी भी तरह के महत्त्व के लिए ज़रूरी है : ऐसी दृष्टि कविता में विन्यस्त और चरितार्थ हो यह भी ज़रूरी है। पर कविता उस दृष्टि का अन्वेषण ही होना चाहिए, वक्तव्य नहीं। शायद प्रवक्ता हो जाने की ही एक परिणति यह है कि रघुवीर सहाय के यहाँ अपने आख़िरी चरण में हितोपदेश कुछ बढ़ गया। कुछ उदाहरण देखे जा सकते हैं :

कर्महीन लोकतंत्र की मदद करता है विध्वंसक लोकतंत्र

(आत्महत्या के विरुद्ध, 1985)

इसलिए लोकतंत्र को लोकतंत्र में शासक बिगाड़कर
राजतंत्र बनाते हैं।

(लोकतंत्र का संकट)

मुझे शक है ये टूटते समाज में
हिस्सा लेने आए हैं, उसे टूटने से रोकने के लिए नहीं।

(इतिहास)

यह नयी पीढ़ी है
भावुकता से परे व्यावहारिकता से अनुशासित
इस नयी पीढ़ी को ऐसे ही स्वाधीन छोड़ दें।

(नयी पीढ़ी)

तुम चाहते हो दूसरों का धन
खींचने का साधन बनाए जाने के लिए

(अनाज के इस्तेमाल)

रघुवीर सहाय ने आज़ादी के बाद के साहित्य में विशेषतः कविता में सत्ता को लगभग केंद्रीय रूपक बनाया। प्रायः सभी क़िस्म के मानवीय सम्बन्धों को, जिनमें पारिवारिक सम्बन्ध तक शामिल हैं, उन्होंने बहुत सूक्ष्मता और एक तरह की चौकन्नी समझ के साथ सत्ता के संदर्भ में देखने की हिंदी में शुरुआत की। खुद अपनी कविता की दुनिया से उन्होंने धीरे-धीरे प्रेम, प्रकृति आदि अनेक विषयों को

अपवर्जित या हाशिए पर कर दिया। उन्होंने अपनी दुनिया को एक अर्थ में, बड़े सार्वजनिक अर्थ में, काफ़ी फैलाया पर साथ ही साथ उसमें एक दूसरे क़िस्म का संकोच भी अंततः आ गया। जो अनुभूति या सम्बन्ध या विषय सत्ता से न जोड़ा जा सके, उनके लिए कई बार मानो कविता के क़ाबिल ही नहीं रहा। इस वजह से उनकी दुनिया में कुछ स्फीति आई और अतिरेक भी। स्वयं कविता और सत्ता के सम्बन्ध को लेकर कई तरह की अतिरंजनाएँ रघुवीर सहाय के यहाँ देखी जा सकती हैं। इसका प्रतिफल जब-तब कविता और कवि के अतर्कित महिमा-मण्डन में भी हुआ है :

पुलिस के दिमाग़ में वह रहस्य रहने दो
वे मेरे शब्दों की ताक में बैठे हैं
जहाँ सुना नहीं ग़लत अर्थ लिया और मुझे मारा

(दो अर्थ का भय)

हँसो अपने पर न हँसना क्योंकि उसकी कड़वाहट
पकड़ ली जाएगी और तुम मारे जाओगे।

(हँसो हँसो जल्दी हँसो)

मेरे लिखे को कभी कुछ लोग दुबारा छाप भी देते हैं
उद्धृत कर देते हैं उनमें से वे अंश जो आज के समाज में
सत्ता के शीर्ष के नज़दीक निरापत्ति दिखते हैं

(मुआवजा)

इसी तरह रघुवीर सहाय की कविता ने पत्रकारिता की भाषा और दैनंदिन विषय-वस्तु को कविता बनाने की लगातार और अकसर सफल चेष्टा की। पत्रकारिता में व्याप्त संवेदनहीनता की कविता क्षतिपूर्ति करने लगी, जिसने उसे कहीं न कहीं पत्रकारिता की दुनिया में महदूद भी कर दिया। सत्ता और पत्रकारिता ने रघुवीर सहाय के हाथों कविता में एक तरह का जीवन पाया पर जीवन के अनेक पक्ष कविता के अहाते से बाहर भी कर दिए। यही नहीं बल्कि जैसे पत्रकार अपने लिखे के सीधे परिणाम और प्रभाव की अपेक्षा करते हैं वैसी ही अपेक्षा कवि भी कहीं-न-कहीं करने लगा। ज़ाहिर है कि लोकतंत्र या हिंदी समाज पर कविता मात्र का, और उसमें रघुवीर सहाय की इन्हीं को सीधे सम्बोधित कविता शामिल है, इन दोनों पर ही कोई ख़ास प्रभाव नहीं है। अभिधा के काव्यशास्त्र के चलते यह एक अंतर्विरोध पैदा करता है। रघुवीर सहाय जब-तब शहीदाना अंदाज़ में अपने मारे जाने का ज़िक्र तो करते हैं, इस समाज में अपनी कविता की अप्रासंगिकता और निरुपायता की कोई तकलीफ़देह पड़ताल नहीं। "साहित्य अकादेमी मेरे वर्णन

को/यथार्थवादी कहकर पुरस्कृत करे/यह मैं नहीं होने दूँगा'' के उद्घोष के बावजूद उन्हें 1982 में जो अकादेमी पुरस्कार मिला वह ऐसी किसी कुपाठ पर आधारित नहीं था यह मानने का कोई कारण नहीं है। ''लोगों को उनकी तोंद से'' जाननेवाले और ''नाम कहाँ तक याद रखूँ'' का सहज स्वीकार करनेवाले कवि की अपनी तोंद कितनी-कहाँ है इसका कोई विवरण कविता में न होना कुल मिलाकर एक चूक ही लगती है। लौटकर हम फिर वहीं आ जाते हैं : कवि शामिल होने के सारे सरंजाम के बावजूद गवाह है, मुजरिम नहीं। रघुवीर सहाय ने कहा है ''हर बार घूम-फिरकर/अपने एकाकीपन की व्याख्या करना/क्या कविता है ?'' पर उससे बचना भी कविता नहीं हो सकता। सारे सहकार, पुरस्कार और जयकार के बावजूद कवि इस समाज में, इस भाषा में अंततः अकेला है इसे रघुवीर सहाय से अधिक शायद की कोई जानता हो। उन्होंने इस 'एकाकीपन' को कविता से दूर कर उसे एक हद तक विपन्न और इकहरा ही किया है। यों निजी और सामाजिक का द्वैत कविता में प्रायः व्यर्थ हो जाता है। पर अगर विश्लेषण के लिए इस विभाजन को उपयोगी मानें तो लगेगा कि रघुवीर सहाय में निजी को अपनी शर्तों पर बने रहने का अवकाश धीरे-धीरे कम होता गया—वही निजी उनकी कविता के अहाते में दाख़िल होने लगा जिसका कोई सामाजिक आशय हो या हो सकता हो।

सामान्यतः रघुवीर सहाय का नाम और उनकी कविता की दुनिया का सम्बन्ध मृत्यु से नहीं जोड़ा जाता। अपनी अचूक ऐंद्रिकता में आसक्त, अपनी दृष्टि में सुस्पष्ट और संघर्षशील रघुवीर सहाय की दुनिया की जो प्रचलित तस्वीरें हैं उनमें से सभी उनके जीवट को रेखांकित करती हैं। लेकिन इस दुनिया पर पहले कुछ दबी-छुपी और अंतिम चरण में बिलकुल सामने मृत्यु, बुढ़ापा, आयु और नश्वरता की गहरी छाया है। जिस 'एकाकीपन' का वे अपनी सार्वजनिक दुनिया में प्रतिषेध करते रहे उसका सामना वे उन कविताओं में करते हैं जो मृत्यु के इर्द-गिर्द लिखी गई हैं। वे उस संसार के रूबरू होते हैं। ''बार-बार इसमें जीवन ख़त्म हो जाता है।'' 'अमित जीने के साक्ष्य' से अपनी शुरुआत करनेवाले कवि में अपने आख़िरी दिनों में अपने अंत के नियराने का जो गहरा अहसास है वह उसकी कविता के ठंडेपन को नयी गरमाहट से भर देता है—उसमें लगाव और चिन्ता, डर और मुक्ति, जीने के ब्यौरों का समापन के लिए विचलित करनेवाला काव्य-सम्पुंजन और अकेले होते जाने का निष्करुण शिल्प आदि सभी हैं। अपने मरने और दूसरों के मरने में जो सम्बन्ध और निस्सम्बन्ध है उसका भी अनाटकीय स्वीकार है। रघुवीर सहाय में हम जो अवसाद इन कविताओं के माध्यम से पाते हैं वह किसी पछतावे की पीड़ा और किसी उपलब्धि के गौरव से मुक्त है। उसमें अंततः जीवन की प्राथमिकता है—उसमें ''दुनिया के फट जाने की/फ़िक्र नहीं'' है बल्कि यह ''डर है हम दोनों में से एक/अकेला हो जाएगा चुपचाप।''

रघुवीर सहाय में यह ईमानदारी थी कि वे कह सकें :

वे तमाम संघर्ष जो मैंने नहीं किए
अपना हिसाब माँगने चले आते हैं।

लेकिन इन संघर्षों के बारे में कुछ और जानना या बता पाना सम्भव नहीं हुआ। रघुवीर सहाय की दुनिया बहुत हद तक अधबीच में छूटी हुई दुनिया है—उसमें परिपूर्णता नहीं है। ऐसा मुक़म्मलपन उसका अभीष्ट नहीं था, पर वही उसकी अपर्याप्तता का कारण भी है। अपनी एक मूर्ति बनाने और ढहाने का दावा करनेवाले कवि रघुवीर सहाय की दुनिया को बनाने-ढहाने के क्रिया-युग्म में पूरी तरह से पहचान पाना मुमकिन नहीं। मूर्ति बनाना कठिन था लेकिन बाद में इसे ढहाना तो और भी कठिन। कवि की क्षमता ही नहीं ममता भी आड़े आती है। रघुवीर सहाय के साथ भी अगर ऐसा हुआ तो कोई अचरज नहीं।

[1996]

अज्ञेय की अनुपस्थिति

हिंदी में अपने से पहले को याद करने की आदत धीरे-धीरे कमज़ोर पड़ती गई है। अगर यह बात याद रखें तो इस पर अचरज नहीं होना चाहिए कि अज्ञेय के देहावसान के इतने वर्षों बाद भी उनके कृतित्व का क़ायदे से आकलन नहीं हो सका है। यह सिर्फ़ इसलिए दुखद नहीं है कि यह एक मूर्धन्य प्रतिभा और उसके विपुल अवदान के साथ अन्याय है बल्कि इसलिए भी कि बिना इस आकलन के उस हिंदी आधुनिकता को ठीक से समझा नहीं जा सकता जिसकी शुरुआत अज्ञेय के उपन्यास **शेखर : एक जीवनी** से हुई थी। याद तो अब शायद बहुतों को यह भी नहीं है कि इसी वर्ष **तार सप्तक** के प्रकाशन के पचास वर्ष पूरे होंगे। अपनी आस्थाओं, जीवन और कविता के मूल्यों और मात्रा में जिस प्रश्नाकुलता और बेचैन प्रयोगशीलता का आरम्भ तब हुआ था वह काफ़ी फेर-बदल के बाद आज भी जारी है। आज कई बेचैन और नाराज़ कवि अपने को अज्ञेय की तरह 'राहों का अन्वेषी' कहना भले पसंद न करें, पर उससे यह बात मिट नहीं जाती कि वे अपने जीवनानुभव, समय और भाषा के साथ या उनमें जो रचनात्मक कर रहे हैं वह है अन्वेषण ही और आज भी, सौभाग्य से, कविता में कोई एक राह नहीं, राहें हैं—भले ही किसी एक राहवालों को निरी संख्या के तर्क से वही कविता की राह नज़र आती है और दूसरी राहों पर चलनेवाले अल्पसंख्यक या तो नज़र ही नहीं आते या उनकी राहें, राहें नहीं लगतीं।

आज इस बात को साफ़ देखा जा सकता है कि एक 'जड़ीभूत सौंदर्याभिरुचि' और रूढ़ जीवनमूल्यों से विद्रोह कर अपने नये काव्य और जीवनशास्त्र का औचित्य प्रमाणित करनेवाले अज्ञेय ही धीरे-धीरे एक ऐसी व्यवस्था बन गए जिनसे अनेक समकालीनों और युवतर लेखकों ने विद्रोह कर अपनी अलग राहें खोजीं-बनाईं। यों तो अन्यत्र भी, पर हिंदी साहित्य में इसके पहले ऐसा कभी नहीं हुआ था कि इतने

दशकों तक एक लेखक की दृष्टि, रुचि और मूल्य समूचे साहित्य में प्रतिमान-रचना, विश्लेषण, विरोध और असहमति के लिए केंद्रीय रहे हों। साहित्य में बीसियों बरसों पक्ष और प्रतिपक्ष दोनों के लिए इस नियामक भूमिका को भुलाकर न तो अज्ञेय को समझा जा सकता है और न ही मुक्तिबोध, शमशेर या रघुवीर सहाय, श्रीकांत वर्मा को। निर्मल वर्मा और रमेशचंद्र शाह को ही नहीं, नामवर सिंह को भी समझने के लिए अज्ञेय से उलझना ज़रूरी है। भाषा सिर्फ़ साहित्य से सम्पुष्ट नहीं होती—उसे और भी बहुत-सा चाहिए, एक भरे-पूरे समाज और विविध जीवन के अलावा। अज्ञेय इसे गहराई से पहचानते थे और उन्होंने हिंदी में आत्मविश्वस्त बौद्धिकता और विचार के क्षेत्र में जो योगदान दिया उसकी व्याप्ति का तो अभी तक ठीक से अन्दाज़ा भी नहीं लगाया गया है।

यह एक अनिवार्य विडम्बना ही है कि स्थापित व्यवस्था के प्रति आलोचनात्मक रुख बरतनेवाले अज्ञेय स्वयं धीरे-धीरे सत्ता के रूप में देखे जाने लगे। कभी-कभी लगता है कि विचारों की जिस स्वतंत्रता के वे हामी थे स्वयं अपने विचारों से असहमति के लिए वही स्वतंत्रता देने में उन्हें परेशानी या हिचक होती थी। हमारी परिस्थिति में सृजनात्मक और वैचारिक आचरण में जो अंतर्विरोध अकसर विकसित होते हैं उसका शायद यह एक शिखर-उदाहरण है। पर इसके साथ यह भी याद रखना चाहिए कि अपने से अलग ढंग से सोचनेवालों को निर्लज्ज अवसरवादिता के साथ 'दुश्मन का मंच' और अपने मंच को असहमति या विरोध से महफ़ूज़ रखने की परिपाटी हिंदी में मुक्ति और न्याय के अलमबरदार आंदोलनों तक की रही है। खुले मंचों पर बंदी दृष्टि का सार्वजनिक संकीर्तन पिछले दो दशकों में लगभग हर तिमाही का नज़ारा रहा है।

इन दिनों ख़ासकर हिंदी में साम्प्रदायिकता और धर्म के नाम पर बढ़ रहे उन्माद को लेकर एक गहरा सांस्कृतिक संकट हमारे सामने है। उसके चलते ऐसी शक्तियों के एकजुट होने की बात हो रही है जो विचारधारात्मक शीतयुद्ध में असहमत या विरोधी भी रहे हैं। बहुत से लेखकों के सामने यह प्रबल प्रलोभन है कि इस वक़्त कविता-कहानी लिखना छोड़कर जनजागरण में जुट जाना चाहिए क्योंकि हिंदी की जातीय बहुल दृष्टि और उसकी सामासिक संस्कृति ख़तरे में है। अस्वाभाविक नहीं है कि इस समय सामाजिक सक्रियता का प्रबल आकर्षण हो। ऐसे में अज्ञेय को याद करना उपयुक्त होगा। यही नहीं कि वे फ़ासिज़्म-विरोधी आंदोलन के आयोजकों में से थे बल्कि यह भी कि हालाँकि वे साहित्य को पर्याप्त और सामाजिक कर्म मानते थे, उन्होंने तथाकथित सामाजिक कर्म को साहित्य-कर्म का विकल्प नहीं माना। उन्होंने साहित्य छोड़कर कुछ समय के लिए कुछ और करना कारगर या मूल्यवान् नहीं समझा। अज्ञेय ने अपने काम से इस बात को बार-बार प्रमाणित किया कि साहित्य और भाषा का संघर्ष उन्हीं के माध्यम से सम्भव है,

उन्हें पल-भर के लिए भी तजकर नहीं। जिसे इन दिनों सामाजिक सक्रियता माना जाता है वह सक्रियता भी अज्ञेय में अपने समकालीनों के अलावा अपने युवतर निंदकों से भी कई गुना अधिक थी। उसका मूल्य था तो इसीलिए कि वह गहरी सर्जनात्मक सक्रियता के साथ थी—उसका अनुषंग थी, नियामक या स्थानापन्न नहीं।

हर समाज को अपना अध्यात्म चाहिए और कोई भी साहित्य बिना आध्यात्मिक अनुभव को आत्मसात् किए पूरा और सामाजिक दृष्टि से उपयोगी या मूल्यवान् नहीं हो सकता। हिंदी में आधुनिकता और प्रगतिशीलता के नाम पर अध्यात्म को अकसर प्रतिक्रियावादी मानकर लांछित किया जाता रहा है। अज्ञेय ने इस अनुभव को, इस लांछन के बावजूद, महत्त्व दिया। उनमें एक बड़े लेखक होने के नाते चालू मुहावरे से बचने या उसे चुनौती देने की हिम्मत थी। नोट करने की बात यह भी है कि अज्ञेय न केवल राजनैतिक स्तर पर किसी तरह की साम्प्रदायिकता के विरोधी रहे बल्कि उनकी **जय जानकी यात्रा** आदि भी किसी छिछली धार्मिकता से मुक्त सांस्कृतिक आयोजन थी। आज जब हम फिर से धर्म और समाज के प्रश्न से जूझने को विवश हैं और पा रहे हैं कि मानो अध्यात्म की इस लगातार उपेक्षा ने हिंदी समाज में जो आध्यात्मिक शून्य पैदा किया उसे छिछली और नकली धार्मिकता ने पूरी आक्रामकता के साथ भर दिया है ऐसे में अज्ञेय का यह पक्ष हमारे काम का है। आज ज़रूरत आध्यात्मिक अपसरण की नहीं कर्म की है—एक ऐसी सजगता की है जो मनुष्य के अस्तित्व और नियति के प्रश्नों का सीधा सामना कर सके।

ऐसे बड़े लेखक हैं जिन्होंने अपना महत्त्वपूर्ण साहित्य रचने का काम ही किया और वे अपने अवदान के लिए याद किए जाते रहेंगे। अज्ञेय ने यह तो किया ही, पर उन्होंने अपने समय में साहित्य की सम्भावना बढ़ाने और समाज में साहित्य की जगह बनाने के लिए अथक कोशिश की। ऐसे लेखकों की सूची लम्बी और प्रभावशाली है जिन्हें सबसे पहले अज्ञेय ने पहचाना और सामने लाए। छोटी पत्रिकाओं का आंदोलन हिंदी में बहुत फैला है और पिछले चार दशकों में उसने साहित्यिक प्रतिभा के प्रकाशन में केंद्रीय भूमिका निभाई है। लेकिन अज्ञेय ने **प्रतीक** को जिस तरह सुरुचि और परख का अचूक प्रतिमान बनाया था उस तरह का गौरव दूसरी पत्रिका आज तक नहीं पा सकी।

अज्ञेय की चुप्पी और नकचढ़ापन हिंदी में बेहद कुख्यात रहे हैं। अगर अज्ञेय शब्दों की फ़िज़ूलख़र्ची या सम्बन्धों में अनर्जित ऊष्मा में भरोसा नहीं करते थे तो इसके लिए उन पर दोष लगाना व्यर्थ है। पर कम बोलकर भी वे हिंदी साहित्य के चौपाल में बरसों बातचीत का केंद्र बने रहे। दो-चार अपवादों को छोड़ दें तो हिंदी की मूल्यवान् आलोचना पिछले पचास वर्षों में मुख्यतः स्वयं लेखकों द्वारा

लिखी गई आलोचना रही है। इसी आलोचना ने समवर्ती साहित्य को समझने-परखने के लिए अनेक नयी अवधारणाएँ और औज़ार विकसित किए हैं। इस क्षेत्र में भी अज्ञेय एक अग्रणी के रूप में सक्रिय रहे हैं। प्रयोग, परम्परा, व्यक्तित्व की खोज, विज्ञान, मिथक, इतिहास, संस्कृति, औपनिवेशिक मानस, लय-बोध, छंद, भविष्य आदि को लेकर उन्होंने अत्यंत विचारोत्तेजक प्रश्न उठाए और बहुत सारे विवादोत्पादक उत्तर भी दिए। स्वयं आलोचना की भाषा को सर्जनात्मक गर्माहट देने पर स्पष्ट और अनुशासित बनाए रखने में उनकी बड़ी भूमिका रही है।

अज्ञेय मार्क्सवाद के विरोधी थे पर स्वाधीनता, व्यक्ति की गरिमा, वरण की स्वतंत्रता और सामाजिक ज़िम्मेदारी के पक्षधर थे। आज जब मार्क्सवाद अपनी पोसी-बनाई दैत्याकार सत्ताओं और समाज-व्यवस्थाओं के ढह जाने के बाद इन्हीं प्रश्नों पर पुनर्विचार करने को मजबूर-सा है तब अज्ञेय की आपत्तियों को, उनके ज़्यादातर सच सिद्ध हो जाने के बाद, निरा प्रतिक्रियावाद कहकर खारिज नहीं किया जा सकता। यह बहस से बचना है : अज्ञेय पर बहस से ही नहीं, हिंदी में मार्क्सवादी विचार की हालत और उसकी परिणति से भी। अज्ञेय के व्यापक अवदान और प्रभाव को, साहित्य में उनकी स्थिति को छुटपुट व्यंग्य कर या चलते-चलते टिप्पणी करके अवमूल्यित करने की कोशिश हास्यास्पद है और बौद्धिक रूप से दयनीय भी। अज्ञेय पर अपने पुराने और ज़्यादा अतर्कित रवैये पर ही बने रहने की ज़िद हो तो भी अज्ञेय का व्यवस्थित मार्क्सवादी ध्वंस किया जाना बाक़ी है।

अगर इधर के साहित्य से हिंदी अपनी अदम्य जिजीविषा के पर्याय खोजे तो निश्चय ही उनमें से एक अज्ञेय होंगे। उनका साहित्य, जैसा कि उनका जीवन भी, भरा-पूरा, जीवट और हिम्मत का, श्रम-अध्यवसाय का, परिष्कार-सुरुचि का रहा है। अंत तक उन्होंने हार नहीं मानी। समाज में और राजनीति के बरक़्स साहित्यकार के क़द और हैसियत को ऊँचा बनाने के लिए जिन लोगों ने बिना समझौता किए अथक चेष्टा की उनमें अज्ञेय थे और वे इसलिए भी याद आते रहेंगे।

[1993]

फिर तार सप्तक

'तार सप्तक' पर प्रकाशन-वर्ष 1943 छपा है पर श्री नेमिचंद्र जैन बताते हैं कि दरअसल वह छपकर सचमुच प्रकाशित हुआ 1944 की शुरुआत में। नेमिजी को कलकत्ते से बम्बई जाना था लेकिन वे इसलिए रुके रहे थे कि जब प्रतियाँ छप जाएँ तो लेखकों को भेजें। बल्कि पहली प्रतियाँ वात्स्यायनजी को, मुक्तिबोधजी और प्रभाकर माचवे को नेमिजी ने ही कलकत्ते से जनवरी या फरवरी 1944 में भेजी थीं। 'तार सप्तक' पिछले पचास वर्षों में शायद सबसे अधिक विवादास्पद कविता-पुस्तक साबित हुई। एक तरह से पिछले पचास वर्ष की कविता के सारे विवाद 'तार सप्तक' से ही पैदा होते हैं। कविता सम्बन्धी जो धारणाएँ, चिंतन और विवाद पिछले पचास वर्षों में हुए उनका उद्गम-ग्रंथ वही है। मैंने जब 'तार सप्तक' पढ़ा था तो मैं युवा था और मुझे बहुत ही निराशा हुई। 1955-56 में मुझे वह बेहद बासी और विचित्र-सा लगा—उसमें कविताएँ भी बहुत अच्छी नहीं थीं। वक्तव्यों को लेकर बहुत विवाद अलबत्ता हुए थे लेकिन यह तब कुछ पुराना-पुराना-सा लगता था। बमुश्किल एक प्रति कहीं से मिली थी। ये वे दिन थे जब एक विचित्र क़िस्म के नयेपन या ताज़गी के लिए युवकोचित आकर्षण मन में बहुत था और 'दूसरा सप्तक' छप चुका था। बल्कि 'दूसरा सप्तक' का ही ज़माना था। 'दूसरा सप्तक' ने 'तार सप्तक' को काफ़ी हद तक प्रासंगिक-सा बना दिया था—कम से कम उन दिनों। ये वे दिन भी थे जब मुझे, मसलन रवीन्द्रनाथ ठाकुर की 'गीतांजलि' ने भी बहुत निराश किया। मुझे उसमें कोई विशेष शक्ति और तत्त्व समझ में नहीं आता था। ज़ाहिर है कि यह एक अपरिपक्व और कुछ उद्दंड तरुण की प्रतिक्रियाएँ थीं।

बरसों तक 'तार सप्तक' को लेकर बहस हुई। ज़्यादा बहस 'प्रयोग' शब्द को, जिसका इस्तेमाल अज्ञेय ने अपनी भूमिका में किया था, लेकर हुई। 'प्रयोगवाद'

का हल्ला चला। हालाँकि अज्ञेय ने बराबर इस बात का प्रत्याख्यान किया कि प्रयोग का कोई वाद है या हो सकता है। न इन सात कवियों ने इस तरह के वाद को स्थापित या घोषित करने की कोई चेष्टा की। पर जैसा कि होता है—'असर उसको ज़रा नहीं होता'—तो कुछ भी कहते रहें कवि—लोगों ने इस बात को नहीं माना और अकादेमिकों ने इस काल को प्रयोगवाद का काल मानकर ही छोड़ा। फिर उसके बाद 'नयी कविता' नया नामकरण हुआ और यह माना गया कि प्रयोगवाद से वह कुछ आगे की चीज़ है। उस ज़माने में यह भी माना जाता था कि प्रयोगवाद और प्रगतिवाद दोनों जिस एक प्रवृत्ति में समाहित हो जाते हैं वह नयी कविता है। फिर बाद में जब और बारीकियाँ आईं तो आधुनिकतावादी नयी कविता हो गई और उससे अलग जनवादी नयी कविता हो गई। बहरहाल, शुरू-शुरू में, और यह बहुत दिलचस्प है, शमशेरजी ने, जो कि 'दूसरा सप्तक' के कवि हैं, हालाँकि 'तार सप्तक' के अधिकांश कवियों से वरिष्ठ हैं, 'नया साहित्य' में 'तार सप्तक' पर जो समीक्षा लिखी थी, उसमें उसे दो कारणों से किंचित् असफल पाया था। एक तो यह कि जिन प्रयोगों का उल्लेख उसमें है वे प्रयोग निराला और पंत और नरेंद्र शर्मा के यहाँ भी देखे जा सकते थे। याने प्रयोग की कोई विशेष अद्वितीयता इन कवियों में नहीं थी। और दूसरा यह कि प्रयोग भी उन्होंने कोई ख़ास सफल नहीं पाए—सिवाय दो कवियों के, अज्ञेय और रामविलास शर्मा के। यह अलग बात है कि बाद में, हिंदी में रामविलास शर्मा को कोई सार्थक कवि नहीं माना गया। बहरहाल, उस समय शमशेर की यह टिप्पणी महत्त्वपूर्ण है।

होता यह है कि बहुत सारी पुरानी चीज़ें जब आप थोड़े समझदार और सयाने होने पर पढ़ें तो उनका पुरानापन आपको उतना बुरा नहीं लगता जितना शुरू-शुरू में लगता है। पुरानी चीज़ों के लिए थोड़ा आकर्षण मन में बढ़ ही जाता है। शायद थोड़ी-सी सहिष्णुता भी। आज अगर 'तार सप्तक' पढ़ें तो वह उतना बासी या पुराना नहीं लगता जितना पहले लगा था। आज से बीस बरसों पहले लगता था, अब नहीं लगता। ऐसा क्या हुआ है ? कुछ तो हम बदल गए हैं और कुछ यह पुस्तक भी : उसके कुछ फलितार्थ और उनकी महिमा आज कुछ अधिक समझ में आती है। 'तार सप्तक' ने जब परिदृश्य में प्रवेश किया तब हिंदी कविता का वह क्षण क्या-कैसा था ? छायावाद का सुगठित स्वर्णलोक दरकने लगा था : स्वयं निराला और पंत जैसे छायावादियों द्वारा वह सबवर्ट किया जा रहा था। बच्चन, भगवतीचरण वर्मा आदि ने एक लगभग अबौद्धिक रूमानियत, दीवानगी और मस्ती को कविता का मुख्य स्वर बना दिया था। तीसरे, प्रगतिवाद अपने उग्र सामाजिक रूप में सक्रिय हो रहा था। यह दिलचस्प है कि 'तार सप्तक' के सात में से छः कवियों ने अपने कम्यूनिस्ट होने की घोषणा कर रखी थी। पर यह भी स्पष्ट है कि इसके बावजूद वे शील, साहिबसिंह मेहरा आदि की तरह प्रगतिवादी नहीं थे।

छायावादोत्तर कविता के साथ 'तार सप्तक' का द्वंद्व देखना और याद रखना बहुत ज़रूरी है : इसलिए भी कि हिंदी की सारी अकादेमिक काव्यरुचि छायावादोत्तर कविता से गढ़ी-रची गई और आज तक उसी पर रूढ़ है। हिंदी कविता में बौद्धिकता या बुद्धितत्त्व को हिकारत और शक की नज़र से देखने और उन्हें कविता के लिए अनावश्यक मानने की दक़ियानूसी की शुरुआत भी तभी से हुई। उत्तर-छायावादियों ने बुद्धिविरोध को लगभग एक काव्यमूल्य की तरह स्थापित करने की चेष्टा की। 'तार सप्तक' के कवियों ने अपनी-अपनी तरह से इन तीनों प्रवृत्तियों से अलग अपनी राह बल्कि राहें खोजने का जोखिम उठाया। उन्होंने छायावादी वायवीयता को छोड़ा, उत्तरछायावादी अबौद्धिकता से अपने को मुक्त किया और वे प्रतिवादी एकांगिता से अलग हटे। दरअसल 'तार सप्तक' अपने समय की इन तीनों प्रवृत्तियों से अलग राह खोजने की कोशिश का नाम है। जब आप एक अलग राह खोजते हैं तो जिन राहों को आप छोड़ते हैं उन्हें बिलकुल नहीं छोड़ देते। उनकी कुछ छापें, कुछ पदचिह्न, कुछ दिशासंकेत इस नई राह में भी होते हैं। शायद कोई नई राह नहीं होती है : ऐसी राहें होती हैं जिन पर लोग नहीं चलते और जो पगडंडियाँ बन जाती हैं। फिर उन पर घास पनप जाती है। कोई आता है और उसको लगता है कि अरे, इधर तो एक नया रास्ता नज़र आता है। वह एक रास्ता खोजता है। कुछ दिनों तक उसको लगता है कि उसने एक नई राह या कम से कम पगडंडी खोजी। बाद में जाकर वह पहचानता है कि इसी पगडंडी पर पहले और भी चले हैं। कविता का, बल्कि साहित्य का एक सुख यह है कि वह ऐसा पहली बार खोजने का अवसर देता है जो पहले दूसरे भी खोज चुके हैं और जिसके लिए वह आपके उत्साह को मंद नहीं करता।

बहरहाल, 'तार सप्तक' ने छायावाद की बौद्धिक परम्परा को पुनर्प्रतिष्ठित किया। छायावाद को निरे भावोच्छ्वास का काव्य मानकर न तो आप उसे समझ सकते हैं और न ही आधुनिकता के संदर्भ में दरकिनार कर सकते हैं। 'काव्यकला और अन्य निबंध' जैसी पुस्तक और 'कामायनी' जैसे महाकवि के रचयिता प्रसाद के एक प्रखर बुद्धिजीवी होने का स्पष्ट साक्ष्य है। 'पल्लव' की भूमिका के लेखक पंत और पंत से मुठभेड़ करते निराला उत्कट रूप से बुद्धिजीवी कवि हैं। बौद्धिक कवि होने का अर्थ संवेदना या भावोच्छ्वास से कुछ लेना-देना नहीं है ऐसा नहीं है। अगर हम छायावाद पर ही अपना ध्यान केन्द्रित करें तो यह देखा जा सकता है कि हिंदी कविता में अपनी विचारशीलता से जो भटकाव छायावादोत्तर कविता के माध्यम से हो रहा था उसे दुरुस्त करने की कुछ चेष्टा 'तार सप्तक' ने की। उसने कविता में बुद्धि के पुनर्वास का यत्न किया।

यों तो हिंदी में आधुनिकता की शुरुआत भारतेंदु और मैथिलीशरण गुप्त से मानी जाती है। जो भी हो, उसका एक नया चरण 'तार सप्तक' से शुरू होता है।

1936 में प्रगतिशील लेखक संघ की स्थापना हुई। प्रगतिवाद के प्रति हिंदी कविता में इतनी जल्दी एक आलोचनात्मक रुख़ विकसित करने का श्रेय भी 'तार सप्तक' को जाता है। उसमें संकलित एक कवि ने अपने वक्तव्य में 'व्यक्तित्वहीन सामाजिकता' से छुटकारा पाने का ज़िक्र किया है।

जिस बहुलता का ग़लत समझे जाने की हद तक पिछले कई बरसों से आग्रह एक आलोचक के रूप में मैं करता रहा हूँ उसका भी 'तार सप्तक' एक महत्त्वपूर्ण दस्तावेज़ है। हम याद करें कि अपनी भूमिका में अज्ञेय ने कहा है कि इन कवियों का कोई एक स्कूल नहीं है, सात स्कूल हैं। हर एक का अलग-अलग बल्कि साढ़े सात स्कूल। कवि के साथ संकलनकर्ता होने के कारण उसका डेढ़ स्कूल। अज्ञेय ने यह भी कहा है कि वे एक-दूसरे के कुत्तों पर भी हँसते हैं। याने उनके मतभेद इतने विकट और स्पष्ट हैं। इसके बावजूद वे साथ हैं। अपने मतभेदों को दरी के नीचे दबाकर फ़िलहाल वे ऐसे किसी अभियान में शामिल नहीं हैं जिसमें इन मतभेदों को नज़रअंदाज़ किया या सुपरसीड कर दिया जाएगा। बल्कि वे उन सारे मतभेदों के बावजूद साथ हैं। एक तरह से यह हिंदी में अनहोनी बात है—या शायद छायावाद की ही एक अविवक्षित परम्परा का पुनर्वास है। छायावाद के चार शिखर कवियों में जो समानताएँ हैं वे उतनी महत्त्वपूर्ण नहीं हैं जितने कि उनके अंतर। उनकी कविता के मिजाज़ के अंतर, उनकी भाषा, संवेदना, ऐंद्रियता और बौद्धिक दृष्टि के अंतर। छायावाद एक सामान्यीकरण है : किसी प्रवृत्ति को आलोचनात्मक स्तर पर समझने-बखानने के लिए इस तरह का सामान्यीकरण शायद ज़रूरी है। पर यह याद रहना चाहिए कि वह सामान्यीकरण किसी हद तक सरलीकरण भी है। स्वयं 'तार सप्तक' के सम्पादक ने उसका ज़िक्र किया है कि उसमें कुछ और कवि होने वाले थे लेकिन कुछ समय पर सामग्री नहीं भेज पाए, एकाध की पांडुलिपि रेलगाड़ी में खो गई, कुछ शायद पैसा नहीं दे पाए (क्योंकि सबको पैसा भी देना था), छपाई और कागज़ के लिए। लेकिन उन सातों को एक साथ ही नहीं एक जैसा भी मान लिया गया। 'तार सप्तक' पर जो आक्रमण हुए वे इन सब कवियों को एक जैसा, उनकी दृष्टि को समान, और सम्पादक द्वारा प्रयुक्त 'प्रयोग' की अवधारणा को उनके सौंदर्यशास्त्र का मूलतत्त्व मानकर किए जाते रहे। ज़्यादातर लोगों ने 'तार सप्तक' को शायद पढ़े बिना उसके बारे में पढ़ा। उसकी दस-बारह कविताएँ, जिनमें 'रिरियाता कुत्ता', 'धैर्यधन गदहा' आदि पद और 'चूड़ी का टुकड़ा' जैसी कविताएँ शामिल थीं, हर जगह उद्धृत की जाती थीं और उन्हें प्रयोगवाद नामक प्रवृत्ति का उदाहरण या साक्ष्य समझ लिया जाता था। भले सम्पादक ने उन्हें 'राहों के अन्वेषी' कहा था पर उन पर एक राह थोप दी गई और आज तक उसी संदर्भ में 'तार सप्तक' देखा-समझा जाता है। यह सही है कि अज्ञेय एक प्रखर लेखक और प्रवक्ता थे और उन पर या उनके कहे पर ध्यान केंद्रित हो तो यह अस्वाभाविक नहीं था।

उन्होंने 'दूसरा सप्तक' की भूमिका में प्रयोग की अवधारणा की आलोचना का उत्तर दिया—उसे स्पष्ट किया और साधारणीकरण आदि की बात की। नतीजा यह हुआ कि 'तार सप्तक' के अन्य कवियों के वक्तव्य और कविताएँ ध्यान से पढ़े ही नहीं गए। एक अर्द्धशती बीत जाने के बाद यह अवसर है कि हम 'तार सप्तक' की सच्ची और अंतर्भूत बहुलता को पहचानें—कि वे कवि एक-दूसरे से बहुत सहमत नहीं बल्कि बहुत सारे मायनों में बहुत असहमत कवि थे जो एक साथ थे। हिंदी साहित्य में पिछले पचीस बरसों से सहमति का बड़ा सार्वजनिक अनुकीर्तन होता है। अकसर ऐसे मंच हैं जिन पर असहमति की गुंजाइश नहीं। जो आपसे असहमत हैं उसके लिए जगह नहीं। 'तार सप्तक' ने जो बहुलता—असहमति के बावजूद एकजुटता—प्रस्तावित की थी एक तरह से हिंदी साहित्य का काव्य और बौद्धिक आचरण इस दौरान उस मूल प्रस्ताव का विरोध ही करता रहा है।

'तार सप्तक' की एक और विशेषता है। हिंदी में पहली बार उसने कविता और जीवन में सरलीकरण के विरुद्ध सत्याग्रह घोषित किया। यों तो यह ज़रूरी नहीं है कि वह सत्याग्रह घोषित किया जाए : किसी भी बड़े कवि के काव्य-व्यवहार में वह अंतर्निहित होता है। पर 'तार सप्तक' ने उसे आलोचनात्मक रूप से विवक्षित किया : उसने यह जताने की कोशिश की कि जीवन सरल नहीं है और न ही कविता। उनमें बहुत जटिलताएँ, वर्जनाएँ, कुंठाएँ, रूढ़ियाँ, परिवर्तन के कारण बहुत सारे टकराव हैं जिन्हें नज़रअंदाज़ नहीं किया जा सकता।

इधर हम दो तरह की आधुनिकता की बात करते रहे हैं : एक जो पश्चिम के हस्तक्षेप से निपटने की कोशिश से निकली और दूसरी वह जो पश्चिम की ओर पीठ किए हुए है। पश्चिमाभिमुख आधुनिकता पर बहस की शुरुआत व्यापक तौर पर 'तार सप्तक' से शुरू हुई : 'तार सप्तक' के अधिकांश कवियों ने अपने वक्तव्यों में मार्क्स, फ्रायड, गाँधी आदि का ज़िक्र किया है और इन सबसे अपनी सहमति या मतभेद को संक्षेप में व्यक्त या विकसित करने की चेष्टा भी की है। यों तो पश्चिम से भारतीय मुठभेड़ की जयशंकर प्रसाद में प्रखर चेतना है और उसका एक दूसरा रूप प्रेमचंद में है : दोनों दृष्टियों के बीच इतिहास को लेकर जो द्वंद्व हुआ उसमें दुर्भाग्य से प्रसाद-दृष्टि की हारी होड़ ही चल रही है। लेकिन इस द्वंद्व को नये संदर्भ में पुनर्प्रस्तुत करने का काम 'तार सप्तक' ने किया। इस बात को दुहराया कि ऐसा द्वंद्व है, इस द्वंद्व का हमारे काव्य-व्यवहार और, जीवन-शैली के लिए भी, गहरा अर्थ है।

यह दिलचस्प है कि 'तार सप्तक' में भारतीय स्वतंत्रता-संग्राम को लेकर कुछ भी नहीं है। वह निकला सन् बयालीस के शुरू में, जिसके कुछ ही महीने बाद, स्वतंत्रता के लिए सबसे निर्णायक 'भारत छोड़ो' आंदोलन होने को था और उसके सारे चिह्न और पूर्वाभास दृश्य पर प्रगट हो चुके थे। पर उसका कोई सीधा अहसास

'तार सप्तक' से नहीं होता। अलबत्ता अगर आप इबारतों के बीच की जगहें पढ़ने की कोशिश करें तो पाएँगे कि भारतीय आधुनिकता को अपने ढंग से परिभाषित करने की कोशिश, अटपटी और अनाश्वस्त सही, स्वतंत्रता की बढ़ती चेतना का ही रूप है।

संशय को एक मूल्य के रूप में हमने अपने काव्य-व्यवहार में पहले स्वीकार नहीं किया था। 'तार सप्तक' का एक बड़ा प्रस्ताव संशय की मूल्यवत्ता को लेकर है। अपने को, व्यक्ति और समाज के सम्बन्ध को, व्यक्ति को, समाज को संदेह की दृष्टि से देखना, इतनी खरी और बेबाक ईमानदारी से, 'तार सप्तक' ने ही शुरू किया। समूचे संसार के स्तर पर हमारी शताब्दी के चारित्रिक गुणों में संशय है : इस अर्थ में यह शताब्दी अपने संशयग्रस्त पहलू में 'तार सप्तक' के माध्यम से हिंदी में कविता-प्रवेश करती है।

कविता के जनपद का एक पक्ष अगर स्थानीयता है तो दूसरा पदार्थमयता। तीसरा आवश्यक अंग है मानव-सम्बन्धों की विविधता। इन तीनों ही पक्षों में 'तार सप्तक' की कविता विस्तार करती है : वह नयी जगहें, नये पदार्थ और नये सम्बन्ध कविता के अहाते में शामिल करती है।

'तार सप्तक' के कवियों की उमर पचीस और तीस वर्षों के आसपास थी। खड़ी बोली को हिंदी कविता का मुख्य माध्यम बने भी अभी पचास वर्ष पूरे नहीं हुए थे। इस सिलसिले में 'तार सप्तक' नये साहस का दस्तावेज़ है। उसमें संकलित कविताएँ सफल न भी हों कई मामलों में सार्थक हैं। इन लगभग सौ कविताओं में कविता का एक बिलकुल नया जनपद प्रकट हो रहा था—कविता का, हिंदी कविता का एक नया भूगोल। ऐसी अनेक जगहें, जहाँ पहले कविता न तो कभी गई थी, न जहाँ जाने की उसे ज़रूरत या हिम्मत लगती थी। वह नयी साहसिकता थी जिसमें हिंदी कवि अपना भूगोल, अपना जनपद, उसकी सरहदें कुछ फैलाने और आगे ढकेलने की हिम्मत कर रहा था।

माध्यम और सम्प्रेषण की कठिनाइयों पर छायावादियों ने भी विचार किया था। पर सम्प्रेषण को लेकर हमारे समय में कुछ मौलिक संकट उपस्थित है और माध्यम की कुछ बुनियादी कठिनाइयाँ हमारे समय में हैं यह बात सबसे प्रखर रूप में 'तार सप्तक' ने ही पेश की। प्रयोग की अवधारणा, साधारणीकरण का प्रश्न, स्थानांतरगामी प्रवृत्ति आदि सभी इस प्रस्तुति का ही हिस्सा हैं। माध्यम, भाषा, शिल्प, तकनीक के प्रति नयी आत्मसजगता यहाँ स्पष्ट है।

यह नहीं कह सकते कि छायावादियों में विडम्बना-बोध कम या शिथिल था। प्रसाद और निराला में वह अचूक है, भले ही वे उसे अलग-अलग ढंग से खोजते और अभिव्यक्त करते हैं। पर विडम्बना और विषमता का बहुत गहरा और तीखा बोध 'तार सप्तक' की विशेषता है और वह अनेक स्तरों पर व्यक्त या प्रतिफलित

हुआ है। स्वयं कवियों का एक-दूसरे से जो मतभेद है वह भी इसी विडम्बना का पर्याय है कि जो लोग एक से संकट से घिरे हैं उनमें भी आपस में समरसता नहीं है। समरसता का एक महास्वप्न 'कामायनी' में जिस स्तर पर पहुँचा था वह सर्वथा निरापद नहीं था। पर 'तार सप्तक' में उसमें और गहरी दरारें नज़र आती हैं और यह अहसास भी कि समरसता स्वप्न ही है, सचाई तो बहुत विडम्बनाओं से भरी-अँटी है।

कविता को लेकर हिंदी में पिछली अधसदी में जो बुनियादी बहसें हुई हैं वे रही हैं : कवि और कविता की जवाबदेही, जिम्मेदारी और प्रतिबद्धता की बहस, कवि की आस्था का प्रश्न। कथ्य और शिल्प के द्वैत की बात। जनधर्म और कलाधर्म, जीवनदृष्टि और कलादृष्टि, जनवादिता और कलावादिता के बीच द्वंद्व। इन सब बहसों को अगर ट्रेस करना शुरू करें तो पाएँगे कि कहीं-न-कहीं 'तार सप्तक' में उनका सूत्र है : वह बीजरूप में, कभी कविता के स्तर पर, कभी वक्तव्य के स्तर पर, ये सभी बहसें उठाता है। कहा जा सकता है कि वह हमारी बुनियादी बहसों का उद्‌गम-ग्रंथ है। यह आकस्मिक नहीं है कि हिंदी कविता और आलोचना की अधिकांश बहसों में 'तार सप्तक' के अधिकांश कवि जैसे अज्ञेय, मुक्तिबोध, रामविलास शर्मा, नेमिचंद्र जैन, प्रभाकर माचवे प्रमुखता से हिस्सेदार रहे हैं।

फिर भी, यह सच है कि आज की कविता 'तार सप्तक' से पचास से अधिक बरस दूर की कविता लगती है। शायद 'तार सप्तक' हिंदी कविता में वह आख़िरी सार्वजनिक मुकाम था जब 'राहों के अन्वेषी' होकर भी वे सातों कवि एक ही कविसमय में लिख रहे थे : उनके लिए परम्परा और रूढ़ियाँ लगभग समान थीं जिनमें वे अलग होने के लिए जूझ रहे थे। पर लिख वे कविता की परम्परा में ही रहे थे। आज की कविता का, जो कि ज़्यादातर स्मृतिवंचित कविता है, संदर्भ न तो परम्परा है और न ही एक कविसमय।

हो सकता है कि कुछ लोगों को यह 'तार सप्तक' का अतिपाठ लगे। यों तो सारी आलोचना कुछ न कुछ अतिपाठ होती ही है—वह सिर्फ़ अर्थ खोजती ही नहीं अर्थ की कुछ अपनी तहें भी जमाती है। जैसा कि हिंदी में रिवाज़ है कि अकसर पुरानी पुस्तकों पर धूल जमती रहती है, भले आलोचना की ही धूल। एक अर्द्धशती पूरी करने पर 'तार सप्तक' पर धूल जमी रहने देने के बजाय उस पर अगर कुछ नया अर्थ चढ़ सकता है तो उसमें उजर क्यों होना चाहिए ?

यह सवाल उठता है कि अगर हम 'तार सप्तक' को वैसे पढ़ें जैसा कि ऊपर कोशिश की गयी है तो इसका असर 'दूसरा सप्तक' पर क्या होगा। अभी तक जो विश्लेषण होता रहा है वह इन दो सप्तकों के बीच द्वंद्व मानकर हुआ है। उनके बीच की निरंतरता, समानताएँ और अंतर अधिक स्पष्ट देखे जा सकते हैं और यह पहचान भी की जा सकती है कि 'दूसरा सप्तक' में एकत्र सात कवियों में भी गंभीर

अंतर और मतभेद हैं। 'तार सप्तक' को पता नहीं था कि 'दूसरा सप्तक' होगा या कि उसका क्या भविष्य है। पर 'दूसरा सप्तक' को पूरी ख़बर थी कि 'तार सप्तक' हो चुका। इतने बरसों बाद हम एक-दूसरे को स्वतंत्र, एक सिलसिले में और अतीत-भविष्य के रिश्ते में देख सकते हैं। बहुलता और परस्परता का, मतभेद और पड़ोस का, साहस और जिज्ञासा का जो राग इस तरह बनता है उसे आज के बेसुरे शोरगुल में सुन पाना कठिन भले हो, तोषदायी ज़रूर है।

[1994]

हारी होड़
जयशंकर प्रसाद

आज प्रसाद की स्थिति या उनके महत्त्व का आकलन पिछले पचास वर्षों में हिंदी साहित्य में जो हुआ है उसे ध्यान में रखे बिना नहीं हो सकता। यों तो सामान्यीकरण करना हमेशा ख़तरनाक होता है, यह बात कही जा सकती है कि हम ऐसे समय में पहुँच चुके हैं जहाँ यथार्थ और आधुनिकता की जिन धारणाओं का आज परिदृश्य पर वर्चस्व है, जिस तरह से सरलता, सहजता दोटूकपन के नये प्रतिमान गढ़े जा रहे हैं उनके चलते प्रसाद ख़ासे बेमेल, लगभग अप्रासंगिक मालूम देते हैं। यह अप्रासंगिकता ही उन्हें आज एक विलोम बनाती है और दूसरे तरह की प्रासंगिकता प्रदान करती है। हमें यह याद रखना चाहिए कि हम आज प्रसाद पर विचार कर रहे हैं : आज जिसमें हमारा राष्ट्र-राज्य व्यापक उथल-पुथल से गुजर रहा है और दुनिया में सभी स्तरों पर युगान्तरकारी परिवर्तन हो रहे हैं, जबकि यह शताब्दी मानो अपने पर ही पलट रही है।

विचित्र है कि छायावाद और प्रसाद लगातार कुपाठों का शिकार होते रहे हैं और अब लगभग अपाठ की स्थिति आ गई है। यह सब जबकि पिछले तीस वर्षों का ही लेखाजोखा किया जाए तो यह दिलचस्प तथ्य सामने आएगा कि प्रसाद एक ऐसे छायावादी कवि हैं जिनसे मुठभेड़ मुक्तिबोध, विजयदेवनारायण साही, रामस्वरूप चतुर्वेदी और रमेशचंद्र शाह जैसे कई पीढ़ियों के आलोचकों को ज़रूरी लगी है। मुक्तिबोध ने प्रसाद के महाकाव्य को 'सभ्यता-समीक्षा' कहा है और यह भी कि "मानव समाज और आधुनिक सभ्यता सम्बन्धी गहन प्रश्नों की तीव्रता उनमें है।" पर मुक्तिबोध के अनुसार "भविष्य के आलोक-स्वप्न का अभाव उनके लिए बड़ी ट्रैजेडी था"। यह और बात है कि स्वयं मुक्तिबोध का आलोक-स्वप्न आज दुःस्वप्न में बदल चुका है या खंड-खंड होकर बिखर रहा है। मुक्तिबोध ने **कामायनी** में

''अपने युग का अवैज्ञानिक, असंस्कृत, अपरिष्कृत प्रतिबिम्ब'' पाया और कहा कि ''प्रसाद वास्तविकताओं से अधिक अपने अमूर्त रहस्यवादी भावधारा के दर्शन में बिंधे रहे।'' इसके विपरीत रमेशचंद्र शाह की स्थापना है कि ''प्रसाद रहस्यवादी कवि नहीं हैं। वे प्रथम अंतिम रूप से बौद्धिक कवि हैं–अनुभूति की बौद्धिक प्रतीक व्यवस्था के, अनुभूति और बुद्धि के रासायनिक संश्लेष के कवि हैं।'' शाह के अनुसार ''प्रसाद का संसार पावनता, सरलता और गरिमा के अद्भुत रासायनिक यौगिक से रचा हुआ संसार है।'' अगर प्रसाद का प्रोजेक्ट 'सभ्यता-समीक्षा' का था और एक स्मरणीय पद में उन्होंने अपनी एक आरम्भिक कविता में अपने को 'विश्व गृहस्थ' कहा था तो इस बात की कुछ गहरी पड़ताल आवश्यक है कि स्वयं प्रसाद अपनी दृष्टि को किस तरह पहचानते और परिभाषित करते हैं।

काव्यकला तथा अन्य निबंध में उन्होंने कहा है कि ''भारतीय विचारधारा ज्ञानात्मक होने के कारण मूर्त और अमूर्त का भेद हटाते हुए बाह्य और आभ्यंतर का एकीकरण करने का प्रयत्न करती है।'' अन्यत्र प्रसाद कहते हैं कि ''जब हम समझ लेते हैं कि कला को प्रगतिशील बनाए रखने के लिए हमको वर्तमान सभ्यता का–जो सर्वोत्तम है, अनुसरण करना चाहिए तो हमारा दृष्टिकोण भ्रमपूर्ण हो जाता है। अतीत और वर्तमान को देखकर भविष्य का निर्माण होता है, इसलिए हमको साहित्य में एकांगी लक्ष्य नहीं रखना चाहिए।''

चेतना को एक उज्ज्वल वरदान माननेवाले प्रसाद का मत था कि ''यथार्थवाद क्षुद्रों का ही नहीं अपितु महानों का भी है। वस्तुतः यथार्थवाद का मूल भाव है वेदना। जब सामूहिक चेतना छिन्न-भिन्न होकर पीड़ित होने लगती है, तब वेदना की विवृत्ति आवश्यक हो जाती है।'' उनके उपन्यास **तितली** का एक चरित्र कहता है : ''भारतीय आत्मवाद के मूल में व्यक्तिवाद है : किंतु उसका रहस्य है समाजवाद की रूढ़ियों से व्यक्ति की स्वतंत्रता की रक्षा करना और व्यक्ति की स्वतंत्रता का अर्थ है व्यक्ति की समता की प्रतिष्ठा, जिसमें समझौता अनिवार्य है। युद्ध का परिणाम मृत्यु है। जीवन से युद्ध का क्या सम्बन्ध है, युद्ध तो विच्छेद है और जीवन में शुद्ध सहयोग है।'' प्रासंगिकता के खोजियों को इन शब्दों में, विशेषतः ''समाजवाद की रूढ़ियों की स्वतंत्रता की रक्षा'', ''व्यक्ति की समता की प्रतिष्ठा'', ''समझौता'' और ''युद्ध का परिणाम मृत्यु'' में उस परिवर्तन और पुनर्गठन की सीधी प्रतिध्वनि मिल सकती है जो समाजवादी समाजों में घटित हो रहा है। यह पूर्वाभास 'स्वप्न के अभाव' से नहीं उस गहरी और उत्तरदायी 'सभ्यता-समीक्षा' से निकला था जो प्रसाद का, भले ही अविवक्षित पर असंदिग्ध, उद्देश्य था। साही ने प्रसाद की सूक्ष्म दृष्टि का हवाला देते हुए यथार्थ और आदर्श को समन्वित दृष्टि से देखने की कोशिश का ज़िक्र किया है और कहा है कि ''प्रसाद ही क्यों, सारे छायावाद युग की कोशिश इन दोनों के भेद को मिटाने की ही रही है।'' साही

ने आगे कहा है कि "जिस तरह छायावाद युग की चरम आस्था यह है कि अंतर्जगत का सत्य बहिर्जगत का सत्य ही है और दोनों में कभी व्यवधान पैदा नहीं हो सकता उसी तरह उसकी मान्यता की दूसरी आधारशिला यह है कि नैतिक विज़न और कल्पनाशील विज़न दोनों वस्तुतः एक हैं और इन दोनों में कभी भी दरार नहीं पड़ सकती।" रामस्वरूप चतुर्वेदी की धारणा है कि "प्रसाद ने मध्यकालीन संन्यासप्रधान आदर्श के विरोध में एक समृद्ध और समग्र दृष्टि की प्रस्तावना की जहाँ भारतीय पुनर्जागरण के आधार ग्रंथ गीता का निष्काम कर्म नहीं है वरन् जहाँ कर्म भोग को प्रेरित करता है और भोग कर्म को।" "रामकृष्ण, विवेकानंद और तिलक के युग में गीता की विराट् दृष्टि में भी कुछ जोड़ने का उपक्रम" प्रसाद की "उपलब्धि को अधिक स्पृहणीय बनाता है।" साही ने छायावाद को सत्याग्रह युग का ही एक संस्करण बताते हुए कहा है कि "गाँधीजी का मनुष्य इतिहास के भीतर भी है इतिहास के बाहर भी—कालबद्ध भी है—कालातीत भी।" प्रसाद का काव्य अपेक्षया देशातीत है जबकि उनके गद्य का बहुत बड़ा हिस्सा बनारस पर एकाग्र है। कालातीत और काल के बीच, देशातीत और देश के बीच सन्तुलन या तनाव प्रसाद की सृजनात्मकता का मूल आधार है। छायावादी काव्य को शक्ति-काव्य मानते हुए रामस्वरूप चतुर्वेदी ने कहा है कि "छायावाद की राष्ट्रीयता में आधार राजनीति की अपेक्षया संस्कृति है।" यहाँ यह याद करना भी अनुपयुक्त न होगा कि जैसा कि शाह ने कहा है "हिंदी कहानी में यथार्थवाद की नींव प्रसाद ने ही डाली थी।" लेकिन "प्रसाद की व्यक्तिगत मनीषा पर भारतीय मनीषा का बोझ था। बीसवीं सदी के किसी भी भारतीय कवि ने इस बोझ को इतना और इस तरह वहन नहीं किया होगा जितना कि प्रसाद ने।" इस बोझ के रहते ही प्रसाद ग्रीक और भारतीयों के अस्त्रों के युद्ध को दो बुद्धियों की लड़ाई के रूप में, अरस्तू और चाणक्य के दृष्टि-द्वंद्व के रूप में देख सकते थे। पिछले पचास वर्षों में सृजनात्मक प्रयत्न का प्रभावशाली आधार संस्कृति के बजाय राजनीति होता गया है और इसलिए यह आश्चर्य नहीं कि यथार्थ के इस अधिक जटिल और जातीय स्मृति में अवस्थित बोध का धीरे-धीरे हमारे यहाँ अवमूल्यन होता गया है।

एक ऐसे समय में जब दो पीढ़ी पहले के किसी कवि को आज के कवि अपना पूर्वज या समानधर्मा कहने या पहचानने में हिचकिचाते हैं क्या प्रसाद मात्र एक शोभा-पुरुष हैं जिनकी दृष्टि या युक्तियों, जिनके संघर्ष और सफलताओं-असफलताओं से हमारा कोई सम्बन्ध नहीं रह गया है ? उनका नामोल्लेख जब-तब सिर्फ़ वैधता की तलाश में मददगार है ? मनुष्य की नियति, काल, मृत्यु जैसे चरम प्रश्नों से, गहरे और सजग अध्यात्म से विरत और विमुख समकालीन साहित्य के लिए प्रसाद एक पुराने और कठिन कवि-भर हैं। जो यथार्थ हिंदी में प्रभावशील हुआ वह अपेक्षया सीधा-सपाट, इकहरा और दोटूक यथार्थ है, प्रसाद का जटिल और

बहुस्तरीय यथार्थ नहीं।

जिसे हिंदी में हम आधुनिक आलोचना कहते हैं उसकी शुरुआत छायावाद के युग से ही हुई। लगभग उसी समय से आलोचना का एक प्रमुख सरोकार समकालीन साहित्य होना शुरू हुआ। क्या छायावाद के कवियों की अपनी धारणाओं और आपसी विभिन्नताओं के साक्ष्य को, उनके वक्तव्यों और कविताओं के बीच के अंतरालों को ध्यान में रखकर उस समय या बाद में छायावाद की प्रामाणिक व्याख्या या अवधारणा सम्भव हुई ? अगर नहीं तो क्या आधुनिक आलोचना के आरम्भ में ही एक नैतिक खोट, बौद्धिक समावेशिता का अभाव घर गए ? क्या सृजनात्मक अवधारणाओं और रचना के साक्ष्य से उदासीन रहकर कठिन बौद्धिक उद्यम और नैतिक ज़िम्मेदारी से बचकर मनचाहे सामान्यीकरण और सिद्धांत थोपने की हमारी आधुनिक आलोचना की जो अच्छी-खासी आदत बन गई है उसका उद्‌गम छायावाद के साथ आलोचना ने जो सुलूक किया उसी में निहित है ?

बीसवीं शताब्दी के पूर्वार्द्ध में पश्चिम से हमारी मुठभेड़ अधिक व्यापक और तेज़ हो रही थी और उसकी विश्व-दृष्टियों का आतंक भी भारतीय समाज पर बढ़ रहा था। औपनिवेशिक राजव्यवस्था में प्रसाद की सृजनात्मक चेतना और संकल्प ने इन नई चुनौतियों का, आँख खोलकर, नैतिक और बौद्धिक स्तर पर समकक्षता के भाव से सीधा सामना किया : अंततः प्रसाद का प्रतिरोध, उनकी गहरी संग्राम-चेतना अपने विचार और दृष्टि को दूसरों का उपनिवेश बनने देने के विरुद्ध थी। इस संघर्षबोध का मूलाधार थी भारतीय मनीषा के पुनराविष्कार में उनकी आस्था लेकिन साथ ही एक नई संस्कृति के पहले आघातों से बदलते समाज और उसकी नियति का ट्रैजिक बोध भी। महाकाव्य की देवपरम्परा से हटकर उसमें मनुष्य के नायकत्व की प्रतिष्ठा करनेवाले प्रसाद को उनके ही एक मूर्धन्य समकालीन प्रेमचंद ने जब यह सलाह दी थी कि उन्हें अपनी शक्ति का उपयोग वर्तमान सामाजिक और राजनैतिक समस्याओं के हल में लगाना चाहिए और कहा कि "इन गड़े मुर्दों को उखाड़ने से आज कोई फ़ायदा नहीं" तो एक तरह से उन्होंने प्रसाद को न समझने की लम्बी परम्परा का श्रीगणेश भी कर दिया था और हमारी साहित्यिक संस्कृति के मनुष्य के चरम प्रश्नों, उसकी कालातीत चिंताओं से विरत होने के उस आधुनिक प्रोजेक्ट की प्रस्तावना भी कर दी थी जो पिछले पचास वर्षों से चलता रहा है।

यह प्रश्न उठाना अप्रासंगिक नहीं है कि हमारी आज की मुखर संघर्षचेतना का स्वरूप अंततः है क्या ? उसमें सामाजिक-आर्थिक शक्तियों के संघर्ष का अहसास है पर क्या उसमें हमारी संस्कृति के बुनियादी द्वंद्व और चुनौतियों का भी अहसास शामिल है ? यह इतिहास-चेतना दरअसल सारे इतिहास को सामाजिक-आर्थिक रूपों में ही देखकर उसमें अंतर्निहित चरम प्रश्नों को या तो अनदेखा करती है और

या सरलीकृत। यह विचित्र है कि इस तथाकथित इतिहास-बोध का मूल हमारा अपना ठोस इतिहास नहीं है बल्कि उसकी नज़र में उस इतिहास को विचार में लेना तो दूर उसका ज़िक्र मात्र भी पिछड़ेपन की निशानी है। अपनी अनैतिहासिकता को इतिहासबोध कहना इन दिनों चीज़ों को उनके सही नाम से पुकारना है ! इस बोध में अभी पचास वर्षों पहले प्रसाद द्वारा लड़े गए वैचारिक और सृजनात्मक संग्राम की कोई स्मृति शेष नहीं है : संस्कृति को भूलकर, प्रसाद और उनके महासमर को भूलकर बनाई हमारी संग्रामचेतना एक व्यापक और संगठित रूप से फैलाया जा रहा प्रवाद है। यह इतिहासचेतना विस्मृति और जातीय दायवंचन से भरी है और वैचारिक संग्राम को झगड़ों में अवमूल्यित कर आत्मसंतुष्ट है। यह नहीं कि इस सबका कोई प्रतिरोध नहीं रहा—वह न केवल रहा है बल्कि निरंतर सक्रिय और सजग है और अपनी परम्परा और समकालीनता दोनों को इन ग़ैर-मुद्दों, अनैतिहासिकता और आत्महीनता के दुष्चक्र से उबारने की कोशिश भी करता रहा है। उत्तर-आधुनिकता, आधुनिकतावाद और इतिहासवाद दोनों के अंततः आख्यान बनकर रह जाने पर, असहाय अरण्यरोदन नहीं है : वह भाषा, दृष्टि, संवाद, स्थिति और नियति सभी के बारे में पूरी शताब्दी के अनुभवों की रौशनी में नयी प्रश्नाकुलता का दूसरा नाम है। वह "सार्वभौम शाश्वत बुद्धि वैभव" का स्वाधीन और जनतांत्रिक पुनराग्रह है।

पूर्व और पश्चिम के द्वंद्व के बारे में जैसी सजगता प्रसाद में थी वैसी उस समय किसी और में नहीं थी और दुर्भाग्य से अब जब स्वतंत्रता के बाद हम पश्चिम के सामने लगभग पूरी तरह से बौद्धिक आत्मसमर्पण और लगभग जानबूझकर अपना जाति-निर्वासन कर एक आसान और इकहरे सामाजिक यथार्थ को एक मात्र यथार्थ मानकर पुलकित हैं, ज़ाहिर है प्रसाद हमारे लिए या तो शोभा-पुरुष हैं या एक अविचारणीय अप्रासंगिकता। प्रसाद का सच्चा और प्रामाणिक पाठ तब तक सम्भव ही नहीं है जब तक हम अपने को एक पराधीन औपनिवेशिक पाठ-पद्धति से मुक्त नहीं करते। जब तक हम यह नहीं पहचानते कि साहित्य का धर्म अपने समय में सभ्यता-समीक्षा करना ही है, कि मूर्त और अमूर्त, बाह्य और आभ्यंतर के एकीकरण का प्रयत्न कल्पना, मनीषा और सृजन का अत्यंत साहसिक यत्न है, कि हमारा यथार्थ निरी सामाजिकता और आर्थिक-राजनैतिक शक्तियों से नियमित अंतर्ध्वनि और आंतरिकता से हीन यथार्थ नहीं बल्कि उनके साथ ही अनेक आध्यात्मिक चिंताओं, दार्शनिक प्रश्नों और जातीय स्मृति में उलझा, उनसे जूझता यथार्थ है और इसका अस्वीकार एक तरह से भारतीय जातीय उत्तराधिकार का दायवंचन है, कि यह कोई गोलमोल रहस्यवादिता या आध्यात्मिकता की शरण में जाना नहीं बल्कि अपने समय उसके संघर्ष, उसमें साहित्य की स्थिति को अधिक गहरे समझने की कोशिश है तब तक हम अपनी परम्परा के इस अत्यंत

मूल्यवान् प्रसाद-तत्त्व का न तो साक्षात् ही कर सकते हैं और न अपने लिए कोई पुनराविष्कार भी।

प्रसाद ने जानबूझकर हारी होड़ लगाई थी—पर क्या भारतीय प्रतिमा की जिजीविषा और अस्मिता ने सचमुच हार मान ली है ? क्या हम इस दुर्घटना के साक्षी और कमोबेश उसमें भागीदार हैं ? क्या प्रसाद-तत्त्व आज भी, प्रलयपथ पर चलते हुए, होड़ लगाने से हारा थका नहीं है ? आज हमें इन प्रश्नों से जूझना और यथासम्भव उनके उत्तर खोजना चाहिए।

[1989]

कविता की नैतिकता

कुँवर नारायण

इन दिनों हम कविता के एक ऐसे अधीर और चिर युवा समय में रहते आए हैं कि हम उससे धीरज और सयानेपन की अपेक्षा ही नहीं करते। लीरिक का समय वैसे भी सघनता का होता है : बेचैन और द्वंद्वग्रस्त। उसमें धीरज या सयानी समझ के लिए अवकाश कहाँ ? ज़्यादातर चालू कविता में कवि संघर्ष और यातना के प्रवक्ता, प्रायः आत्मरत चरितनायक होते हैं। प्रतिबद्धता के दौर में—भले अब किससे प्रतिबद्ध हुआ जाए इन दिनों इस विकराल प्रश्न का उत्तर मिल नहीं पा रहा है—जहाँ पक्षधरता एक चरम मूल्य के रूप में प्रतिष्ठित है, भलमनसाहत एक बहुत सीधी-सपाट अवधारणा जान पड़ती है जिसकी जीवन और कविता दोनों में खास जगह नज़र नहीं आती। भले मानस की नहीं संघर्षशील हिस्सेदार की महिमा है : एक निरंतर क्रूर और हिंस्र होते जाते संसार में भला आदमी किस काम का ? अब अगर इस प्रसंग में कुँवर नारायण के संग्रह **कोई दूसरा नहीं** पर विचार करें तो सबसे पहले यही लगेगा कि यह हाशिए पर से दुनिया को भरी नज़र देखने की कोशिश करती कविता है। आज जिन सरोकारों का बोलबाला है उसमें राजनीति का वर्चस्व है, सामाजिक बोध की तूती बोल रही है। इन सरोकारों में नैतिक चेतना की जगह कहाँ ? हम सबकुछ राजनीति से जोड़कर और उसी के शक्ति-संघर्ष की पदावली में सोचने-समझने के इतने आदी हो चुके हैं कि हमें नीति व्यर्थ और हाशिए का मामला लगती है। बीसवीं सदी राजनीति की सदी है, नीति की नहीं। कुँवर नारायण को राजनीति से गुरेज़ नहीं, पर वे राजनैतिक सचाई के नैतिक आशय को विन्यस्त करने की चेष्टा करते हैं।

सौभाग्य से सच्ची कविता दूसरे कवियों और पाठकों को ध्यान में रखकर नहीं लिखी जाती। काफ़ी पढ़े-लिखे और विचारशील होने के बावजूद कुँवर नारायण

कविता अपने ढंग की और अपनी शर्तों पर ही लिखते हैं। वे उन थोड़े से बुजुर्ग कवियों में से हैं जिन्होंने चालू मुहावरे को न तो हिसाब में लिया है, न ही उसे कोई रियायत दी है। यह समझ में आता है कि आज की कविता पर मुख्य प्रभाव की चर्चा करते हुए हमारे एक 'वाद-विवाद-संवाद'-प्रिय आलोचक ने रघुवीर सहाय और केदारनाथ सिंह का ज़िक्र किया, कुँवर नारायण का नहीं। कुँवर नारायण न तो किसी क्यू के कवि हैं और न ही उनके पीछे कोई क्यू है। उनका महत्त्व उनके अलग होने में है। पर इस अलग होने में कोई मुखर या नाटकीय क्रांतिकारिता नहीं है। उसमें चुनौती-भरी ललकार भी नहीं है। अपने प्रतिपक्ष में होने का कोई इज़हार या दावा नहीं है। उसमें दूसरों की ज़िंदगी बदलने और बेहतर बनाने की अनर्जित व्यस्तता नहीं है : अपने को ही 'मनुष्यतर' बनाने की चिंता है। भले ही कुँवर नारायण की दुनिया में 'दुश्चिंता' 'सरल कृतज्ञता' में जब-जब 'बदल जाती है', उनकी कविता को अपनी विडम्बना का बहुत चौकन्ना अहसास बराबर है। उसी का विनम्र स्वीकार यह इच्छा है कि वह 'आदमी की भाषा में/कहीं किसी तरह ज़िंदा रहे, बस।' कवि यह भली-भाँति जानता है कि उसे दूसरों पर अधिकार नहीं है, अपने पर ही है। अपने अधिकार की मर्यादा का कुँवर नारायण अभी उल्लंघन नहीं करते हैं। उनकी कविता इस बारे में हमेशा सजग है और वह कभी भी दूसरों को लेकर अनधिकार चेष्टा नहीं करती। उनकी अधिकार-चेतना नैतिक स्तर पर लगातार उत्तरदायी चेतना है :

'...भाषा की पारिस्थितिकी में/आग यदि लगी हो पहले वहाँ लगेगी/जहाँ ठूठ हो चुकी होंगी/अपनी ज़मीन से रस खींच सकनेवाली शक्तियाँ'

कुँवर नारायण की चिंता भाषा की पारिस्थितिकी को बचाने की चिंता है। मनुष्य की सूक्ष्म नैतिक चेतना से भाषा का गहरा और अनिवार्य संबंध वे पहचानते हैं। उन्हें पता है कि हमारे परिवेश में भाषा का रसक्षरण हो रहा है। उसे सूक्ष्मता और जटिलता से विलगाया जा रहा है। उन्हें उसके कसाव और ताक़त की उतनी परवाह नहीं है, न ही उससे सम्भव अलंकरण और परिष्कार की। पर एक ज़िम्मेदार और सयानी समझवाले कवि के रूप में वे जानते हैं कि हमारा समय सूक्ष्मताओं का अतिक्रमण करने और जटिलताओं को विराट् सरलीकरणों में घटाक़र हमारी भरी-पूरी मनुष्यता को छोटा करने के लिए भाषा का ही सहारा लेता है। भाषा से आत्मरति और आत्मदया भी सम्भव है और अदम्य नैतिक प्रश्नाकुलता भी : कुँवर नारायण की दुनिया में सठियाए कवि की दार्शनिकता या सतही अध्यात्म नहीं है। बल्कि रोज़मर्रा के अनुभवों और घटनाओं में उठनेवाले नैतिक प्रश्न हैं जिन्हें हम अपनी आपाधापी में या संवेदन-क्षीणता में अनदेखा करते हैं।

'आज मैं शब्द नहीं / किसी ऐसे विश्वास की खोज में हूँ / जिसे आदमी में पा सकूँ'

कुँवर नारायण अनुभव को, धीरज के साथ, एकाग्र देखते हैं :

'ताकि दिन दूनी रात चौगुनी बढ़ती हुई / हमारी जल्दियाँ हमें जल्दी से जल्दी / किसी ऐसी जगह पहुँचा दें / जहाँ हम हर घड़ी / जल्दी से जल्दी पहुँचने की जल्दी में हैं।'

अलग-अलग खातों में दर्ज़ होते रहे हिसाब के बाद आदमी पाता है कि '...एक दिन जब / कुल जमा पूँजी में से / घटाकर देखा पिछला सब रहा हिसाब / तो ढूँढ़े नहीं मिल रहा था / वह एक ख्वाब जो लगा था ज़िंदगी से भी बड़ा...'

इतिहास, आशा-निराशा, सुख-दुख कुँवर नारायण की कविता में किसी विराट् सत्य की तरह नहीं रोज़मर्रा की सचाइयों की तरह आते हैं जिनसे लिपटता-जूझता आदमी चलता है। इस प्रक्रिया में सत्य का दार्शनिक या वैचारिक अवमूल्यन नहीं होता बल्कि वह जीने की सामान्य प्रक्रिया में आत्मसात् होता है। वह फिर अपना अलग ऐश्वर्य भले खो देता हो, उसे ऐसी जीवनाभा मिल जाती है कि न उससे कोई डरता है और न ही वह अपने से घबराता है। इसीलिए 'एक यात्रा के दौरान' 'एक आँख हाथ की घड़ी' और 'दूसरी संकट की घड़ी पर' रह पाती है और 'न पकड़ से छूटता पुराना सामान, न पकड़ में आता छूटता वर्तमान।' कुँवर नारायण के यहाँ करना, महसूस करना और सोचना-विचारना किसी प्रत्याशित तारतम्य में नहीं होता। वहाँ भाव और विचार में, स्थिति और चिंतन में फाँक या दूरी नहीं है। **एक जन्मदिन जन्मस्थान पर** में बाबा 'आँखों की बुझती गोधूली में' सहज भाव से कहते हैं कि 'हममें से एक को अकेले भी रहना था। अच्छा है इस दुख को उसे नहीं सहना था...' तो थानेदार को अपनी विडम्बना का सीधा अहसास है : 'हमको तो किसी तरह पापी पेट भरना है। थाने और घर के बीच गुजर बसर करना है।' जब यह लगता है कि 'गुस्से की नैतिक औक़ात' से भिड़ना बेकार है तभी अप्रत्याशित पर अनिवार्य संकल्प प्रगट होता है :

'मेरे ही दुर्दिन हैं, उनका तो क्या होना / लेकिन मुँह ढाँककर ऐसा भी क्या सोना !/आज नहीं कल सही—लड़ना तो होगा ही— / कहाँ तक न बोलेगी आख़िर बेगुनाही।...'

यह थोड़े अचरज की बात है कि अपने और दूसरे में, 'हम' और 'वे' में पिछले दो दशकों से राजनैतिक और साहित्यिक मानसिकता जिस तरह से विभाजित रही है, कुँवर नारायण के यहाँ कोई दूसरा नहीं है। दूसरों पर फ़ैसला देने और दूसरों को हर हालत में देशनिकाला देने पर उतारू कविसमय में वे कविता की बुनियादी नैतिकता को फिर से रेखांकित कर रहे हैं। उसमें मुक्तिबोध और श्रीकांत वर्मा जैसा उग्र-उद्विग्न आत्माभियोग नहीं है पर अपनी ज़िम्मेदारी का अचूक बोध है और उसे

मानने में कोई नैतिक या कलात्मक हिचक या संकोच नहीं है। उन्होंने बिना शोरगुल किए सहज काव्यव्यवहार से द्वंद्व का रूपक बदल दिया है। वे **'अपने सामने है जहाँ कोई दूसरा नहीं।'** यही भलमनसाहत है जो महान् लक्ष्यों के अप्रासंगिक हो जाने के बाद भी शिथिल या धूमिल नहीं पड़ी : जिसकी अपनी आभा है, जो किसी और का प्रतिबिम्बन नहीं है। वह छोटी-छोटी सचाइयों से घिरी और उन्हीं से अपनी चरितार्थता पाती है। उसे शक्ति या सत्ता की दरकार नहीं क्योंकि वह आत्मबल से लैस है।

'लेकिन / जो बच रहती / एक अलग ताक़त है / दाँतों की ताक़त से / कहीं बड़ा है जीवन।'

एक ऐसी दुनिया में 'आदमी के छोटेपन से ज़्यादा छोटा / और कुछ नहीं हो सकता', कुँवर नारायण इस मार्मिक लेकिन विचलित करनेवाले सच पर पहुँचते हैं कि 'जब भी मैंने विद्रोह किया / और अपने छोटेपन से ऊपर उठना चाहा / मुझे लगा कि अपने को बड़ा रखने की / छोटी-से-छोटी कोशिश भी / दुनिया को बड़ा रखने की कोशिश है।'

इस कवितासंग्रह का महत्त्व इसलिए भी है कि आजकल ज़्यादातर कविता लगभग एक जैसी लय, एक जैसी भाव-सम्पदा, एक जैसे रूपाकार और रूपकों में लिखी जा रही है जबकि कुँवर नारायण की कविताओं में इन सबकी विविधता और एक तरह का अचूक विट भी है। उनकी कविता में अधिक उत्तेजना नहीं है और अकसर तापमान कम ही है। एक तरह की नयी छांदिकता भी। तुकों से दिलचस्प खिलवाड़ है और सर्वथा बेतुके को तुक से जोड़ने की शैतानी भी। दुकान-संविधान, सपत्नीक-वल्मीक, भोंपूसेवा-जानलेवा, बनाई-जमुहाई, खच्चरहाल-कन्हैयालाल, समाज-कोलाज, मंत्र-षड्यंत्र आदि इसके कुछ उदाहरण हैं। यों तो हिंदी की इस समय प्रमुख छंद-वृत्ति मुक्त छंद की ही है और कुँवर नारायण उसी के कवि हैं, पर उन्होंने पारम्परिक छंदों के अनेक तत्त्वों का पुनराविष्कार कर अपनी लयों और रूपों को विविधता दी है।

जिस एक युग्म ने हिंदी कविता में खासा खूनखराबा किया है वह है व्यक्ति और समाज। रघुवीर सहाय एक कवि थे जिनकी कविता में इस समाज में व्यक्ति होने के बने रहने की विडम्बना और जटिलता से निपटने की चेष्टा थी। चालू मुहावरा व्यक्ति और समाज को एक-दूसरे के प्रतिलोम के रूप में देखने-समझने का रहा है। या शायद अधिक मुखर यह कि व्यक्ति की नियति समाज में लय होने की ही है। मानो कि व्यक्ति विकार है जिसे दूर किया जाना चाहिए। उस धारणा में छुपे फूहड़ सरलीकरण को कवि-दृष्टि न देख सके और फिर भी चौकन्नी कहाए यह अचरज की बात है। सौभाग्य से कुँवर नारायण ऐसे किसी सरलीकरण का

शिकार नहीं बने : उनके सामने यह स्पष्ट है कि 'व्यक्ति को विकार की तरह पढ़ना जीवन का अशुद्ध पाठ है।'

'वह एक नाज़ुक स्पंद है / समाज की नसों में बंद / कि हम किसी अच्छे विचार / या पवित्र इच्छा की घड़ी में भी पढ़ सकते हैं।'

विराट् व्यवस्थाओं के ध्वंस और उपभोक्तावाद के उत्कर्ष के युग में व्यक्ति को, उसकी सम्भावना पर ध्यानाकर्षण करना रैडिकल काम है—सिर्फ़ कविता ही नहीं, उस पूरी संस्कृति में जो अब व्यक्ति के अवमूल्यन पर टिकी जान पड़ती है।

यों तो कुँवर नारायण ने कभी-कभी 'शब्दों के तरफ़ दुनिया को देखने' की कोशिश की है। पर कहीं न कहीं पूर्वग्रह उनके कविमन में सक्रिय रहा आया है कि दुनिया और शब्द अलग-अलग हैं और दुनिया के प्रति शब्द की ज़िम्मेदारी तो है, पर शब्द के प्रति दुनिया उदासीन रह सकती है। शब्द के पीछे जो अर्थ उन्हें दीख पड़ता है वह 'शब्द से कहीं बड़ा होता है।' दुनिया और अर्थ के बाद कई बार लगता है कि यह शब्द का अवमूल्यन है। शब्द को सचाई से अलग मानने की नैतिक विडम्बना पर कुँवर नारायण जैसे कवि अपनी कविता की संरचना में प्रश्न नहीं उठाते, यह थोड़ा अजीब लगता है। बड़ी कविता आपको वहाँ ले जाती है जहाँ वह पहले कभी न गई हो। ऐसे अवसर कुँवर नारायण की कविता में बहुत नहीं हैं : वे अतिरेक के नहीं, सुस्पष्टता के कवि हैं। कभी मन होना कि अगर वे कभी कुछ ऊबड़-खाबड़ में, सर्वथा अप्रत्याशित और अपरिभाषेय में जाने का भी जोखिम उठा सकते तो अच्छा होता।

एक शिकायत यह भी मन में बनी रहती है कि कुँवर नारायण की कविता उनके अनुभव के खुरदरे-अधबने कच्चे और विपर्यस्त हिस्सों को अपनी सरहद में शामिल नहीं करती है। उसकी गाँठें और घाव, उसके कुतरे-क्षरित हिस्से हमें कविता में दीख नहीं पड़ते। वे नहीं हैं ऐसी खुशफ़हमी पालने से यह कविता रोकती है। लेकिन कहीं न कहीं अपनी सारी उधेड़बुन असमंजस और दुरूहता को भाषा में जगह देने के बारे में उसकी जो हिचकिचाहट है वह उसे अपनी पूरी मनुष्यता पाने से अंततः वंचित कर देती है। कविता को पूरा मनुष्य, पूरा व्यक्ति, पूरा जीवन चाहिए उससे कम से कम उसका काम नहीं चल सकता. यह कुँवर नारायण से बेहतर और कौन जानता है ? भलमनसाहत तभी प्रामाणिक और भरोसे की होगी जब उसमें भरी-पूरी मनसाहत हो। कविता और जीवन का परस्पर पूरी तरह पारदर्शी होना ही दोनों को पूर्णता दे सकता है।

[1994]

कविता की नामुमकिन-सी सम्भावना

विष्णु खरे

और इस तरह कविताओं को सजीव किया जाता है
दूसरों के शब्दों से—
लाचारगी से—
वहाँ एक साथ होने के अहसास से।

—लेज़ैक ज़रूगा

मुझसे ज़्यादा कौन जानता है
कि मामला यूँ ही ख़त्म नहीं हो जाता
सारे ही सवाल ज्यों के त्यों बाक़ी हैं

—विष्णु खरे

हमारा समय कठिन है। यह बात सिर्फ़ हमारे लिए ही नहीं, सारे कवियों के लिए सारे समय, सच रही है। हर कवि को अपना समय कठिन लगता है। इसलिए सिर्फ़ कठिन कह देने से हमारे समय की कोई विशेष या ठोस परिभाषा सम्भव नहीं है। ऐसे समय जो बाद में स्वर्ण युग माने-समझे गए अपने कवियों के लिए कठिन ही थे। पर इससे यह बात बेकार या ओझल नहीं हो जाती कि हमारा समय कठिन है : कम से कम हमें तो लगता ही है। एक कठिनाई यह है कि समय को समझने-सहने के जो कारगर तरीक़े इन दिनों लोकप्रिय हैं उनमें कविता नहीं है। कठिनाई के समय कविता क्या कर सकती है, स्वयं कवि के लिए और उनके लिए जो कविता से प्रतिकृत होने को तैयार हैं, इस पर कोई मतैक्य नहीं है। जीने में भौतिक के अलावा बहुतेरी नैतिक और आंतरिक झंझटें भी होती हैं—कविता शायद

इन झंझटों को समझने और किसी हद तक अपने और उनके प्रति चौकन्ना रहने और किसी तरह का संतुलन पा सकने में मदद कर सकती है। कठिनाई के सामने हम बिलकुल निरुपाय और लाचार नहीं हैं और, कितना भी कठिन क्यों न हो, हर समय को किसी हद तक स्वायत्त किया जा सकता है यह भरोसा कविता हमें दिला सकती है। बेहद ठंड और अँधेरे वक़्त में वह हमें लौ की तरह कुछ रौशनी और थोड़ी-सी आँच दे सकती है। पर कठिनाई से मुँह फेरकर या उसके ब्यौरों को नज़रंदाज़ करके नहीं बल्कि सारी बारीकियों का सामना कर उनके सूक्ष्म और नैतिक अहसास से—कविता कठिन समय में लाचारी के बजाय नैतिक प्रतिरोध और उत्तरजीविता की विधा बन सकती है। आदमी होने और बने रहने की तकलीफ़ और हिम्मत की विधा। अकेले पड़ जाने और संग-साथ होने की हिक़मत। इसके लिए सजग संवेदना, गहरी समझ और रोज़मर्रा की ज़िंदगी में रचे-बसे रहकर उसी में मनुष्य के चरम नैतिक प्रश्नों की आकुल सक्रियता और अनाश्वस्त-अटपटे उत्तरों की अधीरता चाहिए। कविता इसी समय में अपना दूसरा समय रचती है—इसी दुनिया में एक और दुनिया।

आज की हमारी ज़्यादातर कविता में यह सब नहीं है : संघर्ष को लेकर कुछ भावुकता, अपने कष्ट की आत्मरति, पहले से ही ज्ञात वैचारिक सच और थोड़ी-बहुत गीतिपरक सघनता। इसलिए वह न तो मार्मिक रूप से निजी है, न ही किसी सार्थक ढंग से सार्वजनिक। ऐसे दृश्य में विष्णु खरे के नये संग्रह की कविताएँ पहली नज़र में ही अलग और अकेली लगती हैं। यों शीर्षक में तो 'सबकी आवाज़ के पर्दे में' होने की बात कही गयी है। पर सौभाग्य से आवाज़ उनकी अपनी है—वह सबकी आवाज़ों के किसी उबाऊ समवेत या वृन्दगान का एक और संस्करण नहीं है।

निजी और सार्वजनिक के बीच विष्णु खरे के यहाँ कोई तनाव नहीं है : उनमें से कोई भी दूसरे को लाँघता या दबाता-दबोचता नहीं है। बल्कि दोनों पड़ोस में हैं। हमारे पड़ोस में जो हो रहा है, कई बार हमारे अनजाने और अकसर हमारे जानते-बूझते ही, विष्णु खरे की कविता बार-बार हमें उस पड़ोस तक ले जाती है : उसमें सिर्फ़ किसी घटना या स्थिति की विडम्बना का तीखा अहसास ही नहीं है, हमारी शिरकत, हमारी चालाकी या हरामीपन की बेबाक अभिव्यक्ति भी है। करुणा और निर्ममता का एक अचूक पर अनिवार्य संतुलन ही इन कविताओं को उनकी धार और चमक देता है। आलोचक के रूप में अपनी लगभग अमानवीय लगती क्रूरता के लिए कुख्यात विष्णु खरे की कविता में गहरी मानवीयता और गरमाहट है—लगभग एक प्रतिलोम की तरह।

यों तो रोज़मर्रा की बहुत सारी शहराती ज़िंदगी इधर कविता के अहाते में कई ब्राड़े और अड़ंगे तोड़कर घुस चुकी है। पर अब वह अपने कविता में अप्रत्याशित होने से विचलित कम, अपने उबाऊ होने से हताश ही अधिक करती

है। उसकी अभिव्यक्ति के चतुर ढाँचे ख़ासे रूढ़ हो चले हैं। पर यही रोज़मर्रा, अपने समूचे सघन गद्य के साथ विष्णु खरे की कविता में मौजूद है। वे शब्दों या मौन के कवि नहीं हैं : वे मुखर कवि हैं। उनके यहाँ पूरे सुगठित वाक्यों के लम्बे सिलसिले चलते हैं। कविता का ढाँचा अकसर एक तरह की मुखर तार्किकता का है। पर यह तर्क दार्शनिक या वैचारिक नहीं है—कम से कम अपने पहले आघात में। उसकी जड़ें संवेदना में हैं, और नैतिक चौकन्नेपन में। वहीं से उनका प्रस्फुटन होता है। वे प्रायः उस मुकाम तक पहुँचती हैं जहाँ उनमें प्रगट दृष्टि को समझ कहा जा सकता है—ऐसी समझ जो कविता में ही सम्भव है और जो दार्शनिक विचार या दृष्टि से अलग है। अपनी स्पष्ट और सूक्ष्म गद्यधर्मिता से विष्णु खरे इस समझ को पैना और धारदार बनाए रखते हैं—उसे किसी तरह की गीतात्मकता से भोंथरा नहीं करते। यह समझ अपनी ज़िम्मेदारी पूरी बेबाकी से पहचानती है और दूसरों की हिस्सेदारी भी।

हम कविता में जाने हुए या प्रत्याशित से तंग आ जाते हैं और कुछ अप्रत्याशित की अपेक्षा करते हैं। कुछ शायद इसलिए भी कि जीवन में ज़्यादातर सुख-दुख प्रत्याशित ही होते रहते हैं। कविता हमारी यह अपेक्षा अकसर भाषा को वहाँ ले जाकर पूरी करती है जहाँ वह पहले न गयी हो। शुद्ध शब्दों, छवियों और विषयवस्तु के स्तरों पर विष्णु खरे के यहाँ बहुत कुछ नया-ताज़ा है—

मगर काम में मन लगाना उसने बहुत पहले छोड़ दिया था
आय. ए. एस. मिलने की कोई उम्मीद नहीं बची थी
हालाँकि तड़फड़ उसने बहुत की
अब फेंक दिया था झाबुआ में
एखादी कांफ़ीडेंशियल खराब भी हो गयी थी

(दो भाई)

शीशे को उसके कब्जे में फिर बैठाना
ऊपर से लालटेन के कुंदे में अँगूठा डालकर ढक्कन उठाना
और काँच को उसके नीचे बैठाना भी
सावधानी के काम हैं
क्योंकि ग़लत ढंग से अँगूठा छोड़ने से
शीशा फँस या टूट सकता है
लेकिन इसके पहले यह भी देख लेना होगा
कि लालटेन की अंदरूनी गुंबद पर
महीन धुआँ इतना न जम गया हो
कि कुंदा छोड़ते ही बत्ती पर बेआवाज़ आ गिरे

वह इतने चुपचाप जमता है कि किसी को उसकी
याद ही नहीं रहती

(लालटेन जलाना)

सब जानते हैं गीध मीलों ऊपर से देख लेता है
और कोसों उड़कर चला आता है
लेकिन अभी जो नहीं हुआ है
उस अगोचर को पहले ही सड़क पर देख लेता होगा
और एहतियातन वक़्त रहते उतर आता होगा
इस नामुमकिन-सी सम्भावना पर पहले नहीं सोचा था

(गीध)

हिट के बाद नटराज की तरह एक पैर उठाए रखना अशोभन है
क्रिकेट में यदि स्टाइल को भी ज़रूरी समझते ही हो
तो ऊपर उठे बल्ले को सिर्फ़ एक बार हैंडिल से घुमाओ फिरकनी की तरह
दस्तानों को दाँतों से थोड़ा खींचकर कसो
कैप को सामने से छुओ बैट के कोण से समांतर बनाते हुए
पिच पर दिखनेवाले काल्पनिक ज़र्रों को हटाओ ध्यान से
लेकिन इन्हें स्वभाव बनाओ भंगिमाएँ नहीं
अगली गेंद के लिए तैयार...

(कवर ड्राइव)

यह बात नोट करने की है कि साधारण मध्यवर्गीय वातावरण में आजकल जिन अंग्रेज़ी शब्दों का साधारणतया उपयोग होता है उनमें से कई का हिंदी में पहलेपहल कविता-प्रवेश विष्णु खरे के ही यहाँ मिलता है। उनमें अल्यूमीनियम, कटिंग, हार्ट, फ्लैट, डाइनिंग स्पेस, किचन, स्टेनलैस, बर्थडे, मेलोड्रामेटिक, रीजनलिज़्म, प्रोटोप्लाज़्म, निगेटिव, हाफ़ मैटिंग, आफ़ ब्रेक, कवर का फ़ील्डर, इम्पोर्ट, एक्सपोर्ट, टायलेट, सिलिंडर, वोटर लिस्ट, आउट हाउस आदि शब्द शामिल हैं और उनकी यह बेतरतीब सूची भी यह जताने के लिए काफ़ी है कि मध्यवर्ग की बातचीत के चालू गद्य में विष्णु खरे की कविता कितनी रसी-बसी है।

हम अकसर क़स्बाई ज़िंदगी या शहराती माहौल को लोकजीवन और गाँव की तुलना में कविता का पर्याप्त उपजीव्य नहीं मानते हैं। विष्णु खरे की कविता में गाँव या लोकजीवन का आधार या स्मृति नहीं है। वे शहर-क़स्बे के कवि हैं—उनमें जो कविता को लेकर स्मृतिहीनता होती है वह विष्णु खरे के यहाँ भी है : उनकी कविताएँ पढ़कर कोई प्राचीन कविता या धरोहर याद नहीं आती। उनके यहाँ मानो अपने समय में मनुष्य बने रहने की तकलीफ़ और विडम्बना, जिजीविषा काफ़ी

है—परम्परा का इस कविता पर न तो बोझ है, न ही वह उसके किसी काम की है। इस रुख़ पर बहस हो सकती है। पर विष्णु खरे की कविता परम्परा से अपने को वंचित करने के बावजूद मानवीय ऊष्मा की कविता है। वह सीधे-सीधे आज और अभी के जीवन की, जीने की झंझटों की कथा कहती है, पहले का कुछ भी याद दिलाए बग़ैर। बल्कि हमारे पड़ोस में जो हो रहा है और जिसे हम नज़रंदाज़ करते हैं उस पर हमारा ध्यान बरबस एकाग्र करते हुए। वह कथा है : यह आकस्मिक या मात्र संयोग नहीं है कि विष्णु खरे की कविता कहानी कहती है—बखान है और अकसर उसमें क़िस्सागोई के तत्त्व घुले-मिले हैं। वह पहले जो हुआ उसकी नहीं बल्कि अभी जो आसपास हो रहा है उसकी याद दिलाती और बखान करती है। वह **कहती** है, **गाती** नहीं है। विष्णु खरे की कविताएँ प्रायः इतनी सुगठित और सुडौल हैं कि उन्हें चालू मुहावरे में कलावादी तक कहा जा सकता है। उनका शिल्प सुघड़ है औरं वे ज़्यादातर कुछ भी अनकहा या अधूरा नहीं छोड़ते। समापन करने का हुनर उन्हें खूब आता है : उनकी कई कविताओं के अंत की उठान देखते ही बनती है। कई बार लगता है कि अगर कुछ कम कहते या बीच में ही छोड़ देते तो बेहतर होता। पर फिर कविता तो होती, विष्णु खरे की कविता नहीं। बल्कि विष्णु खरे भी नहीं।

मनुष्यता की उत्तरजीविता में भरोसा करनेवालों के लिए भी यह समय लाचार लगता है। अपनी मुखरता और स्पष्टता के बावजूद विष्णु खरे की कविता इस लाचारी का प्रतिकार करने का दावा नहीं करती पर अपने फलितार्थ में वह इस लाचारी का प्रतिरोध ही है। हमारे समय में उम्मीद की यह, उन्हीं के शब्दों में, नामुमकिन-सी सम्भावना कविता में बची हुई है, हमें इसके लिए कृतज्ञ होना चाहिए।

[1995]

ठंडे समय और डरे दिन के विरुद्ध
जोसेफ़ ब्रोडस्की

1981 की गरमियों में लंदन के इंस्टीट्यूट ऑव् कंटेपरेरी आर्ट्स के एक बड़े कमरे में रूसी कवि जोसेफ़ ब्रोडस्की का कवितापाठ था। प्रवेश टिकट से। गिनकर 68 लोग एकत्र। दो-तीन अल्पज्ञात ब्रिटिश कवि, जिनमें एक कवयित्री भी थी। पहले अंग्रेज़ी अनुवाद पढ़ते थे और फिर ब्रोडस्की मूल रूसी में अपनी कविताएँ : लगभग डेढ़ घंटे का काव्यपाठ। ब्रोडस्की अंग्रेज़ी में एक शब्द भी नहीं बोले, न ही अपने या अपनी कविताओं के बारे में उन्होंने कुछ कहा। स्पष्ट था कि उनकी मूल रचनाएँ अंग्रेज़ी अनुवादों से भिन्न अत्यंत लयपूर्ण और छंदबद्ध थीं। पाठ खत्म होने के बाद वे जल्दी ही वहाँ से चले गए। बारिश होने के कारण कई श्रोता देर तक रुके रहे। अंग्रेज़ी रिवाज़ के अनुरूप ज़्यादातर चुप। कवि की आवाज़ और कविता का जादू सबके मन पर। ब्रोडस्की के चेहरे का गहरा अवसाद और मौन गरिमा अभी भी याद हैं।

पिछले सितम्बर में जब हम दस भारतीय लेखक स्टॉकहोम में थे, वहाँ यह अफ़वाह ज़ोरों पर थी कि इस वर्ष का नोबेल पुरस्कार हो सकता है किसी अल्पज्ञात रूसी कवि को मिल जाए। अब अक्तूबर में जब उसके ब्रोडस्की को दिए जाने की घोषणा हुई तो उन्हें अल्पज्ञात नहीं कहा जा सकता। बल्कि उनके जीवन की परिस्थितियों ने उनकी कविता से अधिक उन्हें एक बहुचर्चित कवि बना दिया है। नोबेल पानेवाले वे अब तक के सबसे युवा लेखकों में से हैं : उनकी आयु कुल 47 वर्ष है।

स्वतंत्रता है तब
जब तुम भूल जाओ आततायी के नाम के
हिज्जे

और तुम्हारे मुँह में थूक फ़ारस की कचौरी से
ज़्यादा मीठा हो
और हालाँकि तुम्हारा दिमाग़ मेढ़े के सींग की
तरह तना हुआ हो
तुम्हारी फीकी-नीली आँखों से नहीं टपकता
कुछ भी

ब्रोडस्की निश्चय ही पीड़ा और सहनशीलता की रूसी परम्परा के कवि हैं। उन्हें यह सुयोग भी मिल गया है कि उनका कठिन जीवनसंघर्ष अब जगज़ाहिर है। वह उनकी कविता के लिए निश्चय ही सहानुभूति भी उपजाता है। उनमें गहरी गीतात्मकता है और वे उन कवियों में से हैं जिन्हें अपना देश, अपने लोग तजकर अन्यत्र जाना पड़ा है, पर जो अपनी भाषा में ही सक्रिय हैं : वे रूसी राज से भागे हैं, रूसी समाज से नहीं। इसलिए वे पश्चिम में शरणार्थी नहीं, प्रवासी हैं। रूस अभी भी उनका शरण्य है। पर वे देश और काल से ऊपर मनुष्य की सर्वथा वेध्यता के गायक-कवि भी हैं। उनकी आत्मा का भूगोल, उनकी उक्तियों का इतिहास निश्चय ही रूसी है, पर वे अनेक अर्थों में बीसवीं शताब्दी की ट्रैजेडी के गवाह और हिस्सेदार कवि हैं। उन्हीं के शब्दों में "देश और काल में जहाँ कहीं भी तुम्हारे अँगूठे का छोर छूता है, धरती सब कहीं कड़ी है।" उन्होंने ऐसा स्पर्श न केवल दार्शनिक स्तर पर, बल्कि ठोस भौतिक स्तर पर भी किया है और उनकी आत्मा पर उसकी खरोंचें हैं। पर वे अपने घावों की मनियारी अपनी कविता में नहीं सजाते। अपने अनुभव को आत्मस्वीकार और अन्य काव्ययुक्तियों के माध्यम से वे रूपांतरित करते हैं।

कवि के अलावा ब्रोडस्की अच्छे गद्यकार भी हैं और पिछले वर्ष ही उनके निबंधों का एक संग्रह 'लेस दैन वन' प्रकाशित हुआ है, जिसमें ऑडेन, मांडलश्टाम, मेरिया स्वेतायेवा, कवाफ़ी, डरेक वालकाट, मोंताले, लेनिनग्राद आदि पर निबंध हैं और कुछ संस्मरण भी। मांडलश्टाम के बारे में अपने निबंध के अंत में उन्होंने लिखा है, "घबरायी, तारस्वरवाली शुद्ध आवाज़, शायद तेज़ हवा में जलती हुई एक दियासलाई, फिर भी कभी भी न बुझाई जा सकनेवाली। वह आवाज़ जो बची रहेगी तब भी जब उसका मालिक जा चुका होगा।"

अन्ना अख्मोतोवा के बारे में उन्होंने लिखा है, 'छंद भाषा में सिर्फ़ समय का भंडार है।" क्षमाशीलता को अख्मोतोवा का अद्वितीय गुण बताते हुए उनका मत है कि "वे प्रकाशित हों या नहीं, उनकी कविताएँ जीवित रहेंगी इस छांदिकता के कारण, जो लौकिक और आध्यात्मिक दोनों ही अर्थों में समय से आविष्ट है। वे जीवित रहेंगी, क्योंकि भाषा राज्य से पुरानी है और छंद इतिहास के बाद भी जीवित रहता है। दरअसल, उसे इतिहास की ज़रूरत ही नहीं है, उसे तो बस एक

कवि चाहिए और अख्मातोवा बस वही थीं।''

उनकी कई सूक्तियाँ मार्मिक हैं। जैसे 'राजनीति जंगल के क़ानून को लपेटे हुए रेखागणितीय शुद्धता है', 'आदमियों की तरह इतिहास के पास चुनने को बहुत नहीं है', 'कविता विश्व संस्कृति का सार है', 'हालाँकि ऊब मानवीय अस्तित्व का इतना महत्त्वपूर्ण पहलू है, पता नहीं यथार्थवाद की आकांक्षा से बेहाल उन्नीसवीं शती के गद्य में उसका बखान इतना कम क्यों है,' 'कवि का समाज के प्रति एक ही कर्तव्य है कि वह अच्छा लिखे...दूसरी ओर, समाज का कवि के प्रति कोई कर्तव्य नहीं है,' 'किसी जगह को गीतात्मक सचाई की हैसियत देना, ज़्यादा कल्पनाशील और उदार काम है बजाय किसी ऐसी चीज़ को खोजना या उससे काम लेना जो पहले से ही रची हुई हो।' उनका गद्य कसा हुआ है, पर उसमें कविता की तरह अकस्मात् और अप्रत्याशित अंतर्दृष्टि कौंधती है और सारे समय एक सघन गरमाहट है। वह बहुत हद तक प्रेम का गद्य है, यद्यपि उसमें सूक्ष्म विश्लेषण भरपूर है।

जब ब्रोडस्की सिर्फ़ 24 वर्ष के थे, उन पर रूस में मुक़दमा चला था और उन्हें परोपजीवी करार देकर पाँच वर्ष के बलात श्रम का दण्ड दिया और शिविर में भेजा गया था। उनका अपराध था : अपनी कथनी और करनी दोनों के द्वारा कविता लिखने को एक बाकायदा काम मानने का दुराग्रह। ब्रोडस्की के यह कहने पर कि 'मैं कवि हूँ और कविता का अनुवादक', जज ने उनसे पूछा था कि उन्हें 'किसने कवि के रूप में मान्यता दी' और 'किसने तुम्हें कवियों के बीच स्थान दिया' ? ब्रोडस्की ने कहा था, 'किसी ने नहीं। किसने मुझे मनुष्य जाति के बीच स्थान दिया है ?' मुक़दमे के दौरान (जैसे कि पिछले तेईस वर्षों की अपनी सक्रियता से भी) ब्रोडस्की ने बार-बार कहा कि 'मैंने कविताएँ लिखीं। मैंने काम किया।' कविता पर्याप्त कर्म है, यह मानने को जजों और नेताओं के अलावा कई लेखक भी आज तक तैयार नहीं।

इस पर बहस की गुंजाइश है कि ब्रोडस्की का नोबेल के लिए चुनाव कितना उचित था। ख़ासकर तब जब हम ध्यान में रखें कि इस समय अपुरस्कृत मेक्सिकन कवि आक्तोवियो पॉज, पोलिश कवि ज्बिनिएव हर्बत, चेक कवि मिरोस्लाब होलुब, युगोस्लाव कवि वास्को पोवा और फ्रेंच कवि ईव बोनफ़ुआ जैसी महान आवाज़ें दृश्य पर मौजूद हैं। स्वयं रूसी में शायद वोजनेसैंस्की को इस योग्य कहा जा सकता है। यह भी स्पष्ट है कि नोबेल के चुनाव में शीतयुद्ध की राजनीति की कुछ न कुछ भूमिका रहती है। पर शीतयुद्ध या राजनीति जो भी हो, ब्रोडस्की की आवाज़ हमारे समय में मनुष्य की तकलीफ़, अलगाव, बिछोह, दुख सहने-समझने की आवाज़ है, जिसे हमें ध्यान से सुनना चाहिए। वह 'ठंड के समय और डर के दिन के विरुद्ध शब्द' को बचाए रखने की सच्ची और खरी कोशिश है। शब्द की अप्रतिष्ठा के इस समय में ऐसी कोशिशें कम होती जाती हैं। **[1987]**

रसी-बसी

अरुण कोलटकर

अगर कविता का एक काम ऐसे अहाते को अपने परिसर में शामिल करना है जो उसे विरासत में न मिला हो और जिस पर पहले उसका कब्ज़ा न रहा हो तो अरुण कोलटकर की कविता ने जो किया है उसका सिर्फ़ मराठी के लिए ही नहीं समूची भारतीय कविता के लिए महत्त्व है। वह निम्न मध्यवर्ग को उसकी पूरी विडम्बना के साथ लगभग पहली बार कविता के परिसर में ले आयी है। ज़ाहिर है कि यह अपने आसपास और पड़ोस को ही कविता में लाना है : पर यह नया पड़ोस है—नागरिक, स्मृतिहीन और लगभग अंतर्ध्वनिहीन पड़ोस है। उसमें कविता का ऊपरी तौर पर कोई भी तत्त्व नहीं है। पर अरुण कोलटकर इसी काव्यतत्त्वहीनता के कवि हैं : पूरी नैतिक ज़िम्मेदारी और भाषिक तैयारी के साथ। उनके यहाँ कविता ठहाका नहीं लगाती : धीरे-धीरे मुस्कराती है—सबकुछ की विडम्बना में पगी हुई और सबकुछ को, अपने लगभग असम्भव होने की विडम्बना से, घेरते हुए। वह अपने अहाते में अपना और दूसरों का फेंका गया कचरा और अटाला साफ़-साफ़ देखती है। पर किसी दयनीयता या निरुपायता या विकल्प से बाधित-संयमित हुए बिना।

अरुण कोलटकर की कविता ग़प लगाती है : परम्परा या किसी मूर्धन्य से नहीं—हम-आपसे। उसमें निपट और निरस्त्र करनेवाली साधारणता है : वह दूर की कौड़ी या ढोल नहीं है। वह बिलकुल पास की दुकान पर लगातार चलनेवाली ग़प है जिसमें हम शामिल भी हैं और जिसे हम इस कविता के माध्यम से सुन भर रहे हैं। इसीलिए इस कविता का शिल्प अधिकतर बातचीत का शिल्प है। लोगों के बीच मुहल्ले में जो बातचीत चल रही है यह कविता उसका हिस्सा है—वैसी ही रसी-बसी। पूरी नैतिक ज़िम्मेदारी से अपनी और हम सबकी चीरफाड़ करती हुई। उसमें गहरा विनोद भाव है : बल्कि कहने का मन होता है कि वह कविता नहीं,

काव्य-विनोद है। उसमें ऐसे लोग हैं, जिन्हें हम जानते हैं और फिर भी, जिनकी विडम्बना को हमने ऐसे पहचाना न था। ऐसे देवता हैं जिनका टिकाऊपन संदिग्ध है, ऐसे रिवाज़ और हरकतें हैं, जो व्यर्थ होकर भी हम पर हावी रहती है। अरुण कोलटकर की कविता चीज़ों, आदतों और भंगिमाओं के इस ऊलजलूल से गोदाम में हमारे फिर भी आदमी बने रहने की कोशिश की कविता है। वह जो कविता से अकसर बाहर है, उसे भी कविता में शामिल करने की चेष्टा की कविता है। जो अकसर बेवजह ही भाग-दौड़ और छूट रहा है उसे एक भरोसेमंद ठिकाना देने की कविता है। पर ऐसा ठिकाना जो किसी तरह की आध्यात्मिक आश्वस्ति या नैतिक राहत नहीं देता बल्कि जो फिर कुछ अधिक सजग और संवेदनशील बनाकर हमें उसी दुनिया में वापस ठेल देता है, अपनी हिस्सेदारी और जिम्मेदारी पर वापस जाने के लिए।

अगर हमें बीसवीं शताब्दी के उत्तरार्द्ध में भारतीय परिस्थिति में आदमी किस तरह बन-बिगड़ रहा है यह जानना-समझना हो तो हमें इसमें जिन कवियों से मदद मिलेगी उनमें निश्चय ही अरुण कोलटकर एक हैं। उनका फक्कड़पन, खुले आम अपना ही मज़ाक उड़ाने की हिम्मत और छोटे-मोटे, अपने ही आसपास बिखरे, सचों को नबेरने की उनकी ज़िद उन्हें कबीर-तत्त्व का कवि भी बनाती है। उन्होंने ढाँचा तोड़ा है, रोज़मर्रा की ज़िंदगी से अपने अनुभव और शब्द उठाए हैं और उत्तरदायी निर्ममता के साथ हमारे समय को देखा है।

[1996]

नीली आँखों के साथ बूढ़े
स्टीफ़ेन स्पेण्डर

वे पहली बार भारत भवन द्वारा आयोजित वागर्थ विश्व कविता समारोह में शिरकत करने भोपाल आ रहे थे। कई मूर्धन्य कवि जिनमें चेकोस्लावाकिया से मिरोस्लाव होलुब, अर्जेण्टीना से राबर्तो हुआरोज़, चिली से निकानोर पारा, हंगारी से फेरेंस, स्वीडेन से टोमस टान्सट्रोमर, निकारागुआ से अर्नेस्तो कार्देनाल, चीन से शूतिंग आदि और भारत-भर से एक सौ से अधिक कवि पहले ही पहुँच चुके थे। स्पेण्डर आए और ज़्यादातर लोगों को अचम्भा हुआ : वे ऊँचे, भव्य, नीली आँखों के साथ बूढ़े और, एक थकाऊ सफ़र के बावजूद, चौकन्ने और शांत ढंग से आश्वस्त थे। जैसा कि बाद में उन्होंने अपनी अचूक उदारता से कहा : उन्होंने भोपाल जैसी जगह में उस तरह का कलाकेंद्र और वहाँ उस तरह का विश्व कविता समारोह होने की कल्पना नहीं की थी। वे अपने साथ अपनी कविता की अधिक पुस्तकें नहीं लाए थे। वे अपने साथ अपनी चुनी हुई कविताओं का फ़ेबर द्वारा प्रकाशित संचयन ही लाए थे और उसी से उन्होंने कविताएँ पढ़ीं। चुनाव सख़्त था और उसमें प्रायः एक भी वह कविता शामिल नहीं थी जिसने उन्हें तीसी के दशक में प्रसिद्ध बनाया था। ज़ाहिर था कि वे उन कविताओं से आगे चले आए थे और वे अपने या श्रोताओं के किसी नास्टैल्जिया के लिए नहीं पढ़ना चाहते थे।

उन्होंने मजबूती से एक कुरसी पर बैठकर अपनी कविताएँ पढ़ीं, ठसाठस भरे हाल में, जो गरमाहट और प्रतिक्रिया से भी भरा था और उनके प्रभावशाली पाठ से लगातार आनंद और समझ पा रहा था। उन्होंने लगभग एक घंटे तक काव्यपाठ किया और मुझे याद है कि रस लेकर पाठ किया। कई अंतर्राष्ट्रीय कवि उनके पाठ में उपस्थित थे और उन्होंने भी उनकी कविता की शक्ति को महसूस किया था। कई तरह से वह निरायास पाठ था—कविताएँ एक के बाद दूसरी सजीव होती चली गयीं, उनकी आवाज़ से और उनकी अचूक और प्रभावशाली उपस्थिति से भी।

दरअसल दूसरे ब्रिटिश कवि क्रेग रेन उनकी तुलना में फीके पड़ गए जब बाद में उनके काव्यपाठ की बारी आयी। निस्संदेह स्पेण्डर ने अपनी कविता, अपनी आवाज़, अपनी उपस्थिति से उस हाल को भर दिया था। वे वहाँ थे और कोई भी उस हाल में, किसी भी तरह, उनकी उपस्थिति को नज़रंदाज़ नहीं कर सकता था। एक घंटे कविताएँ पढ़ने के बाद उन्होंने श्रोताओं के प्रश्नों के उत्तर दिए। एक प्रश्न के उत्तर में उन्होंने कहा कि भारतीय अंग्रेज़ी में कविता लिखते हैं तो वह पुरानी रक़म की लगती है। उन्होंने यह भी कहा कि कविता एक कठिन व्यापार है। चौथे दशक की रैडिकल राजनीति में लिप्त और शीतयुद्ध के उरूज के दिनों में 'एनकाउण्टर' जैसी पत्रिका के सम्पादक स्पेण्डर की आँखों में विचित्र गहराई और मर्मस्पर्शी भोलापन था। मानो कि राजनीति की कठोर सचाइयों ने उन्हें किसी तरह अनाहत छोड़ दिया हो। वे स्वप्नदर्शी और थोड़े रूमानी से दीख पड़ते थे। उस सुबह उन्हें भारत भवन में देखने पर उनकी आँखों में उन भयावह दुस्स्वप्नों की कोई छाया नहीं थी जिनसे वे दूसरे महायुद्ध के पहले और बाद में सचमुच गुज़रे थे। वह उम्मीद नहीं थी--एक तरह की उदास समझदारी। अपनी सघनता में कुछ-कुछ ग्रीक। वे शांतिप्रिय ढंग से व्यग्र थे।

बाद में उनके भोपाल छोड़ने के पहले मैंने उन्हें डेनियल वाइसबोर्ट और कृष्ण बलदेव वैद द्वारा संचयित आधुनिक भारतीय कविता के अंग्रेज़ी अनुवादों का एक संग्रह दिया। चूँकि उड़ान में देर हुई, लगता है, स्पेण्डर ने बैठे-बैठे वह संग्रह पढ़ डाला। ब्रिटिश काउंसिल ने दिल्ली में इंडिया इंटरनेशनल सेंटर में उनका एक काव्यपाठ आयोजित किया था। चूँकि भोपाल में भारतीयों की अंग्रेज़ी के बारे में उनका बयान काफ़ी व्यापक रूप से रिपोर्ट हुआ था, वहाँ उस बारे में प्रश्न पूछे गए। उन्होंने अपनी बात दुहराते हुए जोड़ा कि इस बीच उन्होंने समकालीन भारतीय कविता के अंग्रेज़ी अनुवाद का एक संकलन पढ़ा है और वे आश्वस्त हैं कि जब भारतीय भाषाओं में ऐसी अच्छी और पहले दरज़े की कविता लिखी जा सकती है और रही है तो वे भारतीयों के अंग्रेज़ी में लिखने की ज़रूरत को समझने में असमर्थ हैं।

मुझे याद आता है कि मेरी स्पेंडर से पहली भेंट 1961 में दिल्ली में हुई थी जब वे जान वेन आदि के साथ ताल्सताय की पचासवीं पुण्यतिथि पर आयोजित एक परिसंवाद में शामिल होने 1961 में दिल्ली आए थे। मैं अपनी एक उँगली में अपने मामा की दी हुई एक अँगूठी पहने था जिस पर स्वस्तिक उकेरा हुआ था। स्पेण्डर ने उसे नोटिस किया और वे अपने आप मेरे पास उसे पास से देखने और उसके बारे में जानने के लिए आए थे। मुझे तब उस कँपकँपी का अहसास हुआ था जो पिछले महायुद्ध में सारे संसार में इसी तरह के प्रतीक द्वारा नाज़ी अत्याचारों के आतंक को लेकर होती थी। लगभग तीस बरसों बाद जब मैं स्पेण्डर से भोपाल

में मिला तो उस आतंक का कोई निशान बाक़ी न था और न ही मेरी उँगली में वह अँगूठी ही।

स्पेण्डर ने अपना वाक्चातुर्य अंत तक बचा रखा था। मुझे उनकी एक कविता का अंश याद आता है जिसका वागर्थ समारोह के लिए रमेशचंद्र शाह ने अनुवाद किया था और जिसे उनके सामने पढ़ा भी था :

> तब अचानक एक झटके के साथ पता चला उसे कि यह 'वाक्य' तो
> कर्ता-कर्म की भाँति ही मायावी और दुहरे अर्थवाला है।
> वाक्य तो अभिशप्त है जैसा निकला, वैसा बने रहने को
> जैसे 'आजीवन कारावास' अथवा 'प्राणदण्ड' जैसे ब्रह्मवाक्यों में उदाहरणार्थ।

[1996]

पत्तियाँ गिर रही हैं

प्रार्थना में ख़ाली

कल हम रज़ा के साथ उनके घर से थोड़ी दूर पर स्थित गिरजाघर गए। इतवार था और मुझे याद था कि वे हर इतवार को वहाँ जाते रहे हैं : कुल दस मिनटों के लिए ही। जानीन का बपतिस्मा इसी गिरजाघर में हुआ था।

गिरजाघर में कोई सीट ख़ाली नहीं थी। रज़ा आँखें बंद किए हुए थोड़ा-सा झुके से एक खम्भे के सहारे खड़े रहे। धर्मोपदेशक फ्रेंच में कुछ लगातार बोलता रहा। फिर लगभग आधा मिनट की शांति हुई। रज़ा ने बाद में कहा कि यही ज़रा-सी शांति अर्थ रखती है। लौटते हुए वे बोले कि प्रार्थना में भी बिल्कुल ख़ाली होना बहुत कठिन है हालाँकि बिना ख़ाली हुए प्रार्थना करना व्यर्थ है।

प्रार्थना में अकसर कुछ न कुछ कामना लिए ही जाते हैं। कई बार तो प्रार्थना कामना का ही एक रूप होती है : उत्कट, पवित्र, दुर्निवार। उसमें शुभाशंसा या अनुग्रह पाने का भाव भी सन्निहित होता है। वह दूसरे से तदाकार होने की एक शुभाकांक्षी चेष्टा है। पर अगर ख़ाली होना है तो इस दूसरे से भी ख़ाली होना चाहिए, फिर वह दूसरा ईश्वर ही क्यों न हो। ईश्वर अंततः परम दूसरा है।

कविता प्रार्थना नहीं हो सकती क्योंकि वह दूसरे से ख़ाली नहीं हो सकती। वह कामना को तजकर किसी तदाकारिता की इच्छा ही नहीं कर सकती। शायद वह अकसर बिलकुल ख़ाली हो जाने का आसक्ति-भरा प्रतिरोध है। उसे भरे-पूरेपन की तलाश होती है। उसी में रिक्ति की भी, स्थगन और निश्चलता की भी। उससे अलग या उसे भूल-तजकर नहीं। कविता को संसार चाहिए : वह संसार को उचित और आवश्यक मानती है। स्वर्ग-नरक से भी वह जूझती है। पर मोक्ष उसकी आकांक्षा नहीं। शून्य उसका घर नहीं। उसका अध्यात्म अपरिग्रह से नहीं उपजता।

कविता मनुष्य की बहुतायत का पक्ष है। वह कुछ भी छोड़ना नहीं चाहती : उसे सबकुछ चाहिए। अपनी लिप्सा को लेकर उसे कोई संकोच या लज्जा भी नहीं। संसार का, उसकी नश्वरता और निरंतरता का, उसकी बहुलता का वह सहज स्वीकार है। कविता संसार के साथ ग़ैर-वफ़ादारी नहीं कर सकती। संसार कविता का ईश्वर है : वह उसी का अनुष्ठान है, सैलीब्रेशन है।

[1994]

लोग चले गए हैं, सिर्फ़ शब्द बचे हैं

लोग चले जाते हैं। जगहें छोड़कर, और कहीं। कई बार खँडहर रह जाते हैं। कई बार जगहें ख़ाली नहीं रहतीं, बस्ती बनी रहती है। कोई और आ जाते हैं जो पहलेवालों की जगह ले लेते हैं। पर जगह लोगों की गंध को, स्मृति को बहुत दिनों तक सम्हाले रखती है। वह भले नयी गंधों और घटनाओं से घिरती, भरी जाती रहती है पर यह गंध मिटती नहीं जैसे जगह वहीं बनी रहती है और उन लोगों के साथ भी चली जाती है जो उसे छोड़कर चले गए या कि उसे छोड़ने पर विवश हुए।

हम लोग बचपन में बल्कि मेरे ब्याह और काका-दिदिया की मृत्यु तक किराए के एक मकान में रहते थे। अब तो उस सड़क से निकलने का मन नहीं होता क्योंकि हमें एक मुक़दमे में हार जाने के कारण वह मकान छोड़ना पड़ गया था। वह मकान अब काफ़ी बदल गया है पर उसे हम सब, हमारा बचपन, हमारे झगड़े और प्रेम, हमारे भोजन की सुगंध, हमारे अवसाद और अँधेरे, हमारी उम्मीद और अपमान सब याद होंगे। पता नहीं वहाँ अब कौन रहता है और उसे हमारे इतने बरस के जीवन का ज़रा भी पता है या नहीं। पर कुएँ को, आँगन को, पिछवाड़े को, उस सामने की जाफरी को, दिदिया के भंडार और पूजाघर को हम याद होंगे हालाँकि हम वहाँ बीत चुके हैं। हम वहाँ से बहुत दूर चले आए हैं और अब उस जगह पर जाना असम्भव है पर उसे शब्दित करना सम्भव है।

कविता सिर्फ़ लोगों के ही नहीं जगहों के बारे में भी होती है। बिना भूगोल के कविता अपनी जीवित सत्ता नहीं पा सकती। ज़रूरी नहीं कि कविता किसी जाने-पहचाने भूगोल को ही चुने। बल्कि अकसर वह उसे नहीं चुनती। वह अपना भूगोल, अपना देश गढ़ती-रचती है। कविता में कल्पना सिर्फ़ अपना इतिहास ही नहीं खोजती : कल्पना अपना भूगोल भी पाती है।

[1994]

खिड़की खुलती है पर कोई झाँकता नहीं

खिड़की बाहर पर खुलती है : वह अंदर को बाहर से देखने के जरिए जोड़ती है। बाहर है यह अंदर को याद रहे। बाहर को यह अहसास बना रहे कि अंदर है। खिड़की अंदर और बाहर दोनों को एक-दूसरे का एहतराम करने का एक सीधा-सादा अवसर है। आकाश हर घर पर छाया है पर कई बार वह खिड़की से ही दीख पड़ता है। खिड़की के द्वारा घर आकाश को याद करता है। यह भी कि आकाश खिड़की से होकर घर में अंतरंग बनकर प्रवेश करता है।

खिड़की से बाहर का जो दृश्य दीख पड़ता है वह चुपचाप घर में दाख़िल हो जाता है। उसी रास्ते अंदर जो हो रहा है उसका कुछ हिस्सा बाहर फिसल जाता है। कई बार घर के अंदर से हम खिड़की के माध्यम से ऐसा बहुत कुछ देख पाते हैं जिसे हमने देखा यह न देखे हुए को पता, न किसी और को। खिड़की एक गोपन दृष्टि हो सकती है। एक आँख जो देखती है और जिसे देखते हुए कोई और नहीं देख पाता। खिड़की रहस्य को छिपाना और भेद को न खोलना जानती है। अगर वह चाहे तो भेद खोल भी सकती है। खिड़की ख़तरनाक भी हो सकती है।

कविता संसार की अनंत पर खिड़की है। उस निरंतरता को जो है, हम अगर यह खिड़की न होती तो शायद अलक्षित ही जाने देते। हम चाहें तो इस खिड़की से दृश्यावलोकन कर सकते हैं : हम अनंत देख सकते हैं। पर खिड़की का, दृश्यता का और अनंत का होना हमारे झाँकने पर निर्भर नहीं है। खिड़की झाँकने का न्यौता है। हो सकता है कि हमें न्यौते को स्वीकार करने में देर हो जाए। पर इस देरी से फ़र्क नहीं पड़ता क्योंकि कविता जिस अनंत पर खिड़की है वह बीतता नहीं है।

पर झाँकना करना भी है—जो दूर से देखता है वह हिस्सेदार नहीं है यह धारणा निराधार है। झाँकते हुए हम दृश्य में शामिल हो जाते हैं। हमारे बिना दृश्य पूरा नहीं होता। अनंत पर झाँककर हम उसमें शामिल हो जाते हैं। कविता भवसागर पार करने की नौका नहीं है पर वह भवसागर की मँझधार में अनंत पा लेने का दुस्साहस ज़रूर है। वह जो पार और सुदूर है उसे सामने और पास लाना है—कम से कम उसकी अथक चेष्टा है।

[1994]

नदी के किनारे भी नदी है

यहाँ पास में ही रोन नदी है। इस तरफ़ वीलनूव और दूसरी ओर आविन्यों। अभी नहीं, पर पिछले वर्ष हम बहुत देर उसके तट पर बैठे थे। अगर जलप्रवाह को

एकटक देखते रहो तट पर बैठे तो कई बार लगता है कि जल स्थिर है और तट ही बह रहा है। नदी-तट पर बैठना भी नदी के साथ बहना है : कई बार नदी स्थिर होती है, हम तट पर बैठे बहते हैं। नदी के पास होना नदी होना है। विनोद कुमार शुक्ल अपनी एक कविता में 'नदी-चेहरा लोगों' से मिलने जाने की बात कहते हैं। शायद सिर्फ़ नदी किनारे रहनेवाले ही नदी-चेहरा नहीं हो जाते, हम जो कभी-कभार और थोड़ी देर के लिए ही नदी-किनारे जा-बैठ पाते हैं हम भी कुछ देर के लिए ही सही, नदी-चेहरा हो जाते हैं। नदी किसी को अनदेखा नहीं करती : वह सबको भिगोती है, अपने साथ करती है। थोड़ी-सी देर के लिए भी गए नदी की बिरादरी में शामिल हो जाते हैं।

नदी के समान ही कविता सदियों से हमारे साथ रही है। उसमें न जाने कहाँ-कहाँ से जल आकर मिलते और विलीन होते रहते हैं : वह सागर में समाहित होती रहती है हर दिन ही, पर उसमें जल का टोटा नहीं पड़ता। कविता में भी न जाने कहाँ से कैसी-कैसी बिम्बमालाएँ, शब्द-भंगिमाएँ, जीवन-छवियाँ और प्रतीतियाँ आकर मिलती और तदाकार होती रहती हैं। जैसे नदी जल-रिक्त नहीं होती, वैसे ही कविता शब्द-रिक्त नहीं होती। न नदी के किनारे, न ही कविता के पास हम तटस्थ रह पाते हैं : अगर हम खुलेपन से गए हैं तो हम उसकी अभिभूति से बच नहीं सकते। नदी और कविता में हम बरबस ही शामिल हो जाते हैं। जैसे हमारे चेहरों पर नदी की आभा आती है, वैसे ही हमारे चेहरों पर कविता की चमक। निरंतरता नदी और कविता दोनों में हमारी नश्वरता का अनंत से अभिषेक करती है।

एक कविता-पंक्ति है : 'कैसी तुम नदी हो ?' उत्तर हो सकता है : 'जैसी तुम कविता हो !'

[1994]

कीचड़-सने जूते

बरसों पहले पोलिश कवि ताद्‌यूश रोज़ेविच की एक रचना पढ़ी थी जिसमें कीचड़-सने जूते पहने स्वर्ग-प्रवेश की बात कही गयी थी। तब भी दोनों का विपर्यय नहीं, मुझे जूते का बिम्ब ही अधिक आकर्षक लगा था। उसके पीछे एक कामकाजी आदमी की, एक मेहनत करनेवाले, दिन-भर श्रम करनेवाले की छवि उभरती है।

कविता का हमारी कामकाजी और रोज़मर्रा की ज़िंदगी से क्या सम्बन्ध होता है इस पर विवाद है। कविता ऐसी ज़िंदगी का सही और मार्मिक प्रतिबिम्बन करे इस आग्रह से लेकर इस पूर्वग्रह तक कि कविता की अपनी दुनिया है और उसे

अपनी उत्कट कल्पना में दी हुई दुनिया से कुछ लेना-देना नहीं होता। पर यह सही है कि कविता में अगर हमारी जानी-पहचानी ज़िंदगी की प्रतीतियाँ हों तो हमें उसके साथ सम्बन्ध बनाने में मदद मिलती है। ये प्रतीतियाँ निरा प्रतिबिम्बन नहीं हैं। अगर कविता में इनका सूक्ष्म, अप्रत्याशित और कल्पनाशील विस्तार और पुनराविष्कार न हो तो कविता समृद्ध न हो पाएगी। साधारण पाठक कविता के पास इसलिए जाता है कि ज़िंदगी कैसी लगती है इसका अपना अहसास गहरा और तीखा कर सके। पर साथ ही इसका भी कि ज़िंदगी कैसी लग सकती है। सच्ची कविता ज़िंदगी से दूर नहीं ले जाती : वह उसमें हमारी शिरकत को गहरा और अनेकार्थी करती है। पर वह हमें रोज़मर्रा की झंझट और कोफ्त से निजात दिलाती है। हम रोज़मर्रा में फँसे नहीं रह जाते बल्कि वहाँ जा पाते हैं जो रोज़मर्रा के पास ही है पर हमें अन्यथा नहीं दीख पड़ता या मालूम था।

कविता रोज़मर्रा को हिकारत से छोड़ती नहीं है : वह रोज़-ब-रोज़ की झंझटों को अनदेखा भी नहीं करती। वह ज़िंदगी के रूटीन को ही ऐसे उत्तेजित या रौशन कर देती है कि उसमें जो रोज़मर्रा या रूटीन नहीं है वह भी शामिल हो जाता है। अगर किसी सयानी समझ या अंतर्दृष्टि या अध्यात्म तक कविता पहुँचने की कोशिश करती या पहुँच पाती है तो इसी रोज़मर्रा के सहारे—उसी रोज़-ब-रोज़ की अपरिहार्य झंझट से गुज़रकर। कविता अपने कीचड़-सने जूतों से ही स्वर्ग-प्रवेश करती है।

[1994]

आकाशगंगा को आवाज़ देती घास

शत्रूज़ के जिस एम क्रमांक चैम्बर में मैं हूँ वह चौदहवीं सदी में बना था और सैकड़ों बरस उसमें ईसाई संत रहते आए थे। फिर फ्रेंच क्रांति हुई और वे खदेड़ दिए गए। हरेक चैम्बर के पीछे एक आँगन है जिस पर हरी घास उगी हुई है। सामने एक ऊँचा पुरातन स्मारक है जिस पर कबूतरों का डेरा है। उसके बहुत ऊपर आकाश है।

घास यहाँ हमेशा रही होगी। वह पियराती होगी, सूखी पड़ जाती होगी, उग आती होगी। घास यहाँ इस मठ में वैसे ही है जैसे कि समय है। अपनी बेहद मद्धिम लय में बीतता हुआ और फिर भी हमेशा—घास की ही तरह।

घास बहुत नीचे होती है : कई बार कुछ और नहीं होता सिर्फ़ घास होती है। जैसे आस-पास कोई पदार्थ या व्यक्ति न हो सिर्फ़ शब्द हों : किसी के द्वारा बोले-पुकारे शब्द नहीं, अपने ही अंदर एकत्र, घुमड़ते या सहमे हुए शब्द।

घास पर धूप गिरती है, अँधेरा घिरता है, ओस पड़ती है। हवा घास को सहलाते हुए गुज़रती रहती है। जब किसी को ख़बर नहीं होती, घास आकाश की तरफ़ देखती है। वह नीचे भले है पर वह बात करती है आकाशगंगा से, जो कि आकाश के आँगन में खिली घास है।

घास आकाशगंगा से अपने हरे-भरे मन की बात कहती है और आकाशगंगा घास से अपनी चमकती आपबीती कहती है। कविता को कभी-कभी यह संवाद सुनायी देता है और याद रहता है। उसी के माध्यम से कभी-कभी हम इस गुपचुप बातचीत के कुछ टुकड़े सुन पाते हैं।

कविता हमें ऐसे कई संवादों का पता देती है। कविता न होती तो हम सोच भी नहीं सकते थे कि घास आकाशगंगा को आवाज़ देती है।

[1994]

हर पत्ती का नाम नहीं

शत्रूज़ में कई आँगन और चौगान हैं। उनमें हरी घास के अलावा वृक्ष और लतरें-पौधे हैं। एकाध गुलाब की लतर पर लिखा है कि यह प्राचीन गुलाब है। पता नहीं कितनी सदियों पहले की, पर अभी हरी और पुष्पित होने को उत्सुक लतर। सदियों की क्यारी में खिला अभी का गुलाब, उसकी हरी लतर।

उसी लतर के बगल में एक वृक्ष है। उस पर भी नाम लिखा है। पर नाम वृक्ष का है। उसका एक बेहद सुंदर हरा-गुलाबी पत्ता नीचे गिरा पड़ा था जिसे हमने उठा लिया। उसकी सभी शिराएँ स्पष्ट हैं। पर अलग से उसका कोई नाम नहीं। वह एक और पत्ती-भर नहीं है : उसकी अद्वितीय सुषमा है—उसकी आभा अलग है। पर उसका नाम नहीं : वह अमुक वृक्ष की एक पत्ती-भर है। हम सबके नाक-नक़्श मिलते-जुलते हैं पर हम सबके अलग-अलग नाम हैं। मनुष्य दूसरे मनुष्यों के साथ कम, वस्तुओं के साथ अधिक अन्याय करता है। वह उन्हें उतने अलग-अलग नाम नहीं देता जितने कि वे पात्र हैं।

कविता मनुष्य के इस लगातार चल रहे अन्याय का प्रतिरोध करती, वस्तुओं की क्षतिपूर्ति करने की चेष्टा करती है। वह हर पत्ती को नाम देने की कोशिश करती है। कविता होने की अद्वितीयता की निस्संकोच स्वीकृति है। उसके लिए सभी सजीव हैं : प्रियतमा, खिड़की, घास में विचरती बीरबहूटी, पत्तियों से ढँकी बिसरा दी गयी देवमूर्ति, घोर अरण्य में झरी पत्ती। वह सबको उनका नाम देने का एक अथक असमाप्य उपक्रम है। कविता कोटियाँ या श्रेणियाँ बनाकर चीज़ों को ढेर नहीं करती। वह हरेक रूप के लिए नाम खोजती है। कविता यह कोशिश न करती तो

हम बहुत सारी अद्वितीयताओं को जानने-पहचानने से वंचित रह जाते। कविता अद्वितीयता का कलात्मक ही नहीं नैतिक संरक्षण भी है।

[1994]

धूप ने मुझसे पूछा है

आज सुबह से ही पानी गिर रहा है। हलकी-हलकी बारिश है और सबकुछ धुँधला-सा है। लगता है जैसे अभी रात ही चल रही है। यों एकदम निपट अँधेरी रात नहीं, लम्बी भोर है—उजाला है पर अँधेरे का अतिक्रमण कर नहीं, उसके साथ ही। धूप यहाँ यों भी कुछ देर से आती है : सुबह नौ बजे के बाद ही कंगूरों पर चमकती है। खिड़कियों के काँच पर धुंध-सी जम रही है। कहीं भी धूप का आभास या संदेह नहीं है। फिर भी धूप की प्रतीक्षा है। बिना धूप के दिन आ गया ऐसा मानना कठिन होता है। दिन से हमारा संवाद धूप से होता है। धूप न हो तो दिन मानो मूक हो जाता है, लगभग निर्वाक्।

यहाँ, इस पुराने ईसाई मठ में यों भी शांति ही रहती है : प्राचीन पवित्रता अपने रहस्य, भय और मौन के साथ। धूप आती है तो लगता है कि बाहर के संसार से कुछ जुड़ाव हो गया। इस मठ को भी उसके पुराने अकेलेपन से धूप मुक्त करती है। धूप नहीं है तो किसी पक्षी तक की आवाज़ या चहचहाहट सुनायी नहीं दे रही है। ठंडी हवा है पर वह बाहर है। धूप नहीं है तो बाहर चीज़ों के रंग भी एक व्यापक भूरे-धूसर में लीन हो गए हैं। धूप चीज़ों का उनके अपने अलग-अलग रंगों में उजागर होने का अवसर होती है।

धूप से हम समय की पहचान करते हैं। पर धूप समय के आर-पार फैल जाती है। वह अतीत पर, हमारे वर्तमान पर और भविष्य पर मानो एक साथ छा जाती है। उसके लिए सबकुछ एक साथ है, एक के बाद एक नहीं। हमारा सारा समय धूप में एकत्र होता है। आज धूप नहीं है तो यह मठ चौदहवीं सदी के धुँधलके में है और हम बीसवीं सदी के ढलान पर। कल जब धूप होगी तो इन सभी सदियों, इनके बीच के अंतराल पर और हम पर एक साथ होगी। धूप का इतिहास नहीं है : वह हमें भी इतिहास से मुक्त करती है। आकार, प्रत्यय, स्थापत्य, शैलियाँ, रूपाकार, जिजीविषा के संस्करण सब बदलते जाते हैं पर धूप नहीं। धूप वही है जो थी और जो होगी।

धूप मुझसे सीधे बात नहीं करती। वह अपने शब्दों की तरह घास, इमारतों के आकार, फूल, लोग, बच्चे, स्त्रियाँ, चिड़ियाँ, छायाएँ आदि सब बोलती चलती हैं और मुझे लगता है कि धूप ने मुझसे कुछ पूछा या कहा है। **[1994]**

असबाब में देवता

फ्रेंच कवि एर्ले बौस्के की एक लम्बी कविता का अंत इन पंक्तियों से होता है :

अगर तुम यहाँ टिकने के लिए आओ
तो अपने असबाब में
एक देवता लाना मत भूलना

यह कविता यहाँ वीलनूव के शत्रूज़ में किसी ईसाई संत के चौदहवीं सदी के बने आवास में पढ़ना लगभग पापाचार है। यों कविता पाप-पुण्य से परे होती है। बहुत ही कम कवि हैं जो अपने पुण्यशील होने का दावा करें। संत-कवि भी 'मो सब कौन कुटिल खल कामी' जैसी उक्तियाँ अनेक बार करते रहे हैं। मिल्टन के बारे में विख्यात है कि अपने महाकाव्य में वह मनुष्य के सामने ईश्वर के तरीकों का औचित्य सिद्ध करना चाहता था पर उसके बजाय 'पैराडाइज़ लास्ट' ईश्वर के बरक़्स शैतान का औचित्य प्रमाणित करता है। पाप कविता के लिए पुण्य से अधिक आकर्षक होता है। उसमें संसार के भरे-पूरेपन, उसके रंगारंग अस्तित्व को खोजने-पाने की शायद अधिक सम्भावना होती है।

कविता सबकुछ को रचना मानती है : बहुत कुछ प्रकृति रचती है, बाक़ी मनुष्य ही रचयिता है। ईश्वर, देवता आदि भी उसी की रचना है। कविता मनुष्य के कुल सामान का मीज़ान बनाती है : वह क्या पाथेय लेकर अपनी यात्राओं पर जाता है इसकी ख़बर रखती है। वह जानती है कि देवता संसार में स्वयंभू नहीं हैं। उनकी ज़रूरत है, पर उन्हें लाना पड़ता है। वे पहले से नहीं हैं : हम जहाँ कहीं भी जाते हैं टिकने, उस जगह को कुछ पवित्रता, कुछ अवेध्यता चाहिए। इसलिए कविता कहती है कि बाक़ी असबाब के साथ एक देवता लाना मत भूलना। हमें जीने के लिए जैसे अन्न-जल, स्वाद-गंध, रस आदि चाहिए वैसे ही पवित्रता भी चाहिए। लेकिन वह कहीं से टपकेगी नहीं, न ही कोई अनुग्रह की तरह वह हमें देगा। वह हमें अपने साथ ही लानी होगी। हम अपना देवता अंततः स्वयं ही गढ़ते हैं। वह हमारा अपना रहस्य है। कविता हमें अपनी पवित्रता और अपना रहस्य साथ लाने-रखने की याद दिलाती रहती है।

[1994]

दस्तक है : कोई नहीं है दरवाज़े के बाहर

यहाँ इस स्मारक में बदल गए ईसाई मठ में अद्‌भुत शांति है। घंटों गुज़र जाते हैं,

उसके लम्बे-सूने गलियारों में से कोई नहीं गुज़रता। दिन में कुछ सैलानियों की आवाज़ें सुनायी देती हैं : कभी-कभार बच्चों की किलकारियाँ या चीख़-पुकार। अगर कोई आता है तो उसकी पदचाप बहुत पहले से सुनायी देने लगती है और बहुत देर तक सुनायी देती रहती है। इतना सुनसान है कि ग़ालिब के शब्दों में 'और गर मर जाइए तो नौहख़्वाँ कोई न हो।' यह सचमुच 'ऐसी जगह है' जहाँ कोई नहीं है। शायद ईश्वर है, पवित्र भय है, शायद ईसाई संतों की मँडराती अदृश्य आत्माएँ हैं पर उनमें से कोई भी अपनी उपस्थिति का प्रमाण नहीं देता। चैम्बर का दरवाज़ा बंद रहता है और उस पर कोई दस्तक नहीं देता। फिर भी जब-तब लगता है कि कोई दस्तक दे रहा है। बहुत हलकी, जैसे बच्चे कभी शरारत में हलकी-सी दस्तक देकर किसी दरवाज़े के सामने से ग़ायब हो जाएँ। हम कभी भी निपट अकेले नहीं हो पाते : शायद इसलिए कि वैसा होने में हमें डर लगता है। हम अपने अकेलेपन को, अपने सुनसान को, अपनी निर्जनता को खोलना चाहते हैं : हम चाहते हैं कि हमें कोई पुकारे, हमें आवाज़ दे। कोई याद करे कि यहाँ इस सुनसान में घिरे हम हैं। हम चाहते हैं कि अपनी निर्जनता के घर में हम बंद न रहें। हम इसीलिए जब-तब एक दस्तक सुनते हैं जो दरअसल कहीं नहीं होती, न ही कोई देता है। हम स्वयं अपने एकांत पर दस्तक देते हैं। इसीलिए दस्तक होती है पर कोई नहीं होता दरवाज़े के बाहर। कभी-कभी हम अपने से ही मिलने अपने बाहर आना चाहते हैं।

क्या कविता हमारी आत्मा के सघन एकांत पर ऐसी ही दस्तक है ? वह हमें अपने से ही मिलने का एक दरवाज़ा खोलने के लिए प्रेरित करती है। वह समय की, सचेत करने की, कहीं जाने के लिए तैयार होने की सूचना की दस्तक नहीं है। वह ख़तरे से भी आगाह नहीं करती है। वह होने की दस्तक है : वह अंदर को बाहर की याद दिलाने की दस्तक है। वह स्थिति को उपस्थिति से जोड़ने की दस्तक है। जब हम कविता की दस्तक अनसुनी करते हैं या वह हमें सुनायी ही नहीं देती तो या तो किसी देवता या संत की तरह हमारे भीतर-बाहर में अटूट एकतानता आ चुकी होती या फिर हमने अपने एकांत में रहना छोड़ दिया होता है।

[1994]

खुद अपने ही गवाह

ईव बोनफुआ ने पाल वैलेरी के बारे में कहा है कि वे 'खुद अपने ही गवाह' होना चाहते थे। इस आकांक्षा में एक क़िस्म की पवित्रता या शुद्धता है जिसे कम-से-कम

हिंदी में इस शताब्दी में स्वीकृति या मान्यता मिल ही नहीं पायी। अधिकांश कवि और कविता के पक्षधर, प्रवक्ता, आंदोलक और आलोचक आदि सभी कविता से अपने समय की गवाही की अपेक्षा करते रहे हैं। कविता इस गवाही की परवाह न कर सिर्फ़ कवि की अपनी गवाही दे यह मंजूर नहीं—अकसर कवि को भी नहीं। इसलिए ऐसी हिम्मत बहुत कम हुई है। हमारे यहाँ कविता ज़्यादातर सामुदायिकता का पक्ष है, एकांत का रूप नहीं।

हम हिंदी में ऐसी बहुत कम कविता सोच सकते हैं जो येट्स के शब्दों में 'हृदय की दुर्गंध भरी चिथड़ों और हड्डियों की दूकान' में उतरने का जोखिम उठाती हो। जो अपनी ही चीर-फाड़ करती हो। बोनफुआ ने यह भी कहा है कि 'कविता के कायाकल्पक और जोखिम-भरे महान् प्रयोग को समाज की तात्कालिक चिंताओं में रिड्यूज़ नहीं किया जा सकता।' बोनफुआ कोई नीचट कलावादी या समाज-विरोधी कवि-चिंतक नहीं हैं। पर वे ऐसी घोषणा निस्संकोच कर सकते हैं। यही नहीं उन्होंने कहा है कि फ्रेंच कविता अकसर—शायद अधिक अकसर ही, जीवन की स्थितियों पर नहीं बल्कि भाषा पर प्रयोग है जिसे वह संसार को पुनर्नवा करने के लिए बदलना चाहती है। उनका कहना है कि यह सिर्फ़ फ्रेंच कविता ही नहीं गद्य के लिए भी सही है। फ्रेंच लेखक भाषा पर, सचाई को समझने या उसका बखान करने के लिए उसका इस्तेमाल करते हुए, प्रश्नचिह्न लगाते हैं। 'इस तरह वे समाज के साथ एक तरह का सीमित सम्बन्ध बनाते हैं।'

इसके उलट हमारी समाज से आक्रांति इतनी अधिक है कि हम भाषा को इस हद तक और बार-बार प्रश्नांकित नहीं करते। हिंदी कविता में भाषा की दुस्साहसिकता क्षीण है : उसका शिल्पगत जोखिम भी शिथिल है। उसमें व्यक्ति बहुत कम है। उसमें हमारी आंतरिकता का जटिल संसार भी कम ही है। उसमें समाज की चिंता न कर भाषा की अपनी आत्यंतिक सचाई को खोजने का धीरज भी कम रहा है। भाषा की अपनी सत्ता और सचाई का स्वीकार हिंदी में अब तक व्यापक नहीं हुआ है। शब्दों के अर्थ, आशय, संयोजन और अंतर्ध्वनियाँ बदलने से सचाई भी बदल जाती है यह हम अब तक नहीं मान पाए हैं। शब्द का एक नया आघात, उसकी एक अप्रत्याशित चीख़, उसका ज़ाहिर हुआ नया पड़ोस सब सिर्फ़ भाषा में परिवर्तन नहीं है, सचाई में बदलाव है। दुर्भाग्य से हम यह नहीं पहचान पाए हैं : न कवि, न ही रसिक। हमारी कविता खुद इसकी ही गवाह नहीं हो पायी है।

[1994]

पवित्र जगह

अगर मुझे तुम्हारे पीछे आने में दिक्कत हुई
तो मैं ओंठ सुलगाता हूँ
शांति में लौ लगाता हूँ

–आविन्यों में मार्च-1930 में आन्द्रे ब्रेताँ, रेने शा और
पाल एलुआर द्वारा लिखी गयी एक संयुक्त कविता

हम एक ऐसे समय में रह रहे हैं जिसमें पवित्र जगहें कम रह गयी हैं। हमारे कर्मजीवन में पवित्रता की जगह और, लगता है, कई बार सम्भावना ही बहुत सँकरी हो गयी है। इसलिए कुछ भी अवध्य नहीं है : हमारी ऐंठ ऐसी है कि हम हर मर्यादा का उल्लंघन कर सकते हैं। क्रांति और मुक्ति ने हमें इस निर्बन्धता का पाठ इस शताब्दी में कई बार सिखाया है। अभी भी हमारे भूगोल में कुछ जगहें बनी हुई हैं जो पवित्र मानी जाती हैं, शायद हममें से अधिकांश को उनका पुरानापन लुभाता है, उनकी पवित्रता नहीं। इसी शत्रूज़ को देखने रोज़ जो सैलानी आते हैं उन्हें यहाँ का भव्य और भयावह एकांत किसी तरह की पवित्रता का बोध देता होगा यह मानना कठिन है। यह पवित्र स्थान पहले था : अब नहीं है। फिर भी, यहाँ कुछ है जो मेरे जैसे ग़ैरईसाई और आस्तिकता से वंचित कवि को यह प्रतीति देता है कि यहाँ कुछ पवित्र है। जिस ईसाई सम्प्रदाय का यह एक केंद्र था वे मरुस्थल के दर्शन में विश्वास करते थे : निपट उजाड़ और सुनसान में अपने मठ बनाते थे ताकि वहाँ निहायत अकेले में अपना सामना कर सकें : अपने में ही रहकर अनुग्रह पा सकें। पवित्रता क्या सिर्फ़ अकेले में ही पायी जा सकती है : भीड़, जुलूस, शोभायात्रा, तामझाम उसके लिए अप्रासंगिक हैं।

कई बार लगता है कि हमारी समकालीन चेतना के भूगोल में कविता को पवित्र जगह होना चाहिए : हमारे इस अध्यात्म-वंचित, मर्यादाहीन और असंयमित समय में एक जगह जहाँ हम सिर झुका अपनी वेध्यता कुबूल कर सकें, जहाँ हम अपने से बड़ी और शाश्वत सचाई को निस्संकोच स्वीकार कर सकें, जहाँ हमारे शब्द सिर्फ़ आज और अभी के नहीं पहले और अतीत के भी एक साथ हो सकें, जहाँ अस्तित्व का रहस्य, भय और आश्चर्य पुनर्वास कर सके, जहाँ वस्तुएँ अपनी सत्ता की आभा से, मानवीय अर्थारोपण से नहीं, आलोकित हों, जहाँ विनयपूर्वक मनुष्य अपनी मर्यादा स्वीकार करता हो, भाषा अर्थातीत को छूने की चेष्टा करती हो, जहाँ आस्था और मूल्यों के घटाटोप अँधेरे में कविता एक देर रात तक जलनेवाली मोमबत्ती की तरह प्रकाशित रह सके। कविता हमें उम्मीद नहीं भरोसा दे कि जब हम हारे-थके अपने शिविर में लौटेंगे तो वह एक प्रार्थना की तरह हमारे माथे पर झुकी होगी। **[1994]**

शब्द का घर

'शब्द हमारे न कुछ होने को प्रमाणित करते हैं, हमारे पैरों तले एक खाई खोलते हुए, किंतु शब्द हमें एक घर भी दे सकते हैं।'

–ईव बोनफुआ

ऐसा क्यों है कि हमारे यहाँ शब्द-शक्ति की महिमा और आशयों पर इधर विचार होना बंद-सा हो गया है जबकि हमारी परम्परा में शब्द-शक्ति की धारणा एक प्रमुख प्रवृत्ति रही है ? हमने शब्द के बुनियादी उपयोग में कोई परिवर्तन किया हो ऐसा तो नहीं लगता। अभिव्यक्ति, व्यंजना, विश्लेषण और विचार, सम्प्रेषण और संवाद के उपयोग पुराने हैं। अलबत्ता शायद हम शब्दों का उपयोग आज कुछ अधिक तेज़ी से करते हैं : हमारा काम कुछ कम शब्दों से भी चल जाता है। इन दिनों शब्द तेज़ी से फैलते हैं। शब्द पर विचार को हमारे यहाँ व्यर्थ की दार्शनिकता या कलावादी हरकत मान लिया गया है। यों ही समाज में शब्द का अवमूल्यन हो रहा है : पढ़ने-लिखने, अख़बार और साहित्य में शब्द के प्रति लापरवाही बढ़ती गयी है। एक तरह की कामचलाऊ मानसिकता ने दृश्य पर कब्ज़ा कर रखा है।

मानवीय अस्तित्व के बुनियादी प्रश्नों को लेकर हमारी चिंता में जो अंतर आया है, उसका हमारी शब्द-शक्ति से गहरा सम्बन्ध है यह बात पर्याप्त गम्भीरता से नहीं ली गयी है। आज जब साझा मूल्यबोध, पवित्रता और अर्थमयता की साझा अवधारणाएँ क्षरित हो चुकीं क्या हमें इस पर नहीं सोचना चाहिए कि शब्द अब हमारे होने की, हमारे साथ और आसपास हमसे वृहत्तर कुछ होने की उपस्थिति से दीप्त या ज्योतित नहीं रह गए हैं। मानवीय उपस्थिति और पवित्र अनुपस्थिति के बीच शब्दों की अब जगह कहाँ है ? क्या उन्हें अपना पुराना घर याद आता है—क्या वे हमें उस याद से, उस व्यतीत उपस्थिति से किसी तरह जोड़े या हिलगाए रखने की चेष्टा करते हैं ? क्या हम इस चेष्टा को देख पाते हैं ? या कि हमने अपने और शब्दों के इस घरनिकाले को बिना जाने या विवशता से स्वीकार कर लिया है ?

पर अगर हमारा एक घर छूट गया तो हमें दूसरा घर, कोई-न-कोई शरण्य तो चाहिए। ऐसा शरण्य हम शब्दों में नहीं खोजते। यह मानना-जानना भी हमने दुर्भाग्य से छोड़ दिया है कि शब्द ऐसा शरण्य हो सकते हैं। कविता सदियों हमारी पवित्रता, रहस्य और विस्मय का घर रही है। उसे आज भी ऐसा घर हो सकना चाहिए जो हमारी नगण्यता के संत्रस्त करनेवाले भाव को कम करे—हमें फिर अस्तित्व की पवित्रता और रहस्य में पुनर्वास करने की जगह दे। शब्द ही ऐसा घर हो सकते हैं जिसमें एकांत अंतरंगता हो पर जो अपनी तरह से मुहल्ले में भी हो :

हम अकेले हों पर आदमियों और चीज़ों के बीच और उनसे घिरे भी। उसमें देवता या ईश्वर न हो, पवित्रता और उपस्थिति हों।

[1994]

आकाश पहले भी था

इस चैम्बर के ऊपरी हिस्से में, जहाँ मैं इन दिनों काम करता और सोता हूँ, तीन खिड़कियाँ हैं। ईसाई संत अपने समय में इन्हीं से बगल के चैपल के शिखर को, बाहर को और आकाश को देखते होंगे। हालाँकि इस कमरे में इस समय बज रहा पश्चिमी शास्त्रीय संगीत उस समय कम-से-कम इस कमरे में न रहा होगा, शेष सबकुछ वैसा ही है। कम-से-कम आकाश तब भी याने पाँच-छः सदियों पहले भी ऐसा ही रहा होगा। कभी-कभार अब जो आवाज़ें आती हैं शायद भिन्न तरह की हैं। पर यहाँ का सुनसान और उसके ऊपर छाया आकाश वैसे ही हैं : दोनों ही ईश्वर के अपने सुनसान हैं—उसके निस्स्वर और निश्शब्द आँगन। ईश्वर पता नहीं अब यहाँ या कहीं भी है या नहीं। वह मर गया, जैसा कि पश्चिम में माना जाता है या अपनी ही सृष्टि छोड़कर चला गया, कहना मुश्किल है। पर उसका सुनसान, उसका आकाश अभी भी है : वैसे ही जैसे पहले थे।

आकाश इन खिड़कियों से उन संतों को, उनके थोड़े से पात्रों और पवित्र पुस्तक, पोथियों और कम्बल आदि को शायद ही लक्ष्य करता होगा। वह इतना ऊपर है और उसे हर खिड़की से झाँकने के लिए इतने सारे नेत्र चाहिए कि वह शायद ही यह ज़हमत उठाता हो। फिर समय भी चाहिए। आकाश के पास भला समय की क्या कमी होती होगी ? उसके लिए तो समय ही समय होता होगा। आकाश के लिए न पहले, न बाद में : न आगे, न पीछे। वह देश और काल की सीमाओं से ऊपर और परे : असीम और निरभ्र।

आकाश अकेला है : ईश्वर तो दिवंगत हो सकता है या छोड़कर जा सकता है। पर आकाश नहीं—वह वहीं है। वह कहीं नहीं जाता। उसके लिए कहीं नहीं है। सूर्य, चंद्र, तारे-नक्षत्र, ग्रह सब दीखते हैं मानो आकाश में हों पर वे वहाँ नहीं हैं। आकाश उनसे भी अलग और अकेला। समय बीतता है, देवता ओझल हो जाते हैं, काल आकर अपनी गठरी में बटोर ले जाता है कई जीवन और लिप्साएँ, उल्कापात होता है, चंद्र और सूर्य ग्रहण-ग्रस्त होते हैं, दिन-रात होते-बीतते हैं : पर आकाश वैसा ही है—अव्यय, अस्पृश्य और आदि-अंतहीन। जब कोई नहीं था, आकाश था : जब कोई या कुछ नहीं रहेगा, आकाश होगा। आकाश पहले भी था : आकाश अंत के बाद भी रहेगा। आकाश होना ही है। **[1994]**

फूल को कुतरती है चिड़िया

फूल सुंदर और मनोरम होते हैं। उनके होने से अच्छा लगता है। वे दृश्य को रंगदीप्त भी कर देते हैं। उनके होने से अपना आसपास खुशनुमा लगता है--यों कभी वे उदासी और अकेले होने को भी एक तरह की रंग-तीक्ष्णता दे देते हैं। उनके असंख्य नाम हैं जैसे कि वे हैं भी असंख्य। जैसे हम तारे नहीं गिनते वैसे ही शायद फूल गिनने की भी हिमाक़त नहीं करते। नाम भी ज़्यादातर हमें याद नहीं रहते : फूलों को हम उनके नाम से नहीं, रंगच्छटाओं से पहचानते हैं।

रश्मि को बगीचा लगाने और उसकी देखभाल और जतन करने का शौक़ शुरू से ही रहा है। बगीचे में फूल-पौधे, रंग और हरियाली की सुषमा तो होती ही है : मनोरम कीड़ों और चिड़ियों की सक्रियता भी। बहुत बाद में मैंने यह बात पहचानी कि चिड़िया बगीचे में फूलों या रंग का आनंद लेने नहीं, अपने साथ की खोज में आती हैं। वे यहाँ-वहाँ बैठती-फुदकती सुंदर और आत्मीय लगती हैं पर वे अकसर हमारे अनदेखे अपने भोजन की किंचित् हिंसक तलाश में लगी होती हैं।

मुझे याद आता है कि पिछले दिनों हमारे बगीचे में एक बेहद आकर्षक और दुर्लभ-सी पीले रंग की चिड़िया आयी। उसने आकर सारी हरीतिमा और रंगों के सिलसिले में एक पीली-सी लौ लगा दी : सबकुछ मानो उसकी पीताभा से भर उठा। दुर्घटना ठीक सुंदरता के इस सघन क्षण के बाद घटी। वह लाल फूलों के एक पौधे पर एक पल के लिए बैठी और फिर पूरी तन्मयता और तैयारी के साथ उसने एक बेहद प्रसन्न दीखते अरुणपुष्प को कुतरना शुरू कर दिया। सुंदरता, हमारी आँखों के सामने, दिन-दहाड़े, सुंदरता को कुतर रही थी : जैसे एक पीताभ क्षण कोमल लगती क्रूरता से रक्ताभ बल्कि रक्तरंजित-सा हो रहा था। यों प्रकृति में यह होता ही है : यह, जैसा कि कहा जाता है, उसका नियम है। जो अपने आपमें भरा-पूरा और सुंदर है उसे हम काट-पीटकर उबाल-छोंककर खा जाते हैं। यह सोचना अजब और दुखद है कि इतनी सारी सुंदरता तो मनुष्य ही हर रोज़ कुतरता, नष्ट करता और लीलता रहता है। सुंदरता शुद्ध मानवीय अवधारणा है : प्रकृति, ईश्वर या पक्षियों के लिए कुछ भी सुंदर नहीं है। शायद सुंदरता की बात हमने जो प्राकृतिक है उससे विपरीत जाने के क्रम में सोची है। सुंदरता मौलिक गुण नहीं : उसकी कोई आत्यंतिकता नहीं है, वह आरोपण है। न फूल सुंदर है, न पीली चिड़िया : न कुतरना क्रूर है। यह सिर्फ़ होना है, बिना किसी विशेषण के। पर मैं जो मनुष्य हूँ, मुझे जो विशेषण मिले हैं, मुझे जो सुंदरता और क्रूरता का आभास होता है उन्हें घूरे पर क्यों फेंक दूँ ? मुझे अरुणपुष्प को निहारती पीली चिड़िया और सुंदरता का वह पीताभ क्षण चाहिए : हो सके तो कुतरती चिड़िया

नहीं, भले ही उसका पीला और सुंदर होना इस क्रूर कर्म पर ही आश्रित क्यों न हो !

[1994]

अनंत की चौकसी करते पुरखे

कल हमें बताया गया कि 1 नवम्बर को पूरे फ्रांस में छुट्टी होगी क्योंकि उस दिन सब लोग अपने दिवंगतों को याद करेंगे। हर साल एक दिन पुरखों का होता है। भारत में हम अपने पुरखों के लिए पूरा एक पितृपक्ष ही मनाते हैं। मुझे अकसर लगता रहा है कि पुरखे हमारे घर के आस-पास पक्षियों की तरह मँडराते हैं। 'हम अपने पूर्वजों की अस्थियों में रहते हैं।'

यों तो इस ईसाई मठ के इस चैम्बर के अपने पुरखे हैं : हो सकता है वे थोड़ी-सी ओस बनकर इसकी खिड़कियों के काँच पर थोड़ी देर के लिए जम जाते हैं ताकि हमारी रात की, हमारी नींद और सपनों की रखवाली कर सकें। पुरखे इस निपट भीषण से एकांत में हमें निर्भय करते हैं। अकसर हम उन्हें ठीक से नहीं जानते। उनमें से ज़्यादातर के नाम-रूप न हमें ठीक से मालूम, न ही याद। बस एक अजब-सा भरोसा कि वे हैं और कृपालु हैं। पुरखों का किया-धरा बहुत थोड़ा बचकर हमारे पास आ पाता है। कोई पैतृक मकान, कुछ आभूषण, एकाध कथरी या मूर्ति और कुछ नाम। कोई पारिवारिक प्रथा जिसका उद्गम हमें पता नहीं होता। पर इन सबके बिना या बावजूद पुरखे होते हैं। वही हमारे लिए अपनी कामना-आकांक्षा, जिजीविषा और साहस, कल्पना और जोखिम की एक निरंतरता गढ़ते-रचते हैं : हमें उस निरंतरता में अवस्थित कर अकेले होने के डर से बचाते हैं। वही हमें जताते हैं कि हम उनके हैं, एक दिन उनमें, उनकी पाँत में होंगे पर हम वही नहीं हैं। पुरखे अनुवाद नहीं करते, न ही हममें अपना अनुवाद देखना पसंद करते हैं।

पुरखे अनंत को हमारे घर-आँगन में ले आते हैं। वे हमें यह अहसास कराते हैं कि हम बहुत पहले से हैं और बहुत बाद तक रहेंगे। उनके कारण अनंत सुदूर और अलभ्य नहीं रह पाता : वह जहाँ-तहाँ उग आयी हरी घास की तरह घरेलू होकर हमारे आस-पास पुरा-पड़ोस में शामिल हो जाता है।

सभी पुरखे सयाने नहीं होते : कुछ में अधीरता और बालहठ भी होता है। सभी हमारे पाप-पुण्य पर नज़र नहीं रखते। कुछ हमें ईर्ष्या से भी देखते हैं : कुछ को हमारी आसक्ति से लालच लगता है। पर उन सबमें धीरज होता है : वे ग़ैब की हद से बाहर नहीं आते। मृत्यु करे, न करे, पुरखे हमेशा हमारी प्रतीक्षा करते हैं।

[1994]

झुरमुट में प्रतीक्षा करती गेंद

गेंद खेले कितने ही बरस हो गए। अभी जब दूबी टूरी के साथ गेंद खेलती है तो कभी-कभी याद आता है कि कभी हम भी गेंद खेलते थे : दूसरों के साथ और कभी-कभी अकेले। यों बचपन बहुत याद नहीं आता—अपने आप। उस समय कैसा लगता था यह कोशिश करो तो भी ख़याल में नहीं आता। अलबत्ता कुछ घटनाएँ और चीज़ें पटल पर ज़रूर उभरती हैं। कविताओं में भी बचपन को अकसर ऐसी ही छवियों के माध्यम से ही पुनरुज्जीवित किया है। वैसे भी बचपन में चीज़ों का बहुत गहरा और स्पष्ट प्रभाव पड़ता है मानो बचपन में अपने अबोधपन में हम किसी भी चीज़ को बहुत तीक्ष्णता के साथ देखते थे। ऐसी चीज़ें और चेहरे, मकानों की सीढ़ियाँ और खिड़कियाँ, स्कूल के अहाते में लगे इमली के पेड़, खेल के मैदान के पास की पुरानी बावड़ी आदि सब बहुत साफ़ याद आती हैं। उनमें से अब कई अस्तित्व में ही न रह गयी होंगी पर हमारे मन में उनकी छवि स्थायी और अमिट हो जाती है जैसे वे अपने भौतिक अस्तित्व से मुक्त होकर हमारे जीवन के स्पेस में अपनी सत्ता हासिल कर लेती हैं : जब तक हम रहेंगे, वे छवियाँ भी रहेंगी इस तरह कि उनका होना ही हमारा जीवन हो।

जैसे प्रेम में वैसे ही स्मृति में हम नहीं चाहते कि किसी और के पास वैसी ही छवियाँ हों। उस बेंच पर जिस पर बैठकर हम खोंमचे की चाट खाते थे या कि उस कमरे में, जिसमें हमने स्वयं अपने शरीर की ऐंद्रिकता पहचानने की शुरुआत की, हम नहीं चाहते कि कम से कम अब कोई बैठे या जाए। स्मृति में हम कई चीज़ों को, छवियों को पवित्र करते चलते हैं। शायद स्मृति ही पवित्रता की मौलिक कारक है। कुछ भी पवित्र इसीलिए हो पाता है कि उसे हम याद करते हैं और उसे उसकी निपट भौतिकता से मुक्त कर पाते हैं।

हमारे घर के पीछे जो कम्पनी बाग़ था वही हमारे लिए बगीचा और जंगल था। उसी में हम अण्डा-डावरी का खेल खेलते थे और लुकाछिपी का भी। वहीं झुरमुट भी थे जिनमें अकस्मात् कुछ अप्रत्याशित-सा मिल जाता था या हम ही छुपाकर रख आते थे। सचमुच ऐसा हुआ था या नहीं, पर ऐसे ही किसी झुरमुट में रखी गेंद इस समय याद आ रही है। जीवन के इस अधेड़ झुरमुट में बचपन अब गेंद की तरह ही रखा हुआ है। अब खेल नहीं सकते, सिर्फ़ महसूस-भर कर सकते हैं।

[1994]

हमेशा एक दरवाज़ा है

हम जहाँ होते हैं वहाँ बहुत देर तक नहीं बँधे रह पाते : हमें लगता है कि वहाँ से निकलने का कोई दरवाज़ा होना चाहिए। हमें विस्तार चाहिए पर इतना नहीं कि उसमें से निकलकर कहीं और जाने की राह न हो : हम विस्तार में भी एक द्वार चाहते हैं। किसी बेहद्दी मैदान में हम अधिक देर टिक नहीं सकते। हमें वहाँ से निकलकर किसी हद में पहुँचने के लिए दरवाज़ा चाहिए। बेहद्दी हमारा स्वभाव नहीं। वह कभी-कभार हमारी आकांक्षा हो सकती है। हमें हद चाहिए और कम-से-कम एक दरवाज़ा भी।

हद और दरवाज़ा ही देखा जाए तो घर बनाते हैं। हमारा जन्म ही एक घर से निकलना है : माँ का गर्भ जिससे हम निकल आते हैं ऐसा ही घर नहीं तो क्या है ? उस घर से निकलकर हम जीवन-भर किसी न किसी और घर की तलाश करते रहते हैं जो हमें राहत-आराम, सुख-दुख, नींद-सपनों की हद में बाँधकर रख सके और जब ज़रूरी लगे तो जिसका दरवाज़ा खोलकर हम बाहर की दुनिया में, पुरा-पड़ोस में, शायद बेहद्दी मैदान में जा सकें और उसी दरवाज़े से, या कि पिछवाड़े के दरवाज़े से ही सही, फिर वापस उसकी आत्मीय-अंतरंग हद में आ सकें। एक घर से दूसरे घर की खोज एक हद और दरवाज़े से दूसरी हद और दरवाज़े की खोज है। शायद जीवित होने और मनुष्य होने का अर्थ ही अपना घर बनाना, अपनी हद खोजना और उससे बाहर निकलने के लिए दरवाज़े खोलना ही है। जिस घर का दरवाज़ा हम नहीं खोल सकते, वह हमारे लिए क़ैदखाना हो जाता है।

जिस संसार में हम घर बनाते हैं वह भी एक बहुत बड़ा घर है। कुछ को लगता कि वह ईश्वर का घर है। भूगोल भले उसकी हदें बताता हो वह है बेहद्दी, जिसमें असंख्य दरवाज़े हैं। कुछ को वह अस्तित्व मात्र का घर लगता है : जिसे हद बाँधकर और दरवाज़े खोलकर हम कुछ अर्थ, कुछ बसाहट, कुछ पावनता देते हैं—हम याने सारा प्राणिजगत् और प्रकृति। जो भी हमें जीने-बचने के लिए, रहने-रचने के लिए, सहने-अर्थ देने के लिए घर चाहिए—वही जिसमें हद हो, दरवाज़ा हो और जिसे खोलकर हम जब चाहें बेहद्दी में जा सकें। समय कितना ही असीम क्यों न लगे हम उसे हद में बाँध ही लेते हैं—हमेशा एक दरवाज़ा होता है। न होता तो ये शब्द भी निकलकर इस पृष्ठ पर अंकित न हो पाते।

[1994]

आविन्यों में तीन कवि

"हर किसी ने मेज़ देखी है पर मुश्किल यह है कि जब हम ठीक इस वक़्त मेज़ कहते हैं तो यह मेज़ महाशय ब्रेताँ के लिए कैफ़े की मेज़ है क्योंकि वे पीते हैं, महाशय शा के लिए जुए की मेज़ है क्योंकि वे जुआ नहीं खेलते हैं और महाशय एलुआर के लिए वह आपरेशन मेज़ है क्योंकि आज सुबह वे आपेरा चौक के पास से गुज़रे थे। अगर इन महाशयों से कोई भी मेज़ कहे तो आप देखें कि उससे क्या निकल आता है।"

आज से 64 वर्ष पहले, मार्च 1930 में आविन्यों में तीन फ्रेंच कवि एकत्र थे : आन्द्रे ब्रेताँ, रेने शा और पाल एलुआर। अपने निजी व्यक्तित्वों को मिलाने के लिए उन्होंने संयुक्त कविता लिखी। कुल पाँच दिनों में तीस कविताएँ जिनमें से हरेक कविता की पंक्तियाँ कम-से-कम दो और अधिकतर तीनों कवियों की लिखी पंक्तियों से बनी। वे अतियथार्थवादी दिन थे। पास के देहात में घूमते हुए तीन कवि मित्रों को रास्ते की मरम्मत की एक संकेतपट्टिका दीख पड़ी जिस पर उन्होंने इस संयुक्त पुस्तक का शीर्षक रखा। स्वयं अतियथार्थवादी काव्य-परम्परा में इस तरह की कविता दुर्लभ ही है।

अकसर जिसे हम यथार्थ कहते-मानते हैं वह एक रूढ़-सी प्रथा है और यह भ्रम है कि हर चीज़ का अर्थ या आशय स्पष्ट सुपरिभाषित या सुनिश्चित है। कविता यथार्थ के इस भ्रम को तोड़ती है और साधारण चीज़ों से भी वे आशय निकाल लाती है जिनके होने या जिनकी सम्भावना के बारे में हमें कोई उम्मीद या संदेह न थे। तीन फ्रेंच कवियों की संयुक्त रचनाओं में जटिल सघनता है : उसमें चीज़ों ने सर्वथा अप्रत्याशित संयोजन है। एक पंक्ति है : 'ओस आती है तुम्हें अद्वितीय सपनों के द्वारा जगाने के लिए' या कि यह दूसरी : 'वह कंकड़ों की भरी सभा में नाचती है/आँसू-बूँद शेडेलियर्स के नीचे।' या कि यह तीसरी : 'जड़ों की तरह रौशनी ने अपनी एकमात्र उछाल ली/और ओस के जाल बिछाए'।

नये अर्थ की उद्भावना कविता कई तरह से करती है। कभी वह किसी वस्तु पर हमारी दृष्टि एकाग्र कर उसकी ऐंद्रिक सत्ता को हमें छूने देती है। कभी वह किसी वस्तु का क्रिया-परिवर्तन कर देती है—तभी हम चट्टान की पुकार सुनते हैं या कि ओस निश्शब्द गिरती नहीं है बल्कि रौशनी द्वारा चुपचाप जाल की तरह बिछा दी जाती है। अगर रस्मी यथार्थ से कविता वस्तुओं को, संज्ञाओं को उनके रस्मी विशेषणों और क्रियाओं से कविता मुक्त नहीं कर पाती तो वह अपनी नैतिक आभा ही खो देती है। कविता चीज़ों के इतिहास को रौंदती है, वह उनके भूगोल को तहस-नहस करती है : इस ध्वंस से ही सच्चा काव्यस्फोट सम्भव हो पाता है।

[1994]

अनश्वरता का संदेह

"मनुष्य द्वारा रचा गया कोई भी आकार अनश्वर होता है, क्योंकि आकार पदार्थ या तत्त्व से स्वतंत्र होता है।"

—**चार्ल्स बोदेलेयर**

"सेब तक की संदेह-भरी सुबहें होती हैं।"

—**एर्ले बोस्के**

बरसों पहले आविन्यों के प्रख्यात ग्रीष्म समारोह में ज्याँ क्लोद कैरिये को एक अनूठा कार्यक्रम करते देखा-सुना था : टैक्स्ट इन द न्यूड। दिगम्बर टैक्स्ट्स। ज्याँ क्लोद किसी प्राचीन, आधुनिक, मध्यकालीन लेखक या कवि या विचारक का एक अंश पढ़ते थे बिना किसी संदर्भ के और उसके बाद किसी और का सर्वथा असम्बद्ध। और लगता था कि मानो अपने अलग-अलग समयों और संदर्भों को छोड़कर वे सभी एक-दूसरे से बातचीत कर रहे हों। काल के पार, निश्चित संदर्भों से अलग संवाद की निरंतरता। अगर कविता या गद्य या विचार को उसके स्थान से विचलित कर दो तो वह एक नयी स्वतंत्रता पा लेता है : नयी अर्थाभा भी। शब्द कितने भी अकेले और अपने में ही केंद्रित क्यों न हों उनका स्वभाव ही संवाद करना है : शब्दों की स्थायी रति मानो संवाद है। उस कार्यक्रम के बाद लगा कि यह कितना अद्भुत और विलक्षण है कि कितने सारे लेखक, पुस्तकें और शब्द, हमारे जाने बिना, अनवरत एक संवाद में शामिल हैं। इस संवाद में शामिल हो पाना एक तरह की अनश्वरता, अक्षरता का उपहार अनायास ही पा लेना है।

आज सुबह मेरे बोदेलेयर का कथन, जो कि यहाँ शत्रूज़ की एक पुस्तिका में उद्धृत है, और एर्ले बोस्के की पंक्ति, जो कि उसकी एक पुस्तक में है जिसे मैं अपने साथ लाया हूँ, साथ याद आयीं और उन्हें मैंने इस पृष्ठ के ऊपर लिख दिया। दोनों में यों कोई सम्बन्ध क़तई नहीं है। शायद ही किसी और ने उन्हें साथ पढ़ा या सोचा हो। पर साथ आने पर बोदेलेयर के विश्वास और बोस्के के संदेह में अचानक एक दिलचस्प संवाद होने लगता है। यों बोदेलेयर आश्वस्ति का चिंतक नहीं और बोस्के संदेह का कवि नहीं। बोदेलेयर के बगीचे में पाप के फूल खिले थे और उन्हीं के बीच कहीं गिरता है संदेह-भरा एक सेब। 'प्रेम के लिए नोट्स' शीर्षक अपनी लम्बी कविता में, जिससे यह पंक्ति है, बोस्के के लिए 'महान् पक्षियों का भी आविष्कार हुआ था'। प्रेम में कुछ भी प्रकृत नहीं—सब रचा और मिटाया जाता है। दिन डूब रहा है और मैं एक हिंदी कवि उसी मठ में हूँ जहाँ दूसरी लड़ाई के दौरान एक संगीतकार की चाची ने यहाँ अपने कमरे में कवि लुई अराँगा को छुपाकर कई दिनों तक रखा था। अब आकार, संदेह, सुबह, नश्वरता, सेब और

कवियों के बीच एक संवाद चल पड़ा है। समय, भाषा या यहाँ का भयावह सुनसान कोई बाधा नहीं है।

[1994]

हम पर पत्तियाँ गिर रही हैं

इन दिनों यहाँ आविन्यों और वीलनूव में, समूचे प्रावांस अंचल में बेमौसम बरसात हो रही है। बीच-बीच में आँधी भी चलती है। यहाँ के पेड़ों पर हरी के अलावा पीली पड़ती पत्तियाँ भी हैं—बारिश-आँधी में वे गिरती हैं और अकसर रास्ते या फुटपाथ उनसे पट-से जाते हैं। पता नहीं किसी भी पत्ती को कब पता चलता है कि उसकी अवधि अब समाप्त होने जा रही है—कि उसका हरापन पीला पड़ने को है, कि बिना आँधी-तूफ़ान की आकस्मिक और अप्रत्याशित दुर्घटना के भी, वह झरने को है। पत्ती अगर जाए तो क्या उसका अवसाद उसमें जल रही हरी लौ को एक बार और तेज़ कर देता है मानो वह तेज़ हरी आँच ही उसे पियराने लगे बजाय किसी रसायन का क्षीण पड़ता स्रोत ! पत्ती का झरना एक अंत है, एक मृत्यु है, वृक्ष से विलगाव है। पर वह ऐसा समापन है जिस पर कोई आँसू नहीं बहाता, न कोई शोकगीत गाता है। वृक्ष अगर दुखी-संतप्त हो पता नहीं : वैसे भी हम वृक्ष के प्रसन्न, हर्षोत्फुल्ल होने को तो जानते हैं, उसके दुख का व्याकरण हमें पता नहीं।

पत्तियाँ झरकर सिर्फ़ ज़मीन पर नहीं, हमारे बनाए गलियारों, सड़कों, आँगन और चबूतरों पर भी गिरती हैं। तज दी गयी पुरानी चीज़ों पर, हमारे अचानक हो गए उदास मन पर और कविताओं में खाली रह गयी जगहों पर भी पत्तियाँ गिरती हैं। वे बिना कोई आवाज़ किए चुपचाप, न-जाने-कब, गिरती हैं। ऐसे भी पतन हैं जिनकी कोई आवाज़ तक हम नहीं सुन पाते।

अंततः पत्तियाँ हम पर भी गिरती हैं : हममें जो विजड़ित होता जाता है, प्रेम या संवेदना में, हममें जो सिकुड़ता और सहमता जाता है, उस पर पत्तियाँ गिरती हैं। हम अपना वसंत पहचानते हैं : अपने पतझर की हमें ख़बर नहीं होती। इस बात से कोई राहत नहीं मिल सकती कि पत्तियों को भी पतझर की ख़बर नहीं होती है।

क्या रिल्के ने बुद्ध की प्रतिमा पर, अपनी किसी कविता में, पत्तियाँ गिरती देखी थीं ?

[1994]

बच्चा पलटकर देखता है

उस रास्ते वह एक युवा दम्पति आ रहा था : वे मेरे बेटा-बहू भी हो सकते थे। थे नहीं। जो हो सकता है और जो है उसके बीच एक पगडण्डी बनी रहती है। उसी पर डगमग चलते हुए हम जीते हैं। बहरहाल, उनके साथ एक बच्चा भी था : ज़रूरी नहीं कि वे दम्पति ही हों, युगल भी हो सकते हैं। वे जो भी थे, तीनों संग-साथ, जा रहे थे। मैं उस शुद्ध संयोगवश दूसरी ओर से आ रहा था। मैं वहाँ न भी होता तो दृश्य पूर्ण था। मेरे वहाँ उस वक़्त उन्हें क्रॉस किए बिना भी वे तीनों जा रहे होते। उनका वहाँ जाना मेरे वहाँ से निकलने पर किसी भी तरह निर्भर नहीं था। पर, अकस्मात् और अनिच्छित ही सही, मैं वहाँ था। उन्होंने मेरे वहाँ होने की न कल्पना की थी और न ही उसे विशेषतः लक्ष्य भी किया होगा। बग़ल से गुज़रते राहगीरों को, अगर वे रोज़मर्रा के पड़ोसी आदि न हों, कौन भला लक्ष्य करता है ? असलियत तो यह है कि मैंने भी उन्हें कोई खास लक्ष्य न किया होता अगर वह बच्चा न होता।

बच्चे सब खुशनुमा ही लगते हैं। सोए हों तो सभी देवशिशु जैसे दीख पड़ते हैं। यह बच्चा, संयोगवश, सोया हुआ नहीं था। उसकी आँखों में चमक थी जैसी कि सपनों में या ताज़ा खिले फूलों में होती है। उसे यों सामने टुकुर-टुकुर ताकते देखना अच्छा लगा। एक नए शुभारम्भ का कोमल आघात था वह। बिना चाहे भी, उस दृश्य के केंद्र में, पल-भर के लिए, वही बच्चा था। वह न होता तो शायद उस दृश्य में स्मरणीय कुछ भी न होता। हम पल-भर में ही एक-दूसरे के पास से गुज़र गए। उसने यकायक दृश्य में इतनी खुशी भर दी थी कि मैंने एक पल ठिठककर पीछे किंचित् कृतज्ञता के भाव से उसकी ओर फिर देखा। मुझे अचरज हुआ कि वह बच्चा भी पलटकर देख रहा था : ज़ाहिर है मुझे नहीं जब तक कि मैं अपनी वेशभूषा से उसे बिलकुल अजूबा न लगा होऊँ। वह पलटकर देख रहा था : प्रसन्नता का एक संक्षिप्त बाल-अनंत पलटकर देख रहा था—क्या देख रहा था यह जानना अनावश्यक है। अपना पिछला जन्म, मेरा भविष्य, संसार की कभी भी न चुकनेवाली निरंतरता, जीवन की अपार सम्भावनाएँ उन सबको शायद वह अबोध देख रहा था। मुझे ठीक से पता नहीं पर हो सकता है वह देवशिशु था जो पलटकर प्रलय देख रहा था।

क्या यह सम्भव है कि कविता में उस बच्चे जैसा पलटकर मैं अपने को, संसार को और भाषा को वैसे ही निश्छल-निष्कलंक भोली आँखों से देख पाऊँ ?

[1994]

गोधूलि में

गोधूलि में कविता

बरसों से पुरस्कार समारोहों में कवियों का बहुत उत्साह से प्रशस्तिवाचन करता रहा हूँ। आज जब मेरा प्रशस्तिवाचन हो रहा है तो मुझे बहुत अटपटा लग रहा है। जिस सम्मान्य जूरी ने मेरा चयन किया उसके प्रति कृतज्ञता व्यक्त करते हुए भी मैं कहना चाहता हूँ कि यहाँ मेरी जगह अगर कुँवर नारायण या विनोदकुमार शुक्ल होते तो मुझे प्रसन्नता होती।

पुरस्कार कवि को ही मिलता है, कविताओं को नहीं। बरसों मेरी सांस्कृतिक सक्रियता इतना ध्यानाकर्षण करती रही कि मेरी कविताएँ अलक्षित ही रहीं। मुझे उनकी वजह से पुरस्कार तो मिल रहा है लेकिन यह डर बना हुआ है कि कहीं वे फिर ओट न हो जाएँ। पुरस्कार मिलने के बाद, कम से कम हिंदी में, कवि संदेह के घेरे में आ जाता है। मैं तो सौभाग्य से पहले से ही संदेह के घेरे में रहा हूँ: अब वह दुहरा हो जाएगा। ज़िस तरह इस पुरस्कार को, उसी तरह अपने संदेहास्पद हो जाने को सहर्ष और ससंकोच स्वीकार करता हूँ। पुरस्कार से मित्रता घटती और शत्रुता बढ़ती है। मेरे जैसे के पहले से ही शत्रु कम नहीं हैं। उम्मीद यह करता हूँ कि अगर वे बढ़ेंगे भी तो उनमें से कुछ इस शातिर व्यक्ति की कविताएँ पढ़कर अपनी शत्रुता का आधार पुख़्ता करना चाहेंगे।

इस पुरस्कार की ख़बर मेरे छोटे कवि-भाई उदयन को मिली तो उसकी एक प्रतिक्रिया यह थी कि चलो अब मैं शायद एक मकान बनवा सकूँगा जो आज तक नहीं कर पाया। कविता में एक भरा-पूरा घर बनाने की कोशिश पिछले पैंतीस सों से अलबत्ता करता रहा हूँ। उम्मीद करता रहा हूँ कि वह हवेली या महल नहीं है, कविता का घर है। उसमें प्रेम, लालित्य, नश्वरता, सुन्दरता, शब्दों के स्पंदन और खेल, रहस्य, पवित्रता, आश्चर्य, माँ-पिता की स्मृतियाँ, पूर्वजों की अस्थियाँ, न जाने कितने कवियों की अंतर्ध्वनियाँ और पुरा-पड़ोस के दूसरे, समय और अनंत, संयोग

से, सबकुछ रसा-बसा है।

बचपन में बरसों तक घर में लालटेन के उजाले-अँधेरे का अभ्यास होने से जैसे जीवन का बहुत कुछ मद्धिम-आत्मीय रौशनी में देखने की आदत पड़ी वैसे ही जीवन को सिर्फ़ सीधा-कच्चा पाने-सहने के अलावा उसे कलाओं से मुकम्मल और परिष्कृत पाने का भी उत्साह रहा है। मनुष्य का जीवन सिर्फ़ दूसरों, अन्य जीवधारियों और प्रकृति, ब्रह्माण्ड से ही नहीं मनुष्य की कृतियों से भी घिरा है। वे तो अपने कृतित्व से कालजयी हैं पर उनकी उपस्थिति मेरी कविता को उसका जीवट भी देती रही है। कविता के घर में शुभानन ऋत्विक् कुमार गन्धर्व का आत्मविश्वास और ज़िद, लगभग ईश्वर की तरह पवित्र-पारदर्शी मल्लिकार्जुन मंसूर की अविचल निष्ठा और "जिस पर कोई आकाश नहीं टिकता" ऐसे जगदीश स्वामीनाथन् की अथक प्रखरता भी लगातार गूँजती-दिपती रही है। सबसे बढ़कर पत्नी रश्मि ने, दाम्पत्य में मेरी अनेक चूकों को नज़रंदाज़ कर, मेरे घर की नहीं कविता की भी हमेशा रखवाली की है।

कविता सीधे जीवन से कम दूसरों की कविता से अधिक सीखी जाती है—कम से कम मेरे लिए यही सच रहा है। अज्ञेय से कविता की गरिमा का पाठ सीखा तो मुक्तिबोध से उसके लिए अनिवार्य आत्मसंघर्ष का। शमशेर बहादुर सिंह ने जटिलता से सीधा सामना करना सिखाया। रघुवीर सहाय से जीने के ऐंद्रिक ब्यौरे पकड़ पाने की हिक़मत पाई तो श्रीकांत वर्मा से शब्दक्रीड़ा के लिए उत्साह मिला। उर्दू न जानने के बावजूद ग़ालिब से गहरी पीड़ा में भी अपने पर, अपनी अकारथता पर हँसने की हिम्मत पाई। गोपालगंज सागर के बकौली-कठचंदन के पेड़ों और निम्न मध्यवर्गीय परिस्थिति के लोगों में से रसे-बसे मुहल्ले में यों कविता के लिए कुछ भी उत्प्रेरक नहीं था। बहुत बाद में यह पहचान जगी कि उस रोज़मर्रा की ज़िंदगी में अपना रहस्य, अपनी पवित्रता और अपनी कविता थी। वहाँ जो संबंध बने-बिगड़े, उनके विन्यास की जो विकलता जगी उसी ने कविता की ओर ठेला। आख़िर भाषा में अपने को टटोलने-नबेरने, अपने को बिखरने से बचाने और सहेजने का जतन ही तो कविता है। किराए के एक बेढब से मकान में पता नहीं कब कविता का दरवाज़ा खुल गया और एक ऐसी दुनिया में दाख़िला हो गया जो बेहद्दी है। उस बेहद्दी में अपनी हदें विलीन कर ऐसा विस्तार और सम्भावना मिल गए जो कि अन्यथा शायद ही मिल पाते। कविता ने मानो ज़िंदगी में धँसने और हिस्सेदार होने के लिए विवश कर दिया अन्यथा किनारे भी बैठा रहा जा सकता था। मँझधार में ऊभ-चूभ करते किनारे की उम्मीद में ही कविता लिखी जाती है। या शायद कविता में ही मँझधार किनारा होने का असम्भव-सा सपना देखती है।

कविता जीने का एक ढंग है : ज़रूरी नहीं कि बेहतर या ज़्यादा कारगर ढंग हो, पर एक अलग ढंग। वह भाषा में जीने का अनुकरण नहीं है—भाषा में जीना

है। यह अपने समय के विराट् सरलीकरणों के विरुद्ध अपनी पकड़ में आए थोड़े से सच का विनम्र पर दृढ़ आग्रह है। इस शताब्दी में मनुष्यता ही नहीं, कविता भी महान् सत्यों और उनके आधार पर खड़ी दैत्याकार व्यवस्थाओं की शरण में गयी है और उसका शिकार हुई है। फिर भी, वह यह मानती रही है कि किसी छोटे से सच को भी ख़राब नहीं जाना चाहिए। हम शायद इस शताब्दी में निश्छाय सत्य की दबोच से निकलकर छोटे-छोटे सचों के झिलमिल पड़ोस में आकर अधिक राहत महसूस करते हैं। हम कविता के पास जाते हैं क्योंकि हम कुछ सघनता और उत्कटता से, कुछ ऐंद्रिकता और समझ के साथ जीना चाहते हैं : हमें स्पंदन चाहिए, अपने मनुष्य बने रहने का भरोसा चाहिए। राहत और उम्मीद चाहिए। सारे शोरोगुल और आपाधापी में मौन चाहिए—एकांत चाहिए। नारों और विज्ञापनों के घिराव से दूर अपनी आवाज़ चाहिए—शब्द चाहिए। अगर हम अपने घुटे-सँकरे समय से निकल सके तो कविता हमको दूसरे समय में ले जा सकती है जहाँ समय और समयातीत पड़ोसी हैं। कविता अपने समय और इस दूसरे समय में एक साथ जीना है।

आज हमारी दुनिया पहले की तुलना में अधिक सार्वजनिक हो गई है। कविता पर भी इस सार्वजनिकता का आतंक बढ़ा है। उससे लगातार यह अपेक्षा की जाती है कि वह सार्वजनिक भावों और स्थितियों से प्रतिकृत हो : कवि सामाजिक संघर्ष और मुक्ति का प्रवक्ता हो। भले सच यह भी है कि सार्वजनिक दुनिया में कविता के लिए गुंजाइश बहुत कम है और विज्ञापन, नारे को छोड़कर वहाँ किसी और रूप में कविता का उपयोग नहीं है। आज कविता का बुनियादी संघर्ष उस निजता और अंतरंग को बचाने का है जिसे सार्वजनिकता लीलने पर उतारू है। कविता समाज का ज़रूरी एकांत है ताकि हम कभी-कभार अपनी आत्मा के झुटपुटे में उतर सकें, अपने होने की बुनियादी उधेड़-बुन का सामना कर सकें। कविता आज अपनी सामाजिक ज़िम्मेदारी और नैतिक कर्तव्य सार्वजनिकता के साथ बहकर नहीं उसकी सर्वभक्षिता का लगातार प्रतिरोध कर ही निभा सकती है : वह सार्वजनिकता की, व्यक्ति और निजीपन के कोण से की गई, सभ्यता-समीक्षा है। हम अपना निजीपन पोस-वचाकर ही अपनी सार्वजनिकता को मानवीय और भरा-पूरा कर सकते हैं। शायद कविता इसमें हमारी मदद कर सकती है। वह निजस्व का अनुष्ठान नहीं है, उसका अन्वेषण है जो हमारी सामुदायिकता से हमारे रिश्ते को एक साथ सर्जनात्मक और आलोचनात्मक बनाता है। वह व्यक्तित्वहीनता और सामान्यीकरण, सरलीकरण के विरुद्ध एक असमाप्य सत्याग्रह है। कवि आज प्रवक्ता होने में संकोच महसूस करता है—महान् लक्ष्यों, क्रांतियों और विद्रोहों का जो हश्र हुआ है उसमें यह हिचक लगभग अनिवार्य है। अपने असंख्य संदेहों, विभ्रमों और अस्पष्ट-सी आस्था लिए, गहरी निराशा और उच्छल आशा के बीच

अस्थिर, अपने सामने रोज़-ब-रोज़ अपनी भाषा को संकुचित और अर्थच्युत होते देखकर, कवि भला किसका प्रवक्ता होने का दावा करे या आकांक्षा रखे ? कविता अब वक्तव्य नहीं है—वह एक फुसफुसाहट या कानाफूसी है। वह अब अच्छी-बुरी ख़बर या अफ़वाह नहीं है—वह गोपन-विश्वस्त शब्दों की गुपचुप साझेदारी है। चुपचाप लिखी गई कुछ पतों पर चिट्ठियाँ। वह बिना आत्मदया के मानती है कि "यही तो छोटी-सी दुनिया हमें मिली है / सच है, सुंदर है / और असह्य भी / यही सम्हाले नहीं सम्हलती है।"

हमारे समय का पूर्वग्रह यह भी है कि कविता पर्याप्त कर्म नहीं है, कि कवि को कविता के अलावा भी कुछ सामाजिक कर्म करना चाहिए। यों तो अधिकांश कवि अपनी जीविका के लिए कुछ-न-कुछ करते हैं, ज़ाहिर है उसे सामाजिक सक्रियता नहीं माना जाता। हममें से कुछ का संघर्ष कविता या साहित्य को कर्म की प्रतिष्ठा न देने की अप्रजातांत्रिकता के विरुद्ध रहा है। इस अवधारणा का भी प्रत्याख्यान किया गया है कि सारे मौलिक परिवर्तन समाज में, कविता से बाहर ही, होते हैं। मेरा यह आग्रह रहा है कि यह पहचाना जाए कि कई परिवर्तन कविता में उसके अपने क्रम और विकास में होते हैं और कविता का काम बुनियादी तौर पर समाज में हो रहे परिवर्तनों का प्रतिबिम्बन-भर नहीं है। मैं कविता को महान् लक्ष्यों, विचारधाराओं आदि का उपनिवेश मानने के विरुद्ध रहा हूँ। कविता के स्वराज की बात मैंने उसके समाज-विविक्त होने के अर्थ में नहीं, उसके विशिष्ट होने के अर्थ में की है। कविता को समाज चाहिए, वह उससे प्रभावित भी होती है जैसे कि वह कवि-व्यक्तित्व की निजताओं से भी गहरा सम्बन्ध रखती है। पर उसकी अपनी वैचारिक सत्ता है, उसका अपना जनपद है। यह मानने में हमारे यहाँ व्यापक रूप से हिचक है। जिसका आशय यही है कि कविता को अपनी स्वाधीनता का संघर्ष लगातार लड़ना होगा।

कविता की जाँच-परख के पैमाने स्थिर और सार्वकालिक होना सम्भव नहीं है क्योंकि मनुष्य और उसकी दुनिया, उसकी भाषा और कविता बदलती रहती है। फिर भी, अपने काव्य-व्यवहार और चिंताओं से ऐसे पैमाने हर कवि बनाता है। वह सिर्फ़ अपने समय में ही नहीं लिखता बल्कि सारी कविता भी हज़ारों वर्षों के आर-पार फैली कविता, उसके लिए समय है, जिसमें वह लिखता है। इसलिए वह कुछ ऐसी धारणाएँ अपने लिए खोज लेता है जो उसके आसपास की कविता को ही नहीं बल्कि बहुत दूर की कविता को भी समझने-परखने में सहायक हो सकें। पहले, कविता में किस कोटि या गुण की, कितनी सघन-समृद्ध कल्पना है। दूसरे, कविता किस तरह का साहस करती है : भाषा में, शिल्प में, अनुभव और दृष्टि में। तीसरे, उसका अपना जनपद क्या-कैसा-कितना फैला या गहरा है। चौथे, कवि की शब्द-सम्पदा कैसी है--किन शब्दों को वह अपनी कविता में जीवंत और सक्रिय

करता है। पाँचवें, कविता में लय और रूपों का किस तरह का विन्यास उभरता है। छठे, कविता की समयविद्धता का स्वरूप क्या है और समय से मुक्ति वह कैसे-कितनी अर्जित करती है। सातवें, सरलीकरण और सामान्यीकरण के प्रलोभन से कविता किस हद तक बच पाती है। आठवें, कविता का आत्मसंघर्ष क्या-कैसा है। नवें, उसमें पदार्थमयता, ऐंद्रिकता और स्थानीयता के तत्त्व कितने और किस तरह के हैं। दसवें, साधारण जीवन की प्रतीतियाँ कैसे-कितनी आती हैं। ग्यारहवें, नश्वरता, अन्यता, प्रकृति जैसे मेजर विषयों को कवि कैसे बरतता है। इस सूची को कुछ और भी बढ़ाया जा सकता है। इसमें आम आदमी, सम्प्रेषणीयता, सामाजिक प्रतिबद्धता और विचारधारा जैसे अकारथ पड़ गए अमूर्तनों का ज़िक्र जानबूझकर नहीं है। युगबोध और लोकधर्म जैसे महिमामण्डित पदों का भी कोई अर्थ नहीं है अगर कविता में वह सब न हो जिसका ज़िक्र ऊपर किया गया है।

हमारे समय की एक बड़ी विडम्बना यह रही है कि हम अकसर जीवन की समग्रता के नाम पर विचार या दृष्टि की समग्रता का आग्रह करते रहे हैं। बल्कि विचार को जीवन के बराबर, समतुल्य मानकर समग्रीकरण करते रहे हैं। कविता का एक सीधा-सादा-सा पाठ यह है कि हालाँकि यह विचार और दृष्टि के बिना सम्भव नहीं है, वह उनसे जीवन को बड़ा और समग्र मानती है। हमारी अपनी परम्परा में किसी विचार-दर्शन ने समग्रता का दावा नहीं किया है। ऐसा दावा किया भी गया तो महाभारत के बारे में जो काव्य है, जिसमें अनेक विचारों और दृष्टियों का, अपार अनुभवों के साथ, संवाद और मुठभेड़ है पर जो किसी को अवेध्य नहीं मानता। बल्कि सबकुछ को वेध्यता की परिधि में खड़ा करता है। कविता इस परम वेध्यता की रंगस्थली है : यह वेध्यता ही समग्रता की ओर ले जा सकती है। स्वयं इस शताब्दी का रक्तरंजित इतिहास इसका प्रमाण है। जिन विचार-दर्शनों ने समग्रता का छद्म कर दैत्याकार व्यवस्थाएँ बनाईं, वे सब आज ध्वस्त और मलबे में दबे पड़े हैं।

दोपहर बीत चुकी। गोधूलि दूर नहीं। लेकिन अपनी कविता के एकांत में जीने की, प्रेम और आसक्ति की, रचने और टिके रहने की इच्छा को शिथिल होते नहीं देखता हूँ। जो कुछ किया-धरा उसे समेटने का समय जब आएगा तब आएगा। अभी तो अपनी अपर्याप्तता से जूझने, कमजोर-अधेड़ आँखों से अपने समय और उसके अनाश्वस्त सच को कुछ और नज़दीक से देखने की कोशिश करने और शब्द की महिमा में कुछ और तपने का मन है। उसी बेचैन मन से, आप सबकी रसिकता के प्रति कृतज्ञ होते हुए, आपसे फ़िलहाल विदा लेता हूँ।

[दयावती मोदी कवि शेखर सम्मान के अवसर पर स्वीकृति-वक्तव्य, 1994]

यही कवि कह गया है

बचपन याद करता हूँ तो जो छवियाँ उभरती हैं उनमें दीवाली की रात खुरई में नाना के धर्मशालानुमा मकान में दिये की लौ से गटापारचे के खिलौनों का भक से भस्म हो जाना, शहर में प्लेग की महामारी के दौरान जाँघ में गिल्टी उभरने का भयावह आतंक, पैसे चुराकर बालसुलभ पुस्तकें खरीदकर एकबारगी पढ़ जाना, गोपालगंज के लालस्कूल में छुट्टी होते ही अपनी खुसनिया सम्हालते हुए घर भागना आदि हैं। कविता की याद बाद की है। शायद सबसे पहले छठवीं कक्षा में पहले गणतंत्र दिवस के उपलक्ष्य में कुछ तुकबंदी की थी' लुका-छिपी, घरघूला बनाने, कम्पनी गार्डन में मटरगश्ती करने और अंडा-डावरी खलने के अलावा शब्दों से खेलने की आदत भी याद है। घर में खड़ी बोली ही बोली जाती थी—पिता बैसवाड़े के थे और माँ मध्यप्रदेश की। बुंदेलखंडी गँवारों की बोली मानी जाती थी और हम 'देस' के। इसलिए संस्कार खड़ी बोली का ही पड़ा। तब पता नहीं था और काफ़ी बाद में ख़बर हुई कि हमारे बाबा वेदवेत्ता थे और महिषादल से लौटने के बाद निराला गढ़ाकोला से हमारे पैतृक गाँव राजापुर गढ़ेवा मिलने आते थे। ताऊ आनंद मोहन वाजपेयी बनारस में प्रसाद और निराला के निकट थे। उनका सागर विश्वविद्यालय में हिंदी का विभागाध्यक्ष बनने के कुछ ही महीनों बाद देहांत हो गया था जब मैं प्राइमरी का ही छात्र था। पिता ने प्रसाद से अपने छात्रकाल में उनके ही घर 'कामायनी' का पाठ सुना था। ताऊ रायगढ़ नरेश चक्रधर सिंह के यहाँ पहले कार्यरत थे और राजा के नाम से प्रकाशित **अलकापुरी** आदि उपन्यास दरअसल उन्होंने लिखे थे। अपनी बेटियों के नाम उन्होंने क्रमशः अनामिका और कामायनी रखे थे। मुझे उन्होंने नाम दिया था परिमल, जो बाबा को पसंद न आने के कारण अशोक कर दिया गया। पढ़ा-लिखा मध्यवर्गीय पारिवारिक परिवेश, अफ़सरों और बाबुओं का मुहल्ला गोपालगंज जिसमें साहित्य या कविता की विशेष

या सक्रिय परम्परा नहीं थी। पिता और नाना के मकान आमने-सामने थे : बीच में एक सार्वजनिक सड़क जिस पर बकौली, कठचंदन आदि के पेड़ थे। दोनों ही घरों में रहना होता था, ज़्यादातर नाना-नानी के घर में। अंदर और बाहर का विशेष अंतर नहीं लगता था। आज भी कविता में नहीं लगता है। इसी घिराव में शायद कुछ एकांत की खोज में कविता का खेल शुरू हुआ। भरी-पूरी दुनिया को समझने-सहने और उसमें अपनी जगह बनाने की कोशिश में : अपना सच भाषा में ही पाने की इच्छा और विवशता में।

बालतुकबंदियाँ उस समय की बालपत्रिकाओं जैसे बालसखा, मनमोहन आदि में प्रकाशित हुईं। आठवीं कक्षा तक पहुँचते गद्यगीत लिखने का शौक़ चर्राया जिनमें से कई ग्वालियर की पत्रिका **भारती** में प्रकाशित हुए। नाना के यहाँ नियमित रूप से आनेवाले एक झलकन बाबू पर एक कहानी भी लिखी। न जाने किस झोंक में नवीं कक्षा में अपनी आत्मकथा लिखने की शुरुआत भी की जो कि कुछ पृष्ठों से आगे शायद इसलिए भी न बढ़ी होगी कि उस समय जीवन ही इतना कम था कि उसकी कथा क्या बनती ? बालपृष्ठों से अलग साहित्य के बाक़ायदा पृष्ठ पर पहली कविता नागपुर से निकलनेवाले साप्ताहिक **सारथी** में छपी थी। 1954 में जब नवीं कक्षा में पढ़ता था। इसी साप्ताहिक में उन दिनों गजानन माधव मुक्तिबोध और श्रीकांत वर्मा की रचनाएँ छपती थीं। उन दिनों छंद में ही लिखता था हालाँकि मुक्त छंद का और हिंदी की व्यापक कविता-परम्परा का छिटपुट परिचय ही था। आठवीं या नवीं कक्षा में सहायक वाचन के रूप में एक गद्यसंचयन कोर्स में पढ़ा था जिसका शीर्षक था 'यदि वे बोल पाते' और उसमें ताजमहल, झरना आदि के आत्मवृत्तांत थे। तभी से मन में यह संस्कार पड़ गया कि कुछ भी इस संसार में निर्वाक् नहीं है : जो है, उसमें विवक्षा भी है। इस संस्कार की मेरी बाद की कविता में महत्त्वपूर्ण भूमिका रही है।

नवीं कक्षा में कविता के अलावा शास्त्रीय संगीत, सिनेमा और अन्य कलाओं में रुचि की भी शुरुआत हुई। कवि बनने की महत्त्वाकांक्षा भी पहली बार मन में स्पष्ट हुई। इसके लिए उत्तरदायी थे सागर के शासकीय बहुउद्देशीय उच्चतर माध्यमिक शाला के अध्यापक श्री लक्ष्मीधर आचार्य। वे बहुभाषाविद् थे—मूलतः गुजराती, पर कानपुर के। वहाँ अपनी वामपंथी गतिविधि के कारण नोटिस में आ जाने से मध्यप्रदेश भागे हुए पर बहुपठित। अंग्रेजी, हिंदी और संस्कृत का संस्कार उन्हीं से मिला। उन्हीं के साथ सबसे पहले चाय पी क्योंकि परिवार में बच्चों के लिए वर्जित थी : बाज़ार में कभी-कभार होटल में समोसे खाना शुरू किया, हिंदी-अंग्रेज़ी की फ़िल्में देखना शुरू कीं। उन्हीं की प्रेरणा से शाला के अहाते में स्थापित शासकीय पुस्तकालय में **कल्पना** जैसी पत्रिका से परिचय हुआ। आई ए एस में जाने का लक्ष्य भी एक तरह से उन्होंने ही मेरे लिए निर्धारित किया।

उन्हीं के निर्देशन में शाला की तब तक हस्तलिखित पत्रिका **अनामिका** मेरे सम्पादन में पहली बार छपकर निकली जिसमें सामग्री के अभाव के कारण दूसरे नामों से एक निबंध, एक कहानी और एक एकांकी भी लिखे। 1954 की गर्मियों में उन्नाव जिले के राजापुर-गढ़ेवा अपने पैतृक गाँव में हम दो भाइयों का उपनयन हुआ जिसके लिए आचार्यजी ने पिता के हाथ जो उपहार भेजा उसमें अज्ञेय का नया कविता संग्रह **हरी घास पर क्षण भर, गीतांजलि** का अंग्रेजी अनुवाद और पंतजी के संग्रह **गुंजन** और **स्वर्णधूलि** थे। हमारी शाला में कुछ ऐसी विचित्र व्यवस्था थी कि उच्चतर माध्यमिक परीक्षा के लिए दसवीं कक्षा में हिंदी या संस्कृत में कोई एक विषय चुनना था : मैंने आचार्यजी की इस सलाह पर कि हिंदी लेखन के लिए संस्कृत का आधार ज़रूरी है, हिंदी छोड़कर संस्कृत विषय चुना। इस तरह हिंदी को विधिवत् पढ़ने का सुयोग एक तरह से जीवन-भर के लिए छूट गया। आचार्यजी के कारण यह धारणा प्रबल हुई, और शायद अब भी शिथिल नहीं हुई है, कि हिंदी में कुछ सार्थक करने के लिए संस्कृत और अंग्रेज़ी की पकड़ ज़रूरी है।

सागर का साहित्यिक वातावरण उन दिनों अधिक-से-अधिक उत्तरछायावाद के प्रभाव में था : नयी कविता की पूरी ख़बर तक नहीं थी, उसके लिए किसी जगह का तो सवाल ही नहीं था। बीड़ी के सेठ बम्बइया फ़िल्मी गायकों, अखण्ड रामधुन और कवि सम्मेलनी गीतकारों पर खुलकर ख़र्च करते और जस लूटते थे। दो और प्रभाव थे : माखनलाल चतुर्वेदी का और भवानीप्रसाद मिश्र का। स्कूल के दिनों में दो घनिष्ठ मित्र थे—प्रभुदयाल गुप्त और रमेशदत्त दुबे। प्रभुदयाल, जो बाद में सर्वोदय आदि की तरफ़ गए, उद्यम मात्र को आदरणीय मानते थे और किसी ने कैसा लिखा है इसकी जाँच-परख को अनावश्यक, लगभग अनैतिक मानते थे। रमेशदत्त दुबे साहित्य और ग़पबाज़ी में तब से अब तक लगातार सक्रिय रहे हैं। वे 1960 में मेरे सागर छोड़ने तक साहित्य और निजी जीवन के भी अंतरंग बने रहे।

शायद अपने मुहल्ले को अपने लिखने में भी जोड़ने की बात मैंने रमेश से सीखी होगी। वे, उनका जीवन और उनकी रचना अपने मुहल्ले में बहुत रसी-बसी थी। हम लोग लगातार पैदल ही चलते थे—न मुझे साइकिल चलाना आता था, न रमेश को। आचार्यजी के साथ चलने और तरह-तरह की बातें सुनने का जैसे व्यसन ही हो गया था। अपने मुहल्ले गोपालगंज को भी धीरे-धीरे जाना : हमारा घर, जो कि किराए का था और उसके बारे में पिता ने एक मुक़दमा ज़िंदगी-भर लड़ा, मुहल्ले के प्रमुख घरों में से था। दीवाली के अगले दिन रमझिरिया का मेला होता था जिसमें गए हज़ारों लोग वापस गोपालगंज से होकर ही जाते थे। इसलिए उस शाम गोपालगंज में असली दीवाली होती थी। हम लोग बहुत मेहनत और जतन से अपना घर सजाते थे। सावन में झूले और दशहरे की अपार भीड़ भी याद आती है। ये

सब उन कविताओं में दाख़िल हुए जो कि पहला संग्रह **शहर अब भी सम्भावना है** में शामिल है। जिस कविता के आधार पर संग्रह का नाम है वह तो दिल्ली पर लिखी गयी थी, पर संग्रह है छोटे शहर की कविताओं का। उसका यह भूगोल नोटिस नहीं किया गया यह मेरे लिए खेद की बात रही है।

जबलपुर से हरिशंकर परसाई और रामेश्वर गुरु ने **वसुधा** पत्रिका निकाली थी जिसने मध्यप्रदेश में साहित्य के नये उन्मेष में उस समय केंद्रीय भूमिका निभाई। स्कूल छोड़ने के पहले कुछ नये ढंग की कविता लिखने की शुरुआत हो गयी थी। पर विश्वविद्यालय में पहले वर्ष में यह अभ्यास कुछ बढ़ा। मैं विज्ञान का छात्र था। उच्चतर माध्यमिक परीक्षा में भी गणित, रसायन और भौतिकशास्त्र में विशेष योग्यता मिली थी। इरादा अस्पष्ट-सा इंजीनियर बनने का भी था सो विज्ञान में दाख़िला लिया था। तभी की तीन कविताएँ, उत्तर के लिए टिकट-लगे लिफाफे के साथ, परसाईजी को **वसुधा** में प्रकाशनार्थ भेजी थीं। उसी सप्ताह उत्तर आया पान के धब्बे-लगे कहीं से भी फाड़े गए खाकी रंग के रैपर के कागज़ पर : "शाबाश, कविताएँ अगले अंक में जा रही हैं।" उसी के आसपास रघुवीर सहाय के सम्पादन में **कल्पना** अपने स्तर और यश के उत्कर्ष पर थी। उन्हें तीन कविताएँ भेजीं जो उन्होंने जनवरी और फरवरी 1958 के अंकों में प्रकाशित की थीं। **कल्पना** में छपने का अर्थ क्या है यह मैंने फरवरी 1958 में अपनी पहली दिल्ली यात्रा के दौरान जाना। जिस शाम नरेश मेहता और श्रीकांत वर्मा से मिला उस शाम दिल्ली 'शिल्पी चक्र' में रामकुमार के नये चित्रों की प्रदर्शनी का शुभारम्भ था जहाँ मैं उन दोनों के साथ गया। वहीं सबसे पहले अनेक लेखकों से मुलाक़ात हुई जिनमें निर्मल वर्मा भी थे। उनकी कहानियों की उन दिनों बहुत धूम थी। वे बोले : "अगर आप परसों आते तो बड़ा अच्छा होता। हम लोग घंटे-भर तक आपकी कल्पनावाली कविताओं पर बात कर रहे थे।" मुझे दिल्ली की भारी ठंड में लगभग पसीना आ गया। एक अज्ञातकुलशील की कविता पर दिल्ली में ऐसे लेखक बात कर सकते हैं यह मैंने सोचा भी नहीं था।

हमारे घर पर पहले बिजली नहीं थी : जब मैं नवीं कक्षा में पहुँचा तभी लगी। उसके पहले लालटेन और लैम्प से काम चलता था। उनकी मद्धिम लेकिन आत्मीय रौशनी अभी भी याद है। उससे सबकुछ रौशन नहीं हो जाता था : कुछ मुबहम और अँधेरा-सा भी छूट जाता था। ठीक कविता की तरह, जिसका काम सबकुछ को रौशन करना नहीं बल्कि बहुत कुछ को झिलमिल अँधेरे में छोड़ देना भी है। लालटेन की रौशनी घर में एक तरह का रहस्य भी, कभी-कभी भय की हद तक पहुँचता हुआ, भर देती थी। माँ गहरे आस्तिक थी और नाना भी। पिता की कोई स्पष्ट धार्मिक प्रवृत्ति नहीं थी। अकसर वे पूजा आदि भी अनमने भाव से ही करते थे। अपनी मृत्यु के समय, अपना अन्त निकट जानकर भी, उन्होंने

सिगरेट माँगी थी, ईश्वर का स्मरण नहीं किया था। माँ का प्रभाव गहरा होने से बचपन और लड़कपन का हिस्सा आस्तिकता में बीता। नाना की तरह मैंने भी दो बार **रामचरितमानस** का अखण्ड पाठ नौ-दस बरस की उमर में किया था। बाद में आस्था का वरदान धीरे-धीरे छिन गया। पर जीवन के प्रति पवित्रता और रहस्य का भाव बना रहा और इधर फिर गहरा हुआ है। यह भी कहा जा सकता है कि यह शुरू से आज तक मेरी कविता का अध्यात्म रहा है—एक क़िस्म की ईश्वरहीन आध्यात्मिकता। एक ऐसे दौर में जब कविता के सामाजिक बोध पर आग्रह लगभग केंद्रीय रहा है, अगर यह अध्यात्म अलक्षित जाए या अप्रासंगिक मान लिया जाए तो इसमें आश्चर्य नहीं होना चाहिए। यह और बात है कि एक ऐसे परिवेश में जहाँ पवित्र और रहस्यमय सिरे से ग़ायब होते गए हैं और छिछली धार्मिकता ने उस शून्य को भर दिया है, अगर कविता में वे नहीं बचे तो फिर कहाँ बचेंगे ?

यों तो जीने की प्रक्रिया अनिवार्यतः सम्बन्धों में पड़ने, उन्हें बनाने-बिगाड़ने की प्रक्रिया भी है। मेरे लिए शुरू से ही सम्बन्ध कविता का प्रमुख उपजीव्य रहे हैं—कुछ इस तरह कि अगर कोई सम्बन्ध में न घट सके तो मानो वह फिर सम्बन्ध है ही नहीं। भाषा में अपने आसपास को देखना-पहचानना अपने सम्बन्धों और उनके पड़ोस के प्रति सजगता से ही सम्भव है। इस पहचान के अपने जोखिम भी हैं और मुझे उनका पता तब चला जब मैंने अपनी आसन्नप्रसवा माँ के लिए कविता लिखी। उन दिनों सबसे छोटा भाई उदयन होनेवाला था। उस कविता को लेकर सागर विश्वविद्यालय के कैम्पस पर विवाद हुआ जब वह **कृति** मासिक में छपी। पर तबसे लेकर आज तक छहों संग्रहों में ज़्यादातर कविताओं के पीछे ठोस सम्बन्ध है। मुझे बराबर लगता रहा है कि कविता अपनी मानवीय गरमाहट और औचित्य इसी तरह पाती है। अंततः कविता कवि का भरा-पूरा परिवार होती है। मेरी कविता के परिवार में माँ-पिता, बहनें, बाबा, प्रेमिका, बेटी के अलावा बालसखा, पूर्वज, शमशेर बहादुर सिंह, पुरानी परिचिता, नर्तकी, जगदीश स्वामीनाथन्, मल्लिकार्जुन मंसूर, कुमार गन्धर्व, बच्चे, चिड़ियाँ, सड़क का आदमी, बूढ़ा मुसलमान, कविप्रिया, तोते, कीड़े, पत्थर आदि सब शामिल हैं। यों अपने माता-पिता की ज्येष्ठ संतान होने के नाते अकेलापन शुरू से स्थायीभाव रहा है पर उतने ही ज़रूरी रहे हैं संगसाथ और यारबाशी। ग़प लगाने और बहस करने की आदत शुरू से आज तक बरक़रार है। एकांत और सान्निध्य के बीच के संतुलन और तनाव, निबिड़ आत्मीय अकेलापन और लोगों से तदात्म होने की दुर्निवार इच्छा के बीच की दूरी, मेरी कविता की धूप-छाँव में, हो सकता है, दूसरों को भी नज़र आएँ।

माँ बताती थी (जिसे हम लोग दिदिया कहते थे) कि बचपन में एकाधिक बार मृतप्राय मानकर मुझे धरती पर लिटा दिया गया था पर मैं था कि जी ही गया। मुझे उन घटनाओं की ज़रा भी याद नहीं है। इतना अलबत्ता याद है कि अठारह

बरस की उमर तक पहुँचते-पहुँचते मुझे मलेरिया, टाइफ़ाइड, चेचक, हैजा, प्लेग, सूखी प्लूरिसी आदि अनेक रोग हो चुके थे।- पेट, कान और दाँत के दर्द अलग। शायद इन्हीं अनुभवों ने मिलकर मेरी अदम्य जिजीविषा और अपार रसिकता का रूप रचा होगा। सच तो यह है कि मेरी सारी कविता का मूलाधार यही जिजीविषा और रसिकता है। प्रेम पर जितनी कविताएँ लिखी हैं, लगभग उतनी ही मृत्यु पर। यों तो ये सदियों से कविता मात्र की प्रमुख थीमें रही हैं पर यह बात ज़्यादातर अलक्षित ही रह गई है कि इन पर एकाग्रता इधर की हिंदी कविता में काफ़ी क्षीण होती गई है।

पढ़ने की आदत बहुत पुरानी है। शुरू में तो कुछ कविमित्र यह कहते थे कि मेरी कविता सीधे जीवनानुभव से नहीं दूसरों के काव्यानुभव से निकली कविता है। जीवन और कविता का यह द्वैत कवि के रूप में मुझे कभी समझ में नहीं आया। बहुत बाद में, अपने समर्थन में बोर्खेज़ की यह उक्ति मिली कि "लिखने की इच्छा जीवन से नहीं बल्कि दूसरे के लेखन से आती है।" लिखना रचना भी है और याद करना भी। न सिर्फ़ भोगे हुए को याद करना बल्कि पढ़े हुए को भी। मुझे कई बार लगता रहा है कि वह कविता टिकाऊ नहीं हो सकती जिसे पढ़कर आपको कुछ और, दूसरी कविताएँ याद न आएँ—याकि दूसरी उक्तियाँ, बिम्ब या छवियाँ या अनुभव। पर यह अनायास हो तभी जीवंत होगा। हम अपने लिखे हुए में अकसर अपने को भी देखते हैं और दूसरों को भी। कविता का बुनियादी अध्यात्म ही शायद यह है कि हम दूसरों के बिना नहीं हैं। भाषा में दूसरे हैं इसी से यह सम्भावना बनती है कि उसमें हम हो सकें। याददाश्त बुरी न होने के कारण, 'दूसरों' के पंक्तियाँ, रूपक आदि कविताओं में सहज भाव से आते रहे हैं और उनके विन्यास में रस-बस गए हैं। 'दूसरों' ने उन कविताओं की आत्मसमृद्धि में योगदान ही किया है। कविता भले ही आत्माभिव्यक्ति हो, मैं अपनी अनेक कविताओं के लिए दूसरों का कृतज्ञ हूँ : वे न होते तो ये कविताएँ न होतीं। अपने को प्रायः मैंने दूसरों से ही जाना है। कई बार सोचता हूँ कि प्रथमतः और अंततः मेरी कविता इन सबका, उस समूचे लोक का जो मुझे मिला और जो कुछ-कुछ मैंने अपने लिए रचा-गढ़ा, आभार-स्वीकार है। उसमें कभी-कभार जो अतिरेक का स्वर है वह कविता में इसी स्वीकृति का विन्यास है। मुझे अपनी और अपनी कविता की मूल नैतिक चिंता यही जान पड़ती है कि वह इस स्वीकृति में कभी न चूके।

शमशेर बहादुर सिंह का पहला कविता-संग्रह तीन रुपए मूल्य पर 1959 में बनारस से जब छपा था तब उनकी आयु अड़तालीस वर्ष की थी। मुक्तिबोध का पहला संग्रह उनके जीवनकाल में प्रकाशित ही नहीं हो सका था। इस विडम्बना से आहत होकर ही मन ही मन यह संकल्प किया था कि अगर सम्भव हो तो अपने समय में कविता की सम्भावना, जगह और सम्मान बढ़ाने के लिए जतन करना

चाहिए। सागर के कुछ लेखक-मित्रों के साथ मिलकर निकाली गई पत्रिका **समवेत** (1958-59) उसी की शुरुआत थी। उन दिनों साहित्य में नये मूल्यों की प्रतिष्ठा का संघर्ष इतना उग्र और आवेगपूर्ण था कि सागर जैसे शहर के हम कुछ युवक अज्ञातकुलशील सम्पादकों को व्यापक नये लेखक समाज का अप्रत्याशित सहयोग मिला था। साहित्य के अलावा अन्य कलाओं में गहरी रुचि का विस्तार भी उन्हीं दिनों हुआ। बाद में **पहचान**, **पूर्वग्रह**, **समास** आदि पत्रिकाएँ उसी चेष्टा का अंग रही हैं और शासकीय सेवा में सुयोग ऐसा मिला कि लगभग दो दशकों तक लगातार सांस्कृतिक सक्रियता रही जिसने बहुत बड़ी संख्या में देश-विदेश के कलाकारों और बुद्धिजीवियों को घनिष्ठता से जानने का अवसर भी दिया—उनमें से कई की आत्मीयता का सौभाग्य भी मिला। अभी भी उसकी गरमाहट जीवन की (अब) गोधूलि में सहारा देती है।

अगर पूर्णकालिक लेखक हो पाता और सार्वजनिक सेवा की आपाधापी से कुछ अधिक फ़ुरसत मिली होती तो निश्चय ही ज़्यादा काम और परिष्कार सम्भव हुआ होता। यों छः कविता-संग्रह इतने कम भी नहीं कहे जा सकते। 1966 में पहला संग्रह प्रकाशित होने के बाद दूसरा 1984 में, लम्बे अंतराल के बाद, निकल पाया। उस दौरान साहित्यिक और ग़ैर-साहित्यिक व्यस्तता ज़रूर थी। पर एक नया उद्रेक दूसरे संग्रह के बाद ही हुआ जब लिखा भी काफ़ी गया और बाकी व्यस्तताएँ भी शिखर पर पहुँचीं। जो चार-पाँच सौ कविताएँ लिखी हैं उनमें से अधिकतर पहले ड्राफ्ट में ही मुक़म्मल हो गयी थीं। घर, दफ़्तर, ट्रेन आदि कहीं भी कविताएँ लिखी गयी हैं और उनमें से कई वस्तुतः ठोस व्यक्तियों को सम्बोधित भी हैं। दुनिया से कवि कविता के माध्यम से ही बतियाता है।

सागर विश्वविद्यालय के छात्रसंघ के चुनावों में एक मित्र को सहयोग इस शर्त पर दिया था कि वे संघ के उद्‌घाटन के लिए किसी राजनेता को नहीं, लेखक या बुद्धिजीवी को बुलाएँगे। अज्ञेय आए और उनसे परिचय गहरा हुआ। उन दिनों वे नये साहित्य और नये काव्यमूल्यों के सबसे प्रखर प्रवक्ता थे। बाद में परिसर पर स्थापित 'रचना' गोष्ठी में उन्होंने एक महत्त्वपूर्ण वक्तव्य दिया। बाद में इसी गोष्ठी में मुक्तिबोध ने अपना 'नयी कविता का आत्मसंघर्ष' निबंध पहली बार पढ़ा। दोनों से मिला-जुला पाठ यह सीखा कि कविता आत्मसंघर्ष और आत्मपरिष्कार दोनों हैं, वह जीवन को संस्कार देती है।

रचना और सम्पादन के साथ-साथ आलोचना कर्म भी लगातार चलता ही रहा है। आरम्भ में उसके लिए उकसाहट नामवर सिंह और देवीशंकर अवस्थी से मिली थी। हालाँकि मेरी आलोचना ने नयी कविता के लिए समाज, पाठकवर्ग और भाषा में जगह और सम्भावना बनाने की कोशिश की है, वह मेरी कवि के रूप में रुचियों और रुझानों से ही अनुशासित नहीं हुई है। एक आलोचक के रूप में

मैं ऐसी कविता और कवि समझ-सराह सका हूँ जो मेरी कविता और उसके बुनियादी विश्वासों से बिल्कुल भिन्न और कभी-कभार विरोधी भी रहे हैं।

वैचारिक और भौतिक रूप से अपने और अपनी दुनिया के सारे तनावों और विडम्बनाओं को जानते हुए भी मैंने उनसे कविता के संसार को आक्रांत नहीं होने दिया। जीवन में अभी भी सुंदरता, कोमलता और ऐंद्रिकता काफ़ी है और उन्हें अपनी रसिकता के चलते नज़रंदाज करना मुझे न तो ज़रूरी लगा, न ही कविजनोचित। छोटे से छोटे सच को भी ख़राब नहीं जाना चाहिए। कुछ ऐसे सच इधर की कविता से अकसर छूट जाते रहे हैं। मुझे लगा कि उन्हें समेटने की चेष्टा मेरी कविता को कुछ अलग रंगत शायद दे सकती है—कुछ अलग औचित्य भी। इसी तरह जब लगा कि कविता की भाषा अपनी निपट सपाटबयानी में इकहरी और अंतर्ध्वनित हो रही है तो उसे एक तरह की नव-छायावादी ऐंद्रिकता से जोड़कर कम-से-कम अपने लिए, समृद्ध, माध्यम बनाने की कुछ कोशिश की है।

यह चयन लगभग पैंतीस वर्षों में फैले अपने कविता-संसार का, आज कविता की जो समझ और रुचि है उसे ध्यान में रखते हुए, मानचित्र बनाने जैसा है। उम्मीद है कि उससे उस पूरे संसार का भूगोल, उसके भूरे-हरे रंग, उसके अँधेरे-उजले भूदृश्य कुछ स्पष्ट हो सकेंगे जो मेरी कविता में प्रगट और अंतर्निहित दोनों ही रहे हैं। यों तो जीवन हमेशा ही एक असाध्य कविता-संग्रह है जिसे जब चाहें आप मज़े से उलट-पुलट सकते हैं और जब मन न लगे तो ताक पर धर दे सकते हैं। कविता जीवन से कम की माँग नहीं करती है और उसे उतना ही जतन चाहिए और वह उतनी ही उपेक्षा बरदाश्त कर सकती है जितना कि जीवन।

कविताएँ कवि को जानने के लिए शायद नहीं पढ़नी चाहिए, न ही अन्यथा जाने कवि की किसी छवि की पुष्टि खोजने के लिए। कविता कवि से आगे जाती है—उसका अतिक्रमण करती है। सच्ची कविता हद नहीं बाँधती बल्कि हद को तोड़ती या कम-से-कम ठेलती है। जो कविता करती है, ज़रूरी नहीं कवि करता हो। कविता अलक्षित न जाए यह शुभकामना की जा सकती है। कवि अलक्षित रह जाए तो कोई ग़म नहीं। आख़िर एक दिन जब कवि नहीं रहेगा तब भी रहेंगी कविताएँ।

[चुनी हुई कविताओं के संकलन 'घास में दुबका आकाश' की भूमिका, 1994]

अब तक का किया-धरा

किसी ने कहा तिनका तिनका घर या कि तिनका तिनका घोंसला।

उसने कहा कि नहीं घर या घोंसला, तिनका तिनका बेघर।

हम कैसे कह सकते हैं कि तिनका तिनका जोड़कर जो बुना-बसा वह घर ही है या कि घोंसला ही ?

कविताएँ शब्दों से जो जगह बनाती हैं क्या उसे घर कह सकते हैं ?

कविताएँ क्या सिर्फ़ शब्दों से बन जाती हैं ?

कविताएँ प्रथमतः और अंततः शब्द ही हैं—

शायद कुछ विन्यस्त, कुछ आसक्त, कुछ आरक्त शब्द :

शब्द न होते तो कविता सम्भव नहीं थी।

पर क्या पहले से जगह होती है जिस पर शब्द कविता के बहाने आकर काबिज़ हो जाते हैं ?

या कि कविता की अपनी जगह पहले पहल शब्दों से ही बनती है—

या कि कविता वह जगह है जो शब्द बनाते हैं, हथियाते नहीं।

कविता में शब्द कहाँ से आते हैं—

कोष से, स्मृति से, दूसरी कविताओं से, जीवन से ?

कविता के सन्नाटे में शब्द शब्द को पुकारता है।

हम शायद एक भी शब्द नहीं गढ़ते सिर्फ़ असंख्य शब्दों में से कुछ को अपनी कविता के लिए चुनते हैं। फिर जीवन-भर असमंजस में रहते हैं कि इनमें से क्या कुछ शब्द हमारे बाद भी बचे रह जाएँगे और हमारे कहलाएँगे ? हम नहीं बचेंगे, हमारे कुछ शब्द तो बचेंगे। शब्दों का जीवन कवि के जीवन से कहीं अधिक लम्बा होता है। कविता कवि का समाप्त हो जानेवाला जीवन नहीं, न समाप्त होनेवाला उत्तरजीवन है।

शब्द का रहस्य कविता में है या कि कविता का रहस्य शब्द में ?

शब्दों को कविता में आकर क्या उतना ही अचरज होता है जितना जीवन को ?

कविता क्या जीवन की, शब्दों की और हमारी भी अचरज की आख़िरी जगह है ?

हम कविता में घर की आश्वस्ति और संसार का आश्चर्य दोनों की राहत पाते हैं। कविता अपने घर में होने का अचरज है।

2

नवीं कक्षा पास करने के बाद जो गर्मियाँ पड़ी थीं उनमें हमारे पैतृक गाँव में हम दो भाइयों का उपनयन संस्कार हुआ था। सागर से हम लोग राजापुर-गढ़ेवा गए थे जहाँ उन दिनों हमारे पिता के ताऊ आदि रहते थे। बरसों बाद यह गाँव के एक सम्भ्रांत परिवार में बड़ी घटना थी। उसके अनुरूप विशद आयोजन की तैयारी चल रही थी। चूँकि लगभग समूचे गाँव का ही भोज होना था, पुरा-पड़ोस की बहुत सारी स्त्रियाँ आजी की मदद करने में सक्रिय थीं। तरह-तरह की चीज़ें आ-जा और सहेजी जा रही थीं। एक अधेड़-सी स्त्री ने, जिनका नाम सिरीमती था और जो मसालों आदि का काम सम्हाले थीं, पाया कि जीरे की मात्रा जो शायद दहीबड़ों आदि में भी डालने थे, काफ़ी कम है। उन्होंने आजी से आकर कहा : "ई पाव भर जीरा माँ का बरमभोज होई ?" यह प्रश्न भी था और प्रबंध की अपर्याप्तता और शायद आजी की कंजूसी पर टिप्पणी भी।

आज इतने बरसों बाद, लगभग चालीस बरसों तक क़लम घसीटने के बाद, सोचता हूँ कि क्या लेखक या कवि बनने के लिए जितनी पूँजी चाहिए उतनी लेकर इस अभियान पर निकला था ? अपने पास क्या-कितना है इसका सही अंदाज़ किसी तरुण को शायद ही हो पाता हो। उसको तो क़तई नहीं जो एक निम्न मध्यवर्गीय परिवार से बिना किसी कविता-परम्परा या संस्कार को उत्तराधिकार में पाए, शुद्ध दुस्साहसिकता के चलते कवि बनने की आकांक्षा और उद्यम कर रहा हो। शब्दों से खेलने, उनका कोई विन्यास करने और अपने थोड़े से अनुभव को समझने की कोशिश करने के अलावा उसके पास और था भी क्या ? इस तरह दूसरों से कुछ अलग हुआ जा सकता है शायद ऐसी उम्मीद रही होगी। इधर कविता पर दूसरे इतना छा गए हैं और वह इतनी पराक्रांत है कि यह याद करना ज़रूरी है कि कविता दूसरों से अलग होने, उनसे मुक्त होने के लिए भी लिखी जाती है। अकसर हम दूसरों को, और अपने को भी, उनसे अलग होकर और छिटककर ही बेहतर और गहरे में समझ-सहेज पाते हैं। ढंग तो बहुतेरे हैं पर कविता अंततः अपने और दूसरे को समझने-सहेजने का ही एक ढंग है।

पाव-भर जीरे से आप बहुत देर तक भोज नहीं कर-करा सकते। उसमें आप क्या जोड़ पाते हैं इस पर निर्भर करता है कि किस तरह की बढ़त आपकी कविता में होती है। कविता का जीरा-नमक आपकी ज़िंदगी है, आपके अनुभव हैं, भाषा में आपका भरोसा है, शब्दों से आपकी उम्मीद, कौशल की सूक्ष्मता और परिष्कार है। दूसरों के साथ आपके बनते-बिगड़ते सम्बन्ध हैं। जैसे हम कविता से असीम को पकड़ने-घेरने की चेष्टा करते हैं वैसे ही कविता में हम अपनी सीमा पहचानने की ओर भी जाते हैं। कविता में बढ़त तभी होती है जब यह पहचान और चेष्टा साथ-साथ हों।

शुरू में लगता है कि हमारे अनुभव या कि ज़िंदगी का कुछ ही है जो कविता में जा सकता है। बढ़त का एक प्रमाण यह भी है कि हम धीरे-धीरे जानते जाते हैं कि प्रायः ऐसा कुछ भी नहीं है जो कविता में न जा सकता हो। हम कोशिश करते हैं कि बहुत-सा वह भी जो बचपन में या पहले, इस समय या कौशल के अभाव में, कविता से बाहर छूट गया हो उसे कविता के अहाते में ला सकें। अकसर हम धीरे-धीरे ही यह जान पाते हैं कि कविता को पूरी ज़िंदगी चाहिए : उसका काम, जैसे कि प्रेम का भी, भरी-पूरी ज़िंदगी से कम से पूरा नहीं पड़ता। यह भी होता है कि हम कई बार कविता से ही यह जान-समझ पाते हैं कि हमारे पास भरी-पूरी ज़िंदगी है, अपने हर्ष-विषादों, सुखों-दुखों, तनावों और अंतर्विरोधों से भरी और घनी। औरों के बारे में कहना मुश्किल है पर कवि तो ज़िंदगी को कविता के माध्यम से ही पाता और जानता है।

शायद कविता अपनी आत्मा का भूगोल काफ़ी शुरू में ही तय कर लेती है। मैं जिस परिवार-मुहल्ले में पला-बढ़ा, जिस तरह के लोग और सम्बन्धों का गुँथाव मैंने वहाँ जाना उसी सबने मिलकर लगभग अटल और स्थायी रूप से मेरे मन में एक पड़ोस बसा दिया। बल्कि पड़ोस की धारणा मेरे कविता-संसार का बुनियादी भूगोल ही बन गई। मुझे लगता है कि वही सच है जो पड़ोस में है : वही जिसे आप छू सकते हैं, जिसके साथ आप ग़प लगा सकते हैं, जिस पर भरोसा कर सकते हैं, जहाँ लौटकर इत्मीनान से जा सकते हैं और जहाँ सबकुछ एक-दूसरे के आसपास है। मनुष्य के पास प्रकृति, प्रकृति के पास भाषा, भाषा के पास प्रेम, प्रेम के पास मृत्यु, समय के पास अनंत, पृथ्वी के पास आकाश आदि। कविता हमें ऐसे पड़ोस में रसने-बसने का अवसर देती है जिसमें सुदूर और अनदेखा भी बिलकुल पास और आत्मीय लगने लगता है। इतिहास, अतीत, काल, ब्रह्माण्ड, सूर्य, चंद्रमा आदि सब सिमटकर घरेलू उपस्थिति बन जाते हैं। पड़ोस में उपस्थिति और अनुपस्थिति का एक अटूट-सा झिलमिल होता है : मेरी कविता का भूगोल यही पड़ोस, यही झिलमिल है। ग़ालिब की उक्ति है—"हर चंद कहें कि है, नहीं है।"

यों तो बीसवीं शताब्दी में महान् सत्यों के नाम पर या उनके मोह में पड़कर

भयानक दैत्याकार व्यवस्थाएँ बनी-बिगड़ी हैं और अकल्पनीय नरसंहार हुए हैं। पर मुझे महान् सत्यों के विकराल या उदात्त वास्तु ने कभी नहीं लुभाया। मैं शुरू से 'छोटी दुनिया' में ही रमा रहा हूँ। अंतरंग और आत्मीय सचाइयों के मुहल्ले में ही मेरी कविता अपना घर बनाने-बसाने की कोशिश करती रही है : उसी पड़ोस में जहाँ किसी छोटे से छोटे सच को भी खराब न जाने देने का जतन हो और उसके लिए जगह हो और जहाँ वह महान सत्यों से रौंदा या अतिक्रमित न किया जा सके। वड़े सत्यों के चकाचौंध संसार में मेरी कविता छोटी सचाइयों के लिए कुछ रौशन, कुछ मुबहम सही, जगह तलाशने-वचाने की ज़ुर्रत करती रही है।

जव कविता में अपने को पहचानना शुरू किया तो उस समय लिखी जा रही नयी कविता में रोज़मर्रा के जीवन ने दख़ल देना शुरू ही किया था। अन्यथा कविता की दुनिया और दैनंदिन दुनिया एक-दूसरे से काफ़ी अलग और दूर मानी जाती थीं। पर नये मूल्यों के लिए संघर्ष की पाठशाला में यह सीखा कि रोज़मर्रा की ज़िंदगी में अपनी सुंदरता, आभा और अर्थमयता है जो कविता का उपजीव्य हो सकती है। हमें अपने जीने-मरने के अर्थ की, अपने बुनियादी अध्यात्म की खोज कहीं और नहीं यहीं, इसी हर दिन बिगड़ती-सम्हलती ज़िंदगी में करना और उन्हें पाना है। आसक्ति और रति के सच से लेकर नश्वरता और अनुपस्थिति के सच तक जीवन की निपट साधारणता में सामना करने की चेष्टा कविताओं में है। शायद जिजीविषा के कुछ अवसाद-भरे, कुछ लगाव-भरे, कुछ हताश और कुछ उल्लसित पहलू प्रगट हैं।

कविता एक ओर भाषा में जीना है तो दूसरी ओर भाषा की स्मृति है। अगर अंतर्ध्वनियाँ न हों तो भाषा का कोई संयोजन कविता नहीं हो सकता। लय अंतर्ध्वनि का ही प्रकार है। कविता निरे जीवनानुभव से नहीं बल्कि दूसरों के काव्यानुभव से सीखकर भी लिखी जाती है। ऐसे अनुभव, हो सकता है, कई लगभग अदृश्य तहों में, लगभग अविवक्षित अर्थच्छटाओं में ओझल हो जाएँ पर उनका होना कविता को सघन करता है। कोई भी कविता अन्ततः दूसरी कविताओं के पड़ोस में होती है : वहीं उसे अपनी जगह खोजना और पाना होता है। कविता की महिमा, उसकी ज़रूरत और उसकी सम्भावना में दूसरे कवियों और कविताओं से लगातार सहायता और भरोसा मिलता रहा है। उनके लिए सहज और असमाप्य कृतज्ञता मन में है। कविता न होती तो अकेले होने की हिम्मत, शब्दों की सर्जनात्मकता से भी सामाजिक होने का आश्वासन और सारे संसार के मूलतः कल्पसृष्टि होने का आश्चर्य मेरे जीवन में न होते। यों किसी भी जीवन की कवि अवज्ञा नहीं कर सकता। क्योंकि जो भी जीवित है या कि जीवित रहकर व्यतीत है वह कवि के लिए वरेण्य है। फिर भी, जीवन में थोड़ी-सी गरिमा और पवित्रता पाने का दुस्साहस कविता के बिना सम्भव न होता। जो थोड़ा-सा आदमी अभी भी, मैं उम्मीद-भर

कर सकता हूँ, मुझमें बचा है वह कविता की ही बदौलत। वही कहीं नहीं वहीं है। उसी की असह्य अपवित्रता से सही, शब्दों को प्रणाम करता हूँ : शब्द न होते तो मनुष्य होने का अर्थ भी नहीं होता। न पाव-भर जीरे में बाधा है और न ही ब्रह्मभोज देने की इच्छा ग़लत है। इच्छा जब तक है, तभी तक कविता है। कविता, कम-से-कम मेरी कविता, पाव-भर जीरे से ही ब्रह्मभोज है। वह कंजूस की महत्त्वाकांक्षा नहीं, अपर्याप्त का दुस्साहस ज़रूर है।

3

बचपन से ही पुस्तकें पढ़ने का शौक़ शुरू हो गया था। शायद यह बात मन में जल्दी ही घर कर गई थी कि पुस्तकें भी जीवन जानने-समझने और उसमें हिस्सा लेने का एक उचित और कारगर ढंग है। यह शौक़ पुस्तकें पढ़ने तक सीमित न रहकर उनके हमेशा अपने पास होने का याने उन्हें ख़रीदकर पढ़ने का भी हो गया। अभी भी याद है कि मेरे वकील नाना कचहरी से लौटकर अपना काला कोट खूँटी पर टाँग देते थे और मैं मौका पाकर उसमें से कुछ रुपये अकसर पुस्तकें ख़रीदने के लिए चुरा लेता था। बहुत बाद में सेंट स्टीफ़ेंस कॉलेज के होस्टल मुखर्जी कोर्ट के एक कमरे में रहते हुए कई बार दोस्तों से रुपये उधार लेकर और कभी-कभार उनके कमरे में पड़ी बीयर की खाली बोतलें कबाड़ी को बेचकर कोई नई पुस्तक ख़रीदने के लिए रक़म जुटाई थी। अनेक विदेश यात्राओं से कई किलो पुस्तकें अपने दुखते कंधों पर लादे लौटता रहा हूँ। हालत यह है कि अब कोई भी मकान, जिसमें रहना हो, पुस्तकों के अम्बार से पट जाता है। उनमें से अधिकांश देश-विदेश की कविता की हैं। यह उम्मीद अभी तक धूमिल या कम नहीं हुई है कि कविता के बहाने बहुत सारा जीवन, बहुत सारे लोग, उनके सुख-दुख, उनकी उत्सुकताएँ और सपने भी इस तरह मेरे घर में हैं और मैं जब चाहूँ तब अपने घर की चहारदीवारी में भी बैठे-बैठे इस व्यापक भूगोल में प्रवेश कर सकता हूँ। कभी-कभी यह चिन्ता भी ज़रूर व्यापती है कि इस कठिन भूगोल में कहीं मेरी भी जगह बनती है या नहीं पर इसके बारे में किसी तरह की आश्वस्ति की आशा बेकार है।

कई बार ऐसा हुआ है विशेषतः किसी सम्बन्ध के प्रसंग में कि कुछ घटा नहीं है कि उस पर कविता लिखी गई है। शायद हर कवि की कविता उसकी आत्मा ख़ासकर उसके मानव-सम्बन्धों की लॉगबुक होती है। कई बार ऐसा भी लगता है कि जैसे वास्तविक घटना उस कविता के निमित्त ही घटित हुई है। शायद कवि की जिजीविषा है कविता के लिए। वह भरा-पूरा जीवन जीता है कविता लिखने और लिखते रहने के लिए—उसके लिए कविता के बिना जीवन का अंततः कोई गहरा या आध्यात्मिक अर्थ नहीं। उसका जीवन कविता के लिए बलि है। इसमें शायद एक क़िस्म की बेशर्मी है, सम्बन्धों का शोषण है, सदाशय सही क्रूरता है।

सच्ची कविता पूरा जीवन चाहती है, उससे कम से उसका काम नहीं चलता। वह प्रेम की ही तरह है, इस मामले में। इसलिए कई बार प्रेम और कविता में भयानक डाह होती है। दोनों जीवन को सुंदर और अर्थमय बनाते हैं पर दोनों ही अंततः उसे लील भी लेते हैं।

ईश्वर से झगड़ना कब शुरू हुआ यह याद नहीं। परिवार में पिता को छोड़कर सभी बड़े-बूढ़े धार्मिक प्रवृत्ति के थे। दिदिया (माँ को हम यही कहते थे) गहरी धार्मिक आस्था की व्यक्ति थीं और पता नहीं सप्ताह के कितने दिन किसी-न-किसी देवता के बहाने और किसी-न-किसी के लिए उपवास रखती थीं। पूजा-अर्चना भी रोज़ करती थीं। पर उस किराए के मकान में कोई बाक़ायदा देवालय न था। मूर्ति भी नहीं। मूर्तियोंवाला देवाला सामने नाना के घर में था। दिदिया के भगवान तो उन्हीं के अनुसार काग़ज़ के थे जिन्हें एक आले में लटका दिया जाता था। वे रोज़ तुलसीदास के **रामचरितमानस** से कुछ पाठ करती थीं और असल में पूजा उसी की होती थी। माँ की इस सीधी-सादी पुस्तक-पूजा ने ही मुझमें अपने जीवन में पुस्तकों को ऐसा केंद्रीय स्थान देने और कविता को ही धर्म मानने का संस्कार शायद डाला होगा।

मैं खुद भी शुरू में एकाधिक बार अपने नाना के अनुकरण में रामचरितमानस का अखण्ड पाठ एकाधिक बार करता रहा था। नाना के यहाँ साल में एकाध बार मिरज़ापुर से एक कथावाचक आते थे जिनका रामचरितमानस पर व्याख्यान-सा होता था। वे अनेक चौपाइयों और शब्दों का विचित्र-सा, लगभग अप्रत्याशित हालाँकि उस समय आश्वस्तिकर अर्थ करते थे। हम लोग चकित होकर वह अर्थनिरूपण देखते थे। यह बात कि कविता में अर्थ की अनेक सम्भावनाएँ होती हैं और कि बड़ी कविता वह है जिसमें यह अर्थसम्भावना विपुल और व्यापक हो शायद उसी समय से जमना शुरू हुई होगी। अब याद आता है कि तुलसीदास में तत्सम-तद्भव और संस्कृत और अरबी-फ़ारसी शब्दों की जैसी मैत्री होती रही है, उसने भी मन में ऐसा कुछ कर पाने की आकांक्षा हमेशा के लिए उलझा दी होगी। बाद में आप क्या करते हैं या कि नहीं करते हैं इसके पीछे सजग निर्णयों की भूमिका तो होती है, लेकिन न जाने कब के प्रभाव और छापें गुपचुप अपना काम करती हैं। कविता शायद एक ऐसी विधा है जिसमें इन सबको खेलने का पूरा अवकाश मिल पाता है। अगर कविता न होती तो शायद हमारा बचपन एक बार में ही पूरा बीत जाता, जबकि कविता उसे कई बार छूकर, जगाकर, उद्‌बुद्ध कर समाप्त होने से बरकाती रहती है। कई लोग कविता के पास इसलिए भी जाते हैं कि वे बचपन से, भाषा और अनुभव के उद्‌गम से, सम्बन्धों की बेबाक शुरुआत से, एक तरह की निश्छल नैतिकता से फिर सम्पर्क में आना चाहते हैं या उससे बतियाना चाहते हैं।

आगे चलकर अगर पवित्रता की खोज और रहस्य का पुनर्वास मेरी कविता

के सरोकार बने तो इसके पीछे सिर्फ़ आधुनिक वैचारिक द्वंद्व का संदर्भ ही नहीं है जिसके चलते हमारे जीवन में कुछ भी निर्मल, सरल और निश्छल नहीं रह गया है। कुछ भी नहीं है जिसकी मर्यादा हम मानते हों और जिसका उल्लंघन करने में हमें संकोच या क्लेश हो। पवित्रता एक सीमा है—एक सरहद। स्वयं अबाध होकर भी हमें बाधित करती है। हमें कुछ भी कर गुज़रने से रोकती-थामती है। अकसर मैंने यह पवित्रता बजाय ईश्वर और धार्मिक स्थलों के, सम्बन्धों और चीज़ों की रोज़मर्रा की दुनिया में अवस्थित करने की कोशिश की है। यों तो भारतीय दर्शन में शब्द को ब्रह्म माना गया है, पर मेरे लिए शब्द एक परम सच है। शब्द से देह ही नहीं सारा संसार बल्कि समूचा अस्तित्व जागता है, सम्भव होता है। शब्द ईश्वर-प्रदत्त नहीं है—वह प्राकृतिक भी नहीं है; वह मनुष्य का आविष्कार है। शब्द ही कवि का ईश्वर है। उससे अलग ईश्वर की दरकार नहीं। कविता शब्द का धर्म है। कविता को अलग से किसी और धर्म की ज़रूरत नहीं। जो कवि शब्द को नहीं साधता वह जीवन को नहीं साध सकता। शब्द पर आस्था जीवन पर आस्था का ही रूप है।

4

कविता में भाषा याद करती है, सपना देखती है, सच टटोलती है। भाषा एक साथ ही हमारे नश्वर जगत् का अनुष्ठान है और अपने से बाहर और आगे, बाद तक लगभग अनश्वरता में हमारा प्रवेश भी। कविता अनश्वरता के लिए भाषा का विन्यास है। हम रोज़-ब-रोज़ मरते हैं, हम जो करते-सोचते हैं वह लुप्त होता जाता है; पर अगर हम उसका कुछ भी अंश कविता में ले आ पाते हैं तो वह बचा रहता है. वह कविता में याने भाषा के विकल विन्यास में जीवित रहता है। यही विन्यास उसे काल से मुक्त करता है—सिर्फ़ नश्वरता के अर्थ में ही नहीं बल्कि समय के अर्थ में भी। कविता अपने समय को चीरते हुए उसके बाहर और पार निकल जाती है। जो कविता ऐसा नहीं कर पाती और अपने समय में महदूद रह जाती है उसे भाषा और समय दोनों ही याद नहीं रखते।

कविता में याद करना, एक स्तर पर, शब्दों का शब्दों को याद करना है। यह शब्दों की आत्मरति नहीं, आत्मविस्तार है। मेरी कविता में अवतरित हो रहा प्रेम पहले विन्यस्त प्रेम को पुकारता है : तभी एक ही कविता में मेरे शब्द, कालिदास की एक उक्ति और देव की एक छवि ऐसे गुँथ जाते हैं कि उन्हें अलगाना आसान नहीं है। पर उसमें प्रेम की जो अर्थ-सघनता सम्भव होती है वह इस शब्द-स्मृति के बिना न तो हो सकती थी और न ही समझी जा सकती है। कविताएँ स्मृतियों का एक काँपता हुआ, स्पंदित अंतरिक्ष हैं। उनके कई बार रोज़मर्रा के जीने की प्रक्रिया में ही अनेक शास्त्रीय प्रसंग ख़ासे घरेलू ढंग से गुँथ आते हैं : कविता का

एक काम ही इस अनिवार्य गुँथाव को प्रकट करना है। अपने घर-पड़ोस की भौतिक और ऐंद्रिक सीमाएँ हम जानते हैं लेकिन कविता समूचे अस्तित्व को, सारे ब्रह्माण्ड को उसमें देख-बसा पाने की कोशिश है। हमें मिली तो अंततः 'यही छोटी-सी दुनिया' है लेकिन हम उसी में सबकुछ को समो लेने की चेष्टा कविता के द्वारा करते हैं।

कविता सच कहती है और सपना देखती है। वह अकसर सच और सपने में भेद नहीं करती है : उसका सच सपने में और उसका सपना सच में भिदा रहता है। वह उपस्थिति है जिसमें समय और समयातीत का, दूर और पड़ोस का, सच और सपने का अंतर पट जाता है। अगर हमेशा ऐसा नहीं हो पाता तो इसका कारण यह है कि कौशल हर बार सफल नहीं होता, साहस हर बार अपनी हद नहीं लाँघ पाता। कई बार अपने सच पर, कभी अपने सपने पर भरोसा नहीं होता। हर कवि जानता है, कई बार बहुत यातनामय ढंग से, कि सच या दुनिया या सपने उतने ही नहीं हैं जितने नज़र आते हैं, न ही सबके लिए वैसे ही हैं। वह अपना थोड़ा-सा सच ख़राब नहीं जाने देना चाहता और भरसक यह याद रखने का संघर्ष करता है कि बड़ा और व्यापक सच है। शायद कभी वह उसकी पकड़ में आ जाता हो। अकसर न भी आता हो। पर वह अपने छोटे सच की या छोटी-सी दुनिया की बड़े सच या बड़ी दुनिया के लिए बलि नहीं दे सकता। इसी अर्थ में कविता सत्याग्रह है। वह अपने सच की तानाशाही का इज़हार नहीं बल्कि उसकी उपस्थिति का विनम्र आग्रह है, साथ ही उसके लील लिए जाने का अथक प्रतिरोध भी। कविता अपने सच के लिए इस बड़ी दुनिया में थोड़ी-सी जगह चाहती है पर अपनी जगह जिस पर किसी और के बेजा कब्ज़े का वह लगातार प्रतिषेध करती है। कविता अपनी जगह पर ही, अपने भूगोल में ही अपने घरौंदे, अपने घर बनाती-बसाती है।

5

हमारा समय कम-से-कम हिंदी में कुछ इस तरह का हो गया है कि या तो कविता को कर्म ही नहीं माना जाता या फिर उसे पर्याप्त कर्म नहीं समझा जाता। अपने इस लगभग दुराग्रह के बावजूद कि कविता पर्याप्त कर्म है और कवि की सच्ची नागरिकता भी, मैं अपने लेखन के आरम्भ से सिर्फ़ कविता लिखने तक महदूद न रहकर अपने समय और समाज में उसके लिए जगह बनाने की कोशिश में लगा रहा हूँ। इस चेष्टा ने बाद में विस्तार पाकर कविता के अलावा अन्य कलाओं को भी समेटा। सामाजिक स्तर पर दृश्य और मुखर यह सक्रियता कुछ इतनी बढ़ी कि पिछले लगभग बीस बरसों में साहित्य और अन्य कलाओं के लगभग एक हज़ार आयोजनों के निरूपण और संचालन में मेरी भूमिका रही है। इस सबमें बहुत शक्ति और समय ख़र्च किए हैं, पर कविता लिखने का अपना बुनियादी काम ढीला या

धीमा नहीं पड़ा। अलबत्ता इस वजह से अधिकतर सार्वजनिक ध्यानाकर्षण मेरे तथाकथित सांस्कृतिक कार्य पर इस तरह तक लगातार एकाग्र हो गया कि मेरी कविता हाशिए पर ढकेल दी गई। दाख़िल-ख़ारिज की ज़्यादातर सूचियों से मेरा नाम ग़ायब ही रहा आता है। इसको लेकर जब-तब कुछ क्लेश तो होता है पर पछतावा नहीं। अकसर लोग मेरी कविता में उन्हें अन्यथा ज्ञात मेरी सार्वजनिक छवि खोजते-पाते हैं और कविता की अपनी आवाज़ सुनने या उसकी अपनी दुनिया और उसकी छवियाँ खोजने-पाने का धीरज या फ़ुरसत उन्हें नहीं होती है। स्वयं कवि के रूप में मेरी जो रुचि या रुझान रहे हैं अपने सम्पादन, आलोचना या आयोजनों में उससे कहीं आगे जाकर उस रुचि के विरोध में पड़ती कविता या कवियों को सराहने या उनकी शिरकत कराने से मैंने कभी कोई संकोच नहीं किया। पर स्वयं ऐसी उदारता मेरे साथ नहीं बरती गई है—अकसर अवहेलना या जानबूझकर अवमूल्यन किया गया है।

इस सिलसिले में मेरी कविता को लेकर कई बार अनायास या अपरिचय से बन गए या जानबूझकर फैलाए गए कुछ पूर्वग्रहों का ज़िक्र किया जा सकता है। एक दिलचस्प यह कि पहले और दूसरे संग्रहों के प्रकाशन के बीच अठारह वर्ष के अंतराल को लेकर कहा जाता रहा कि मैं अब कवि नहीं, आयोजक-भर रह गया हूँ ! फिर जब दूसरे संग्रह के बाद लगभग दो वर्षों के अंतराल से नये संग्रह आए तो कहा जाने लगा कि मैं थोक से कविताएँ लिख रहा हूँ ! एक व्यापक धारणा यह है कि मैं एक नीचट कलावादी हूँ और अपनी कविता और अन्य वैचारिक उपक्रमों में कलावाद का लगभग प्रधान सेनापति हूँ। अगर कलावाद से मुराद कविता में भाषा और शिल्प के महत्त्व पर बल देना है तो मैं कलावादी हूँ। पर अगर उसका आशय जीवन, मनुष्य, संघर्ष आदि के बरक्स भाषा को परम मूल्य के रूप में खड़ा करना है जिसके लिए समाज और समय का कोई महत्त्व नहीं तो न कविता में, न ही विचार में मैं कलावादी हूँ। बारीक कातना, परिष्कार, सूक्ष्मता और जटिलता मूल्यवान कला के अनिवार्य गुण हैं और उन पर आग्रह को कलावादी क़रार देना बौद्धिक विपन्नता का प्रमाण है। हालाँकि अपनी कविता के बारे में कवि की समझ पर बहुत भरोसा नहीं किया जा सकता पर मुझे लगता रहा है कि मेरी कविता में सूक्ष्मता और जटिलता के बावजूद सम्प्रेषणीयता का अभाव नहीं है। एक पूर्वग्रह यह है कि मैं आभिजात्य और वैभव में विश्वास करता हूँ और अपनी जीवनशैली के कारण उच्च वर्ग का वाग्विलासी हूँ। अब सच तो यह है कि मैं निचले मध्यवर्ग का व्यक्ति हूँ और आज भी मेरे पास, एक बड़ी सरकारी नौकरी के तीस बरसों के बावजूद, अपनी एक इंच ज़मीन और एक मकान, यहाँ तक कि 1971 के माडेल की एक खटारा मोटरगाड़ी के अलावा, कुछ भौतिक और आर्थिक सम्पत्ति नहीं है। मैं सुरुचि में, कलाओं और बुद्धि के वैभव में ज़रूर विश्वास करता हूँ पर

उन्हें किसी वर्ग या शैली में महदूद करने की मैंने कभी हिमाक़त नहीं की है। मुझे ऐसा वैभव अज्ञेय के अचूक संयम में, शमशेर की सौंदर्यदृष्टि में, मुक्तिबोध की अदम्य बेचैनी में, कुमार गन्धर्व की रसिकता में, रघुवीर सहाय के चौकन्नेपन आदि में मिला है जैसा कि उनमें से हरेक में अपनी तरह का वाग्विलास भी। शब्द से खेलना हर कवि का अधिकार है, अकसर उसकी आदत भी। इस खेलने से भी कविता बनती है और वह अच्छी कविता भी होती है—जो लोग इस बात को नहीं जानते उनका रचना-प्रक्रिया का ज्ञान संदिग्ध मानना चाहिए। मुझे देहवादी, रीतिपरक और रति-आक्रांत कवि कहा गया है। अव्वल तो मैंने जितना प्रेम पर लिखा है लगभग उतना ही मृत्यु और अनुपस्थिति पर भी। जितना हर्ष-उल्लास पर उतना ही विषाद और उदासी पर भी। दूसरे, मुझे लगता है भारत में शृंगार की एक अटूट परम्परा है जो हमारी छद्म और पश्चिम से आक्रांत आधुनिकता नज़रंदाज़ करती रही है। मैंने कुछ सजगता के साथ इस उत्तराधिकार को सहज स्वीकार करते हुए रति और शृंगार को, एक प्रतिषेध के रूप में, पुनराविष्कृत करने की यत्किंचित् चेष्टा की है। आज जब आधुनिक भारतीय पर, उसके इंद्रिय-बोध पर, उसकी अंतरंग और निजी सचाइयों पर लगातार हमला हो रहा है कविता की ऐंद्रिकता भरी-पूरी बेहिचक आदमियत का एक ज़रूरी इज़हार है। मुझे उत्सवधर्मी कहकर भी लांछित किया जाता है। यह ठीक है कि मैं जीवन का, होने का, प्रेम और प्रकृति का उत्सव मनाता हूँ—यह मेरी काव्य-जिजीविषा का स्वभाव है। पर मेरी कविता सिर्फ़ यही नहीं करती है। वह अवसाद और अनुपस्थिति का, नगण्यता और उदासी का भी अन्वेषण लगातार करती रही है। हो सकता है कि मैं ग़लत होऊँ पर मैं तो ज़िंदगी-भर से यही मानता आया हूँ कि अपने संघर्ष को बार-बार गाना भावात्मक कमज़ोरी की निशानी है और उससे आपका सचमुच किसी सार्थक रूप में संघर्षशील होना सिद्ध नहीं हो जाता। सच्चा और गहरा संघर्ष कविता में अंतःसलिल होता है। और अंतःसलिल को हम कविता में नहीं तो फिर जीवन में और कहाँ पकड़-समझ पाएँगे ? यह भी कहा गया है कि मेरी कविता में सामाजिक बोध और समकालीनता कम या विरल है। मैं सचमुच समाज को जानने का कोई दावा नहीं करता हूँ—मैंने कभी नहीं किया। मैं तो बचपन से अपने पड़ोस को ही जानता आया हूँ और समाज के बजाय पड़ोस का कवि हूँ। एक ऐसे समय में जब सभी लोग समाज और समय पर, सामाजिक संघर्ष और सम्बन्धों पर कविता लिखते हों, पड़ोस और समयातीत पर, अपने शब्द-संघर्ष और निजी सम्बन्धों पर कविता लिखना, चालू प्रवृत्ति पर टिप्पणी है और राजमार्ग या जनपथ से अलग अपनी पगडण्डी की तलाश करना भी है। यह एक तरह का अघोषित प्रतिपक्ष बन जाना है। किसी हद तक यह हाशिए पर जाने की नियति चुनना है। यों हाशिया मुख्य भाग को बाँधता है और उस पर टिप्पणी की जगह भी होता है। हमें मिला बल्कि

हम पर थोप दिया गया सामाजिक-ऐतिहासिक समय ही पूरा समय नहीं है : भाषा में सक्रिय होने का अर्थ समय के अनेक आयामों में एक साथ जा सकना है। कविता ज़रा से उद्यम से एक समय से दूसरे समय में पहुँच जाती है : वह समयविद्ध हो यह शायद ज़रूरी है, पर समयबद्धता उसकी विवशता नहीं हो सकती। वह समय और अनंत को एक साथ साधने की चेष्टा करे यह कविता या कि भारतीय कवि के लिए नई बात नहीं है। एक आक्षेप मेरी ख़ासकर बाद की कविताओं की नवछायावादी भाषा को लेकर हुआ है। किसी भी समय की कविता की एक चालू भाषा बन जाती है और उसमें लिखकर मान्यता पाना आसान होता है। पर कविता भाषा की स्मृति भी है : खड़ी बोली में छायावाद के दौरान जो ऐंद्रिकता, बिम्ब-सघनता और एक तरह की शास्त्रीय गरिमा आई थी उसका आज उपयोग करना मुझे आज की भाषा के चालूपन और अख़बारीपन से मुक्ति देता है। मुक्ति का यह एकमात्र मार्ग निश्चय ही नहीं है : पर मैं तो अपना अटपटा रास्ता ही खोज सकता हूँ। छायावाद को ऊपर-ऊपर से याद कर आज की कविता अपनी वैधता पाने की कोशिश करती है। उसकी अर्थच्छवियों को, अंतर्ध्वनियों और ऐंद्रिकता को कविता के ढाँचे में उद्‌बुद्ध करना अलग बात है। यह भी एक उचित ढंग है, इसे जाँचा जाना चाहिए।

मैं एक बातूनी आदमी हूँ—मुझे ग़प लगाना और यारबाशी करना अच्छा लगता है। पर मुझे अकेले होने का भी अभ्यास है। छटपटाहट और विकलता होती है पर अकेले पड़ जाने से घबराता नहीं हूँ। भरसक इसे लेकर किसी तरह के हीरोइक्स से भी बचता रहा हूँ। कई बार शक होता है कि शायद मेरी कविता में कभी-कभार शब्दाधिक्य हो जाता होगा और कभी-कभी शब्दसंकोच भी। अपने सुख को व्यक्त करने से, किसी ग्रंथि या पूर्वग्रह के कारण, मैंने कभी बचने की कोशिश नहीं की : उम्मीद करता हूँ अपने दुख का कोई अतिरेकी बखान भी कविता में नहीं किया है। कई बार लगता है कि हमारे यहाँ कविता को सघन और अनेकस्तरीय ढंग से पढ़ने की आदत इतनी कम हो गई है और शुद्ध अभिधा का ऐसा आतंक दृश्य पर है कि कई अर्थच्छवियाँ अनपढ़ी-अनदेखी रह जाती हैं। मेरी कविता मेरा बयान या बखान नहीं है : उसे इस तरह पढ़ना ग़लत पढ़ना है। मुझे दुनिया या लोगों या घटनाओं पर कविता में कोई फ़ैसला देने से हमेशा गुरेज़ होता रहा है। कवि का यह काम नहीं है। अकसर तो वह औरों की ही तरह खुद कठघरे में खड़ा फ़ैसले का इंतज़ार करता है। अपने कर्मजीवन में निश्चय-बुद्धि का अभाव मुझमें, जहाँ तक मैं जानता हूँ, नहीं रहा है। पर कविता का क्षेत्र मेरे निश्चय नहीं, संशय का क्षेत्र है। शायद यह हिचकिचाहट, यह संकोच ऊपर से प्रकट नहीं हो पाता, लेकिन मुझे भरोसा है कि अगर कोई ध्यान से पढ़ेगा तो उन्हें अलक्षित नहीं कर सकता। कवि अंततः कविता की चरितार्थता है।

यों तो कविता कवि ही लिखता है और उसके लिए वही ज़िम्मेदार है पर कोई भी जगह बिलकुल अपनी नहीं होती, कितनी ही थोड़ी क्यों न हो। उसमें बहुतों का साझा होता है। उन सबके प्रति गहरी कृतज्ञता मन में है : उनके प्रति जिनसे भाषा सीखी, कवि-कौशल जाना, जिनसे सम्बन्ध ने कविताएँ उकसाईं, जिन्होंने कविताएँ प्रकाशित कीं, उन पर अच्छी-बुरी प्रतिक्रिया की आदि। कविता एक तरह से उऋण होना भी है। कम-से-कम आप सोचते हैं कि आपको जो मिला उसका कुछ आप लौटा रहे हैं। मेरे जैसे कवि के यहाँ ऐसे व्यक्तियों का एक लम्बा सिलसिला है जिनके कारण मैं कवि बना, बना रह गया और कविता में मेरी आस्था अडिग रही आई। वह जीवनांत तक वैसी ही रहेगी, इसमें मुझे कोई संदेह नहीं है। उसके बिना, कम-से-कम मेरे लिए, जिजीविषा का कोई अर्थ नहीं हो सकता।

[आठ कविता-संग्रहों के संकलन 'तिनका तिनका' की भूमिका, 1996]

●●●